인지와 인공지능

인지와 인공지능 : 챗GPT부터 스마트 담론까지
Cognition and the Artificial Intelligence : from ChatGPT to Smartness

엮은이
정희원·이혜정

글쓴이
캐서린 헤일스·윤미선·김은주
오릿 핼펀·문규민·홍남희

옮긴이
송은주·김지훈

펴낸이
조정환

책임운영
신은주

편집
김정연

디자인
조문영

홍보
김하은

종이
타라유통

인쇄·제본
영신사

라미네이팅
금성산업

초판 인쇄
2025년 7월 27일

초판 발행
2025년 7월 31일

ISBN
978-89-6195-390-0 93300

도서분류
1. 인문학
2. 인지과학
3. 인공지능
4. 기술철학
5. 도시정치

카테고리
카이로스총서 115 Mens

값
19,000원

펴낸곳
도서출판 갈무리
1994. 3. 3. 등록
제17-0161호
서울 마포구 동교로18길 9-13 2층
T. 02-325-1485
F. 070-4275-0674
www.galmuri.co.kr
galmuri94@gmail.com

이 저서는 2022년 대한민국
교육부와 한국연구재단의
지원을 받아 수행된 연구이며
(NRF-2022S1A5C2A02093521),
서울시립대학교도시인문학총서
30권으로 출판되었습니다.

일러두기

1. 단행본, 전집, 정기간행물, 보고서, 언론사에는 겹낫표(『 』)를, 논문, 논설, 기고문, 기사, 텔레비전이나 유튜브 방송의 제목, SNS 포스팅 제목 등에는 홑낫표(「 」)를, 단체, 학회, 협회, 연구소, 유튜브 계정, 텔레비전 프로그램 이름, 전시, 공연물에는 가랑이표(〈 〉)를 사용하였다.

2. 글쓴이 주석과 옮긴이 주석은 같은 일련번호를 가지며, 옮긴이 주석에는 * 표시하였다.

차례

엮은이 서문   6

1부   인공지능과 인지, 알고리즘의 글쓰기

1장   인지 모드, 그리고
      대규모 언어 모델과 인지 모드의 관계
      — 챗GPT와 대화하기
      N. 캐서린 헤일스 | 송은주 옮김   16

2장   『길 위 1번지』, AI 제임스의 소설?
      —「소설의 기술」과 인공신경망 알고리즘의 글쓰기
      윤미선   53

3장   비의식적 인지로서의 기술적 인지와 인지적 배치
      — 인공지능의 윤리와 블랙박스의 번역
      김은주   96

인지와 인공지능

2부 '스마트' 담론에 대한 성찰

4장　지능의 금융화
　　　── 기계와 시장의 통합에 관하여
　　　오릿 핼펀 | 김지훈 옮김·해제　　　　　　　　138

5장　지능형 도시와 그 불만
　　　── 스마트시티와 도시정동의 딜레마
　　　문규민　　　　　　　　　　　　　　　　　　176

6장　도시의 무인매장과 '스마트' 인구
　　　홍남희　　　　　　　　　　　　　　　　　　218

수록 글 출처　　　　　　　　　　　　　　　　　　274
엮은이·글쓴이·옮긴이 소개　　　　　　　　　　　276

:: 엮은이 서문

　서울시립대 인문학연구소 도시인문학연구사업단은 2019년 9월부터 '디지털폴리스의 인문적 비전'을 주제로 학제적 연구를 수행하고 있다. 총 6년 동안 한국연구재단 인문사회연구소 학술사업의 아젠다 연구를 수행하면서 『포스트휴머니즘의 쟁점들』(2021, 도시인문학총서 26권)과 『디지털 포스트휴먼의 조건』(2021, 도시인문학총서 27권), 『아이돌이 된 국가 — 중국의 인터넷문화와 팬덤 민족주의』(2022, 도시인문학번역총서 10권), 『빗장 공동체와 디지털폴리스』 Gated Communities and the Digital Polis (2023, Springer, 도시인문학총서 28권), 『디지털폴리스 — 디지털 플랫폼, 유토피아, 공동체』(2024, 도시인문학총서 29권)를 차례로 출간하였다. 이 책은 2단계 연구 주제인 '디지털폴리스, 새로운 도시공동체의 모색' 중에서도 2년차 주제인 '스마트 도시의 인문적 비판' 관련 연구 성과를 담고 있다. 학술 사업을 시작하던 2019년에 사업단이 주목한 주요 의제가 스마트 도시였다면, 2020년 6월 11일에 오픈AI사가 공개한 GPT-3 Generative Pre-trained Transformer 3의 등장은 이후 인문사회 연구의 학술지형에 큰 파장을 일으켰고, 우리 사업단 역시 인공지능과 '스마트'에 대한 폭넓은 고찰이 필요함을 절감하게 되었다. 이에 2024년 5월에 '인지, 인공지능, 스마트'를 주제로 국제학술대회를 개최하였고, 이 책은 당시의 발표 원고와 내용을 토대로 구성하였다.『빗장 공동체와 디지털폴리스』를 해외 출판하면서 사업단의 연구 성과를 국내외 독자와 공유하고자 했다면, 이 책은 2025년 현재 인공지능과 스마트를 둘러싼 인문사회 분야의 최신 논의를 한국 독자들에게 널리 공유하고자 하는 뜻에서 기획되었다.

알려진 바와 같이 이제는 '인공지능'이라 불리게 된 일종의 자동화된 패턴 인식의 역사는 1950년대로 거슬러 올라간다. 이후 인공신경망Artificial Neural Network과 기계학습Machine Learning 등에 관한 연구는 오랜 세월에 걸쳐 축적됐으나 인공지능 기술의 발전을 일반인들도 피부로 느끼게 된 사건은 2010년대 중반을 휩쓸었던 알파고AlphaGo의 등장과 더불어 대규모 언어 모델Large Language Model, LLM을 기반으로 한 챗GPT 시리즈의 상용화일 것이다. 챗GPT의 등장과 함께 인문학 연구자와 문학 비평가가 오랫동안 천착해 온 인간 언어의 영역에 성큼 들어선 인공지능의 존재는 다양한 질문을 촉발한다. 예를 들어 LLM이 출력한 언어적 결과물에서 우리는 인지 능력을 확인할 수 있는가? 인공지능이 산출한 예술작품에서 창조성을 논할 수 있을까? 인공지능을 비롯한 새롭게 대두되는 비인간 행위자들과 인간이 맺는 관계는 어떻게 바라보아야 할 것인가?

이러한 질문들은 또한 우리가 '스마트'라는 수식어로 통칭하는 일련의 인식론과 무관하지 않다. 기계학습과 인공신경망 등을 포괄하는 기술이 인공'지능'으로 브랜딩되어 통용되고 있다는 사실은 일례로 그리스시대에는 신이 부여한 선물로서 인간 고유의 특성으로 간주하였고 이후 다양한 역사적 변천의 굴곡을 거쳐 온 '지능'과 '정보' 및 이에 기반을 둔 '스마트' 개념에 대한 지성사적 이해 및 역사화가 필요함을 뜻한다(Privateer, 2006). 일찍이 멈포드 Lewis Mumford는 건물이나 아카이브, 기념비와 도서관 등의 저장 시설을 통해 인류가 축적해 온 역사와 정보를 세대에서 세대로 전송하는 매체로서 도시를 바라보았다(Mumford 1961, 569). 멈포드의 선구안을 인용하면서 키틀러Friedrich Kittler는 "정보를 기록, 전송, 처리"하는 매체로서 도시를 컴퓨터에 비교한 바 있다(Kittler 1996, 721-722). 인공지능을 포함하여 '스마트' 담론을 구축하는 데 이바지한 컴퓨터과학의 발전은 과학기술의 영역과 스마트 도시의 영토를 넘어 사회와 정치, 환경 전반에 지대한 영향을 미치는 새로운 통치성의 출현과 맞닿아 있다(Halpern and Mitchell 2023).

'지능'이라는 인간의 정신능력을 일컫는 어휘를 포함하는 "인공지능"에 관한 담론은 따라서 인문학의 영역과 배타적이지 않다. 널리 알려진 '흉내 게임'의 설계안을 담고 있는 앨런 튜링Alan Turing의 1950년 논문 「계산 기계와 지능」 Computing Machinery and Intelligence이 게재된 학술지는 『마인드 ― 심리학과 철학에 관한 계간지』 Mind: A Quarterly Review of Psychology and Philosophy이다. 이 논문이 던지는 첫 번째 질문은 "기계가 생각할 수 있을까?"이고 참고문헌에서 알 수 있듯이 이 질문의 출처는 1865년에 출간된 새뮤얼 버틀러Samuel Butler의 소설 『에레혼』Erewhon 23~25장 「기계의 책」The Book of the Machines이다. 튜링의 글은 '튜링 테스트'로 요약될 수 없는 다층적인 텍스트이다. 이후 튜링의 계산 기계는 인공지능의 선구를 넘어 사회적 문제 해결과 시스템의 효율적 작동을 위한 보편 기계universal machine로서 확장되어 왔다.

인공지능과 '스마트' 개념에 대한 인문학적 접근으로서 이 책은 크게 두 부분으로 구성된다. 1부 '인공지능과 인지, 알고리즘의 글쓰기'의 키워드는 인공지능, 인지와 인지적 배치, 연산적 창의성 또는 기계적 창조성, 그리고 흥미롭게도 헨리 제임스Henry James이다. 1부에 실린 캐서린 헤일스Katherine Hayles와 윤미선, 김은주의 글은 여러 가지 차원에서 대화하면서 흥미로운 읽기 조합을 이룬다. 첫 번째 글 「인지 모드, 그리고 대규모 언어 모델과 인지 모드의 관계 — 챗GPT와 대화하기」는 2024년 국제학술대회에서의 헤일스의 발표 원고를 송은주가 번역한 것이다. 이 글에서 헤일스는 LLM 기반 인공지능이 등장한 지금, 두뇌 없이도 인지할 수 있는지, 인공지능이 생산한 텍스트에 인간 독자가 투영하는 것 이상의 의미가 있는지 등을 묻는다. 글의 후반부에서는 헨리 제임스의 소설 「카펫 속의 무늬」 The Figure in the Carpet에 대한 챗GPT의 해석을 바탕으로 LLM에 인지 능력이 있으며, LLM 기반 인공지능을 언어의 발명 이후 가장 중요한 문화적 적응으로 평가할 수 있다고 주장한다.

윤미선의 「『길 위 1번지』, AI 제임스의 소설? — 「소설의 기술」과 인공신경망 알고리즘의 글쓰기」는 인공신경망으로 생성하여 '소설'로 출판된 『길 위 1번지』 *1 the Road*를 헨리 제임스의 비평문 「소설의 기술」 The Art of Fiction과 함께 읽으면서 기계적 창조성에 대해 논한다. 굿윈Ross Goodwin은 감시 카메라와 마이크, GPS가 장착된 캐딜락을 타고 뉴욕에서 뉴올리언스까지 여행하면서 이미지와 소리 정보 등을 공급하여 이 '작품'을 생성하였다. 케루악Jack Kerouac의 소설 『길 위에서』*On the Road*(1957)를 오마주한 이 프로젝트에 대한 다면적 평가를 통해 윤미선은 인공지능이 경험을 생산하는 미디어가 될 수 있음을 주장한다.

김은주의 「비의식적 인지로서의 기술적 인지와 인지적 배치 — 인공지능의 윤리와 블랙박스의 번역」은 인지를 의식과 동일시하는 의견과 거리를 두고 인지를 체현적인 것으로 제시하는 캐서린 헤일스의 주장에서 출발하여 헤일스의 논의 중 특히 인지적 배치assemblage 개념에 주목한다. 나아가 점차 블랙박스화하는 동시대 기술환경에서 인공지능을 인지적 배치로 이해하는 것이 번역 가능성을 통한 윤리적 장을 마련하는 데에 도움이 될 수 있음을 주장한다.

2부 '"스마트" 담론에 대한 성찰'의 키워드는 지능과 스마트, 기계와 시장, 도시와 인구다. 첫 번째 글 「지능의 금융화 — 기계와 시장의 통합에 관하여」는 2024년 국제학술대회에서 오릿 핼펀Orit Halpern이 발표한 내용을 당시 토론을 맡았던 김지훈이 번역한 것이다. 핼펀은 이 글에서 신경가소성 개념을 자유 시장 연구에 접목했던 경제학자 프리드리히 하이에크Friedrich Hayek와 연결주의 인공신경망 연구에 영향을 미쳤던 심리학자 도널드 O. 헵Donald O. Hebb, 신경망의 선구자 프랭크 로젠블랫Frank Rosenblatt 등에 대한 계보를 그리면서 신자유주의 경제학과 AI 패러다임의 관계를 추적한다. 이들에게 네트워크 시스템이란 개별 뉴런이나 주체로는 불가능한 진화와 변화, 학습을 수행할 수 있는 것이며 따라서 마음·기계·경제는 예상치 못한 변화에 대처하기 위해 통합되어야 하는 것으로 이해된다. 이는 기계와 시장의 통합, 인식론으로서의 '스마트함'을 기반으로 한 통치성의 확산으로 이어진다. 번역문의 앞에는 핼편의 기존 연구에 대한 역자 김지훈의 해제를 실어 읽기에 다소 어려울 수 있는 핼편 글에 대한 이해를 돕고자 하였다.

문규민은 「지능형 도시와 그 불만 ― 스마트시티와 도시정동의 딜레마」에서 그동안 스마트 도시 연구에서 기술 환경에 관한 연구에 비해 상대적으로 논의가 부족했던 정동affect의 문제에 주목한다. 현재 스마트 도시 플랫폼에 내재한 생체인식 데이터 수집이나 신체 감시에 대한 비판적 접근을 통해 이 글은 스마트 도시의 정의와 지향이 거주민의 도시정동과 관련하여 딜레마에 처할 수밖에 없음을 설득하고자 한다. '지능'과 '스마트'의 키워드를 핼편과 공유하면서도 정동의 철학적 개념을 스마트 도시에 대한 비판적 연구에 접목하여 친절한 논의를 펼치는 글이다.

홍남희는 「도시의 무인매장과 '스마트' 인구」에서 인공지능과 사물인터넷 등 기술적 토대 변화가 도시를 거대한 미디어로 변모시키고 있는 현재 시점에서 무인 매장을 미디어이자 플랫폼, 물류의 세가지 관점에서 분석한다. 핼편과 미첼이 주장한 '스마트함'에 대한 논의를 이론적 근거로 무인 매장이 상정하는 인구가 "스마트함의 행위자이자 스마트함을 가능하게 하는 미디어"로 이해됨을 설명한다. 무인주문기 결제가 우후죽순처럼 늘어나고 있는 현시점에서 이 글은 무인 매장이 상정하는 인구와 생산하는 인간관, 인구론에 대한 흥미로운 시사점을 제공한다.

   이 책이 나오기까지 많은 분께 도움을 받았다. 국제학술대회 발표 원고의 한국어 출판을 흔쾌히 허락해 주신 캐서린 헤일스 선생님과 오릿에게 감사 인사를 전한다. 바쁘신 와중에도 기쁘게 번역을 맡아주신 송은주 선생님과 김지훈 선생님의 도움으로 귀한 두 글이 한국 독자를 만날 수 있게 되었다. 소중한 연구 결과를 출판할 수 있도록 도와주신 윤미선 선생님께도 감사의 말씀을 올린다. 언제나처럼 책의 핵심 원고를 맡아주신 김은주 선생님, 홍남희 선생님의 도움이 없었더라면 이 책의 기획은 불가능했을 것이다. 엮은이의 무능함으로 뒤늦게 합류하여 책의 완성도를 높여주신 문규민 선생님과 책의 출판까지 모든 과정에서 애써주신 김정연 편집자님과의 오랜 인연도 소중할 뿐이다.

엮은이를 대표하여
정희원 씀

:: 참고문헌

튜링, 앨런. 2019. 「계산 기계와 지능」. 『지능에 관하여』. 노승영 역. 곽재식 해제. 에이치비 프레스.

Halpern, Orit and Robert Mitchell. 2023. *The Smartness Mandate*. Cambridge, MA: MIT Press.

Kittler, Friedrich. 1996. "The City Is a Medium." *New Literary History* 27(4): 721~722.

Mumford, Lewis. 1961. *The City in History*. New York: Harcourt.

Privateer, Paul Michael. 2006. *Inventing Intelligence: A Social History of Smart*. Malden, MA: Blackwell.

1부

인공지능과 인지, 알고리즘의 글쓰기

1장 인지 모드, 그리고
대규모 언어 모델과 인지 모드의 관계
— 챗GPT와 대화하기
N. 캐서린 헤일스 | 송은주 옮김

2장 『길 위 1번지』, AI 제임스의 소설?
—「소설의 기술」과 인공신경망
알고리즘의 글쓰기
윤미선

3장 비의식적 인지로서의
기술적 인지와 인지적 배치
— 인공지능의 윤리와 블랙박스의 번역
김은주

1장 인지 모드, 그리고 대규모 언어 모델과 인지 모드의 관계 — 챗GPT와 대화하기

N. 캐서린 헤일스 | 송은주 옮김

오픈 AI의 챗GPT를 비롯한 대규모 언어 모델이 도래하면서, 나 같은 문학 비평가나 나와 비슷한 많은 사람들이 한평생을 보내온 공간에 인공지능이 진입했다. 이와 동시에 인간과 비인간 생명체의 비의식적 인지nonconscious cognition에 관한 연구가 활발히 진행되고 있으며, 식물, 세포, 로봇, 하이봇hybot(살아있는 신체와 로봇 메커니즘을 결합한 하이브리드 개체)의 인지 능력에 대한 논의가 등장했다. 인지에 대한 관심이 이처럼 높았던 적이 없다. 뇌가 없이 인지가 있을 수 있는지, 대규모 언어 모델(이하 LLM)이 생성한 텍스트가 인간 독자가 투영한 것 이상의 의미를 가질 수 있는지, LLM과 같은 AI가 인류에게 이익인지 위협인지와 같은 근본적인 문제에 대한 용어상의 혼란도 그 어느 때보다 심해졌다.

이 글에서는 인지의 정의를 제시하고 다양한 종류의 유기체에 대해 인지가 갖는 함의를 평가한 다음, 챗GPT가 생성한 텍스트에 특별히 초점을 맞출 것이다. AI가 결과를 어떻게 도출하는지에 대한 배경 정보를 제공하고 나서, 그 응답이 단순히 의미는 없이 다음 단어를 예측한 것에 불과한지, 아니면 의미가 있는지(특히 어떤 종류의 의미를 만드는지)를 테스트할 것이다. 이를 위해 헨리 제임스Henry James의 「카펫 속의 무늬」The Figure in the Carpet라는, 모호성으로 유명한 문학 텍스트를 해석하도록 요청할 것이다. 나는 그 결과가 단순한 확률적 예측을 넘어서며, LLM이 인지 능력을 가지고 있고, 언어가 발명된 이후로 가장 중요한 문화적 적응일 가능성이 있다고 주장할 것이다.

인지의 정의를 향하여

인지를 둘러싼 용어학적 혼돈을 탐색하기 시작하면서, 먼저 인간이라는 특별한 사례를 살펴보겠다. 모든 생명체 중에서 인간만이 수학 정리를 증명하고, 교향곡을 작곡하며, 예술품을 조각하고, 시를 쓸 수 있게 하는 추상적 사고를 할 수 있다. 이러한 활동들을 '사고'thinking라 부르며, 이를 실행하기 위해서는 의식consciousness이 필요하다.

하지만 사고는 인간의 인지 모드 중 하나일 뿐이며, 일상생활에서 가장 중요한 것은 아닐 것이다. 여러 기능들 가운데 운동-감각 기능 등을 조절하는 묵시적 인지implicit cognition도 활동하고 있다. 일반적으로 의식적 인식 바깥에서 일어나는 인지(현상학적인 주관적 경험)로 정의되는 묵시적 인지는 자동차 운전, 자전거 타기, 걸어서 출근하기와 같은 활동을 일단 익히면 자동으로 할 수 있게 해 준다. 보통 묵시적 인지는 의식과 매끄럽게 맞물려 작동한다. 예를 들어 걸으면서 오늘 회의에서 무엇을 할지, 상사에게 지각한 이유를 어떻게 말할지 등 많은 것을 생각할 수 있다. 묵시적 인지는 의식보다 훨씬 빠르게 작동한다. 의식은 감각이 시작된 후 반 초가 지나서야 무슨 일이 일어나고 있는지를 깨닫지만, 묵시적 인지는 200밀리초 내에 작동한다(Libet et al. 2005). 이런 이유로 경쟁심 강한 운동선수들이 반복적으로 동작을 연습하여 묵시적 인지를 통해 자동적으로 반응할 수 있게 만들고, 의식의 제한된 대역폭은 경기에 대한 전략적 선택을 위해 남겨두는 것이다.

연구자들은 의식과 무의식적 인지가 서로 충돌하게 하는 통제된 실험을 통해 각각이 우리 인지 전체에 얼마나 기여하는지를 판단할 수 있다. 존스 홉킨스 대학에서 운동 장애 환자들을 대상으로 연구하는 존 크라카우어와 동료들은 실험 대상자들에게 조이스틱을 사용하여 화면 커서를 점 쪽으로 움직이도록 요청하는 실험을 설계했다. 직관적으로 조이스틱을 위로 움직이면 커서가 위로 움직일 것이라 예상하지만, 이 실험에서는 조이스틱과 커서의 움직임이 일치하지 않고 20, 40, 60도 회전했다. 환자는 이를 통제하기 위해 의식적 제어를 발휘해야 했다. 반복된 실험으로 묵시적 학습은 회전의 크기와 관계없이 안정된 상태에 도달하는 반면, 명시적 학습은 회전 크기가 커질수록 더 많은 시간이 필요하다는 것이 드러났다. 이 차이는 명시적 학습이 많을수록 묵시적 학습이 안정된 상태에 도달하는 데 더 긴 시간이 걸린다는 것을 보여주었다. 연구자들은 이 결과를 명시적 학습이 묵시적 학습에 필요한 자원, 이 경우에는 피드백 에러(Altert, 1)를 '빼돌리는' 것으로 해석했다. 나아가 이 실험으로 묵시적 인지와 의식적 인지 각각을 포함하는 두 종류의 학습 시스템이 존재한다는 것도 확실하게 드러났다.

묵시적 인지 외에도, 인간의 행동에서 비의식적 인지가 작동하고 있음을 보여주는 실험들이 있다. 잡음 속에 미묘한 패턴이 숨어 있는 시각 정보를 실험 대상자들에게 보여주면, 그들은 그 패턴이 무엇인지 의식적으로 설명하지는 못한다. 그러나 반응하는 데 걸린 시간을 보면, 그들이 패턴을 예측하도록 학습했음을 알 수 있다(Dresp-Langley 1992). 비의식적 인지는 사람들이 뱀을 밟지 않도록 도와주는 인지 능력으로, 의식이 대처할 수 있는 것보다 훨씬 빠르게 반응한다(Grassini et al. 2016 ; Van Le et al. 2011). 인지적 과제를 묵시적 인지에 넘기는 것과 비슷한 식으로 의식이 비의식적 인지에 임무를 넘길 수 있다. 한 예로, 체스 고수는 각 말의 위치를 의식적으로 기억할 필요 없이 체스판의 패턴을 한눈에 파악한다. 여러 가지 자극이 있는 복잡한 환경에서 패턴 인식은 중요한 능력이다. 연구자들은 이 능력이 제일 먼저 진화했고, 의식이 그 위에 구축되었으리라고 추측한다.

이러한 발언들에서 나타나는 그림을 반응들의 피라미드로 도식화할 수 있다. 상단에는 흡수가 느리고 대역폭이 제한적이지만 새로운 문제를 해결하는 데에는 탁월한 능력을 가졌으며 의식과 밀접한 사고가 있고, 그 아래에는 운동-감각 반응을 제어하는 묵시적 인지가 있으며, 맨 밑에 뛰어난 패턴 인식과 빠른 수용 능력을 가졌지만 새로운 도전에 맞설 수단은 제한적인 비의식적 인지가 있다.

이러한 발언은 어떤 행동이 인지적인지 아닌지 판단할 수 있는 기준에 단서를 제공한다. 인지와 적응adaptation을 구분하는 것이 중요하다. 둘 다 진화적 창발의 예이지만, 적응은 유연성이 없는 자동적 반응인 반면, 인지적 행동은 유연성과 학습 능력을 보여준다. 인지의 정의가 되려면 묵시적 인지와 비의식적 인지가 포함되어야 하지만, 오직 유연성 없는 적응뿐 아니라 자동화된 피드백 사이클을 통해서만 작동하는 항상성 메커니즘과 같은 장치는 제외되어야 한다. 내 생각에는 생물체의 인지적 행동에는 감지하기sensing, 해석하기interpreting, 유연하게 반응하기responding flexibly, 예측하기anticipating, 학습하기learning 같은 능력(SIRAL)이 포함되어야 한다. 감지하기는 유기체가 환경에서 정보를 수신할 수 있다는 것만을 뜻한다. 해석하기는 대안들 사이에서 선택하는 것을 의미하며, 따라서 오류의 가능성도 내포한다. 해석하기는 틀릴 수도 있다. 선택이 없다면 반응은 단순히 인과적으로 일어나는 연쇄일 뿐이며, 적응으로 분류하는 편이 더 적절하다. 마찬가지로 반응이 유연해야 한다는 요구 또한 선택을 의미하며, 이로써 항상성 메커니즘과 기타 자동 적응은 제외된다. 학습하기는 유기체가 이전 경험의 결과로 행동을 변경할 수 있다는 것을 의미한다. 예측의 징후가 비인간 유기체에게 미래로 가는 길을 열어준다는 점에서 예측하기는 중요하다, 모든 유기체는 그들의 몸에 과거를 기록한다. 얼굴의 주름, 나무의 나이테, 앵무조개의 껍질의 성장 등이 그렇다. 인간을 포함한 모든 유기체는 현재에 살고 있다. 그러나 징후 없이는 비인간 동물과 식물이 미래에 접근할 수 없다. 고슴도치가 가시를 세울 때, 그 행동은 포식자에게 미래에 일어날 수 있는 행동에 대한 경고 신호로 기능한다. 낙엽수가 가을에 잎을 떨어뜨리는 것은 유기체가 겨울의 접근을 예측하는 징후로 기능한다. 생물기호학의 성과가 보여주듯이, 나는 비인간 생명체에게 징후는 추상적 기호(사고의 영역)가 아닌 실행된 행동으로 구성된다고 본다(Hayles 2017 ; Hayles 2024).

이제 SIRAL 기준이 인지적 행동과 비인지적 행동을 얼마나 잘 구분하는지 살펴보자. 1853년에 에두아르트 프리드리히 빌헬름 플뤼거Eduard Friedrich Wilhelm Pflüger가 고안한 다소 기괴한 실험에서, 개구리 여러 마리의 목을 자르고 배에는 아세트산에 적신 여과지를 붙였다. 개구리는 뇌가 없는데도 산이 닿은 부위를 만져서 닦아내려고 다리가 반응했다. 그 다리도 자르면 다른 다리가 같은 동작을 했다(Verworn 1912, 198). 이는 유연성도, 학습하기도, 해석하기도 (즉, SIRAL이 없다) 없기 때문에 비인지적인 적응 행동을 보여주는 예이다.

하지만 뇌가 없다고 해서 유기체가 인지 능력이 없다는 뜻으로 받아들여서는 안 된다. 뇌가 없는 유기체에서 뉴런이 없더라도 인지 반응이 가능하다는 증거가 점점 더 많이 나타나고 있다. 식물은 뇌나 뉴런이 없지만, 그들의 조직은 신경 세포보다 훨씬 느리다 해도 활동 전위를 생성한다(Stahlberg 2006). 식물은 주로(결코 유일한 것은 아니지만) 성장을 통해 반응한다. 식물은 근처에 있는 다른 식물의 존재를 비롯하여 주변 환경을 감지할 수 있다. 예를 들어, 한 식물이 기생충의 공격을 받으면 근처에 있는 같은 종의 식물이 기생충의 공격을 막는 화학물질의 생산을 늘린다(War et al. 2012, 1). 다른 종의 식물들을 같은 화분에 심

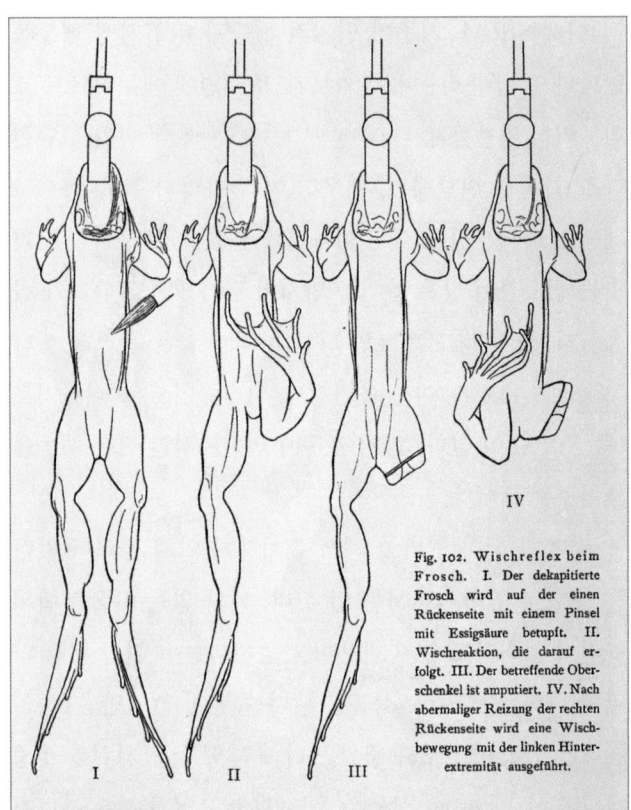

Fig. 102. Wischreflex beim Frosch. I. Der dekapitierte Frosch wird auf der einen Rückenseite mit einem Pinsel mit Essigsäure betupft. II. Wischreaktion, die darauf erfolgt. III. Der betreffende Oberschenkel ist amputiert. IV. Nach abermaliger Reizung der rechten Rückenseite wird eine Wischbewegung mit der linken Hinterextremität ausgeführt.

플뤼거의 실험. Verworn 1912, 198에서 재인용.
그림 속 독일어 캡션 내용은 다음과 같다 : 그림 102. 개구리의 닦기 반사. / I. 머리를 제거한 개구리의 한쪽 등에 붓을 이용하여 아세트산을 문지른다. / II. 이어지는 닦기 반응. / III. 닦기를 한 허벅다리를 절단한다. / IV. 다시 한 번 오른쪽 등을 반복적으로 자극하면 왼쪽 뒷다리로 닦기 동작을 수행한다.

으면 뿌리가 영양분을 놓고 경쟁을 벌이지만, 같은 종이라면 경쟁하기보다는 협력하는 경향이 있으며, 동물의 경우라면 혈연 선택이라 부를 행동을 보여준다(Calvo 2022, 85). 식물은 사건을 기억하며, 언제 다시 일어날지 예측할 수 있다. 예를 들어, 해를 따라가는 식물은 꽃을 밤새 움직여 해가 뜰 때 해를 향하게 하며, 계절에 따른 해의 위치 변화에 맞추어 적절히 조절한다(Calvo 2022, 73-76). 다른 예시들은 식물의 행동에 특정 식물이 이전 경험에 따라 결정한 선택이 포함된다는 것을 보여주는데, 이는 학습의 한 형태이다(Calvo 2022, 86-87). 물론 이 모든 것은 뇌가 없는 상태에서 일어난다.

비신경 유기체의 인지

다른 생물학적 개체들도 뇌가 없는 상태에서 인지적 행동을 실행할 수 있다는 것이 밝혀졌다. 터프츠 대학의 미칼 레빈Michal Levin과 동료들은 개구리의 피부 세포를 제거하여 '제노봇'xenobot이라고 부르는 '합성 생체 기계'를 만들었다(Blackiston et al. 2021). 제노봇은 본래의 개구리에 있을 때는 없었던 새로운 행동을 보였는데, 예를 들어 점액을 개구리의 피부에 도포하는 대신 움직이는 데 섬모를 사용하고, 액체를 가득 채운 구부러진 튜브를 성공적으로 통과했다. 레빈과 동료들은 유기체 수준에서만이 아니라 세포 수준에서도 인지 능력이 존재한다고 주장했다(Fields and Levin 2020 ; Levin and Dennett 2020). 니콜라스 룰로Nicolis Rouleau는 레빈과의 공동 연구에서 "감각의 다중 실현 가능성"을 주장하며, 인지 능력이 많은 생명체와 인공 매체에서도 예화될 수 있다고 지적했다. "여러 비신경 유기체가 동물의 인지와 일치하는 반응 패턴을 보여주었다"는 점에서, "뇌를 넘어서는 인지 기능의 일반화를 뒷받침하는 추가적인 증거"가 제시되었다(Rouleau and Levin 2023, 1). 또한, 피사레일레스physarales(모양 때문에 개 토사물 점균으로 알려진 한 속) 같은 점균류 연구자들도 유사한 결론에 도달했다. 실험에서 점균류가 환경을 감지하고, 복잡한 화학 신호를 통해 다른 세포와 소통하며, 상황에 따라 자기들의 체제를 유연하게 변경한다는 사실이 밝혀졌다(Nirosha et al. 2021 ; Zhu et al. 2022).

룰로는 신경 조직만으로 인지를 판단하는 "신경중심적" 접근이 현대의 인지 환경에는 더 이상 적절하지 않다고 비판했다(Rouleau 2024). 그와 레빈은 비신경 인지에서의 발전으로 인해 적합한 윤리적 틀을 재고할 필요가 생겼다고 주장했다. "우리와 진화적 계통, 구성 또는 기원을 공유하지 않는 존재들을 고려하여 새로운 윤리적 틀을 개발할 필요가 있다"고 말했다(Rouleau and Levin 2023, 3). "우리의 미래에는 인지적 잠재성의 풍경에 매우 다양한 형태들이 공존하게 될 것이며, 거기에는 유기체, 사이보그, 하이브리드 로봇, 인공 또는 합성 지능, 생물공학적 존재, 하드웨어와 소프트웨어 구성요소를 모두 갖는 수많은 비관습적 지능들이 포함될 것이다"(같은 곳). 그들은 성숙한 윤리는 "과학적 신경 종류에 기반한 구분을 없애고, 개인과 사회들이 낯설거나 알아보기 어려운 존재들과 합리적이고 자비롭게 관계를 맺을 수 있는 방법을 제공할 것"이라고 말했다(같은 곳).

대규모 언어 모델LLM에서의 인지

비신경 생물체의 인지 능력에 관한 방대한 증거는 챗GPT와 같은 대규모 언어 모델의 인지 능력을 평가할 맥락을 제공한다. LLM은 생물학적 뉴런을 본뜬 뉴런을 가지고 있지만, 다음에서 설명하는 것과 같이 전통적인 의미에서 "뇌"는 없다. 그것들은 의식도 없다. 그러나 앞서 보았듯이 비의식적인 생명체도 인지 능력을 가질 수 있으므로 이 점 때문에 자격을 잃지는 않는다. 인간, 동물, 식물, 점균류와 마찬가지로 LLM은 환경에서 정보를 수집하지만, 그것들의 환경은 그것들이 훈련받아 온 인간이 작성한 텍스트로 이루어졌으며, 완전히 인공적이다. 이런 사실이 어떤 차이를 만드는지는 아래에서 탐색할 것이다. 생물학적 유기체와 마찬가지로 LLM은 정보를 해석하고, 유연하게 반응하며, 사건을 예측하고, 경험에서 배운다(SIRAL 기준). 요컨대 LLM은 생물학적 인지의 기준을 공유하므로, 인지 능력을 갖고 있다는 가설이 타당성을 갖게 된다. 이를 더 탐구하려면 LLM의 구조와 기능에 대한 더 많은 정보가 필요할 것이다.

대규모 언어 모델LLM의 인공 뉴런은 디지털 규칙보다는 아날로그 규칙에 따라 작동하는 폰 노이만 기계의 논리 게이트와는 여러 면에서 다르다. LLM의 가중합weighted sum은 고정되어 있지 않고 가변적이며, 사전에 정해진 과정을 따르기보다는 학습한다. 순차적 과정이 아닌 병렬 과정을 사용하며, LLM의 아키텍처는 특정 논리 기능을 실행하는 것이 아니라 계층과 레이어로 배열된다. 논리 게이트의 고정된 논리 작업보다는 적응성을 보여주며, LLM의 활성화 기능은 비선형적이다. 간단히 말해, LLM은 디지털 예화 위에 구축된 아날로그 장치이다. 생물학적 뉴런도 발화를 하거나 하지 않거나 둘 중 하나라는 의미에서 이진 코드로 작동한다고 주장할 사람도 있겠지만, LLM의 메커니즘은 신경망의 인공 뉴런보다 훨씬 더 복잡하고 미묘하다.

트랜스포머 아키텍처는 구글의 연구자 여덟 명이 쓴 "필요한 것은 오직 관심뿐"Attention is all you need(Vaswami et al. 2017)이라는 제목의 논문에서 시작되었다. 그들은 집중과 맥락을 제공하는 어텐션 메커니즘attention mechanism을 제안했는데, 예를 들어 대명사와 그것이 받는 명사 사이에 여러 단어, 심지어 문장들이 있을 때 언어의 장기 의존성을 설명하려면 집중과 맥락 둘 다 필요하다. 각주의 링크에 그 중요한 논문에서 나온 개념도가 있다.[1]

이 개념도는 입력 임베딩과 출력 임베딩 양쪽에서 다수의 어텐션 헤드attention head를 보여준다. GPT-3에서는 99개의 어텐션 헤드가 병렬로 작동한다. 어텐션 헤드는 입력 시퀀스의 다른 단어들의 맥락에서 특정 단어의 확률을 계산하며, 이를 통해 시퀀스 내 각 단어의 상대적 중요성을 판단할 수 있게 된다. 그런 다음 이러한 점수들을 합해 가중치가 부여된 표상을 생성한다. 셀프-어텐션은 시퀀스의 표상을 계산하기 위해 하나의 시퀀스에 각기 다른 단어들의 위치를 연관시킨다. 이는 입력이 다른 모든 입력들과의

---

[1]. 다음 링크의 7쪽에서 볼 수 있다. https://escholarship.org/content/qt-9gjlb41d/qt9gjlb41d_noSplash_a81766476bb2244f81a99ca8ee6279e2.pdf.

관계 속에서 확률을 계산하게 함으로써 작동하며, 어텐션 헤드가 보는 것을 변화시켜 프로세스에 재귀적 역학을 도입한다.

각주의 "열 지도" 도표2는 "그 큰 붉은 개"the big red dog라는 구절을 사용하여 이러한 프로세스가 어떻게 작동하는지를 보여준다. 색이 진할수록 어텐션 메커니즘이 그 단어에 더 높은 확률을 부여한다.

프로그램이 줄을 스캔할 때, 처음 나온 "그"the라는 단어에 초점을 맞추고 가장 높은 확률을 부여한다. 다음으로 높은 확률은 "개"dog에 할당되어, 프로그램이 이 두 단어가 함께 간다는 것을 알고 있음을 보여준다. 프로그램이 "큰"big과 "붉은"red에 초점을 맞출 때는 둘 다 "개"dog와 관련지으면서 같은 과정을 따른다. "개"dog에 이르면, 프로그램은 시퀀스에서 이 단어를 다른 단어들의 수식을 받는 가장 중요한 단어로 인식하고 있다.

보다 기술적인 설명은 다음과 같다. 트랜스포머 신경망에서 단어들은 토큰으로 입력되는데, 이는 네 글자나 다섯 글자로 구성된 단어 조각들이다. 역전파는 기대 출력과

---

2. 이 열 지도 도표는 다음 링크의 9쪽에서 볼 수 있다. https://escholarship.org/content/qt9gj1b41d/qt9gj1b41d_noSplash_a81766476bb2244f81a-99ca8ee6279e2.pdf.

실제 출력 사이의 차이를 측정하는 비용 또는 오류 함수를 사용하여 뉴런의 가중치(또는 매개변수)를 미세 조정하는 데 이용된다. 경사 하강법gradient descent이라는 최적화 알고리즘이 정확도를 더 평가하여 기대 결과와 실제 결과 사이의 거리를 최소화한다. 유사한 단어들이 임베딩 공간에서 함께 그룹화되어 벡터 값을 할당받는다. 위치 인코딩은 문장에서 단어의 위치를 인코딩한다. 어떤 단어들이 함께 가는지는 인덱스 포인트로 작용하는 벡터를 통해 계산하며, 이 벡터들은 행렬 수학을 사용하여 조작한다. 원시 출력은 소프트맥스 함수를 사용하여 확률로 변환되고 조회 사전을 사용하여 단어로 출력된다.

여기서 주목해야 할 중요한 점은 레이프 웨더비Leif Weatherby와 브라이언 저스티Brian Justie가 지적했듯이 단어들이 인덱스 포인터로 작용하는 벡터로 인코딩된다는 것이다(Weatherby and Justie 2022). C. S. 퍼스의 기호학에 따르면, 지표index, 도상icon, 상징symbol의 세 가지 넓은 기호의 범주가 있다. 예를 들어 불과 연기처럼 상관관계에 따라 작동하는 지표가 있고, 사제를 나타내는 도상처럼 형태적 유사성을 통해 작동하는 도상, 그리고 기호체sign vehicle와 표상 사이의 임의적 연관을 통해 작동하는 상징이 있다(퍼스 1958). 테렌스 디콘Terrence Deacon의 정보 이론에 관한 두 편의 영향력 있는 글에 따르면, 직접적으로 정보를 제공하는 것은 지표뿐이다. 도상은 정보를 획득할 수 있게 해 주고(예를 들어 어린이들을 위한 그림책에서 농장 동물을 보여주는 경우), 상징은 수학 공식이나 허구적 서사에서처럼 표현을 함께 조작할 수 있게 해준다(디콘 2007; 디콘 2008).

이 설명을 통해 신경망이 본질적으로 상관관계 기계라는 것을 알 수 있다. 특정 단어는 다른 단어와 문장에서 자주 함께 놓임으로써 그 단어와 상관관계를 맺는다. 이러한 상관관계는 신경망이 시퀀스에서 다음 단어를 예측하는 기능에 필수적이다. 또한, 특정 상관관계는 다른 상관관계와 연결되어 유추적 관계를 형성한다. 각주의 링크에 있는 도표는3 데스크톱 컴퓨터에서 실행할 수 있을 만큼 작은 규모의 LLM으로는 마지막이었던 GPT-2를 통해 상관관계 네트워크가 어떻게 나타나는지 보여준다.

단어를 나타내는 벡터들이 임베딩 공간에서 서로 인접한 관련 벡터들을 가리키는 것을 확인할 수 있다. "고양이"Cat는 "새끼 고양이"kitten와 연관되어 인식된다. 또한, 프로그램은 "고양이"Cat와 "새끼 고양이"kitten 사이의 관계

---

3. 이 도표는 다음 링크에서 볼 수 있다. https://cdn.shopify.com/s/files/1/0672/8328/8384/files/Pasted_image_20250211215456.png?v=1739575442.

가 "어른"adult과 "아이"child 사이의 관계와 유사하다고 인식한다. 이 경우 관계는 부모와 자식, 즉 유전적인 생물학적 관계이다. "왕"king이 "여왕"queen에 대해 "남성"man이 "여성"woman과 맺는 것과 비슷한 관계를 보여주는 네트워크를 형성하여, 프로그램이 성별에 기반한 유추를 만들어낸다. "포도"grapes와 "체리"cherries의 관계는 "자주색"purple과 "붉은색"red의 관계처럼 인간의 시각 시스템이 인식하는 색상 관계를 유추의 기반으로 삼는다(다른 종은 이 색상들을 다르게 볼 것이다). 이런 식으로 상관관계의 네트워크는 인간이 세계를 어떻게 보는지, 어떻게 사회적 관계를 형성하는지, 젠더 위계질서가 어떻게 작동하는지 등 인간 생활세계와 경험에 대한 다양한 정보를 인코딩한다. 신경 계층구조가 더 복잡한 연관성으로 상승함에 따라 이러한 상관관계는 점점 더 광범위한 네트워크로 인코딩되며, 서로 다른 영역의 네트워크가 서로 상관관계를 형성하면서 네트워크들의 네트워크가 형성된다. 예를 들어 한 네트워크는 친족 관계에 초점을 맞추고, 다른 네트워크는 사회적 위계질서에, 또 다른 네트워크는 통치 제도와 같은 사회 구조에 초점을 맞출 수 있다.

이러한 계층적인 네트워크들의 네트워크에서 프로그램은 데이터에 명시적으로 나타나지 않지만 인간이 작성한 텍스트가 인코딩하는 연결에 의해 암시된 추론을 도출한다. 이러한 추론은 챗GPT와 같은 LLM에 명시적으로 프로그래밍 되지 않은 느닷없이 나타나는 emergent 능력을 부여한다. 프로그램은 훈련 데이터에서 수집한 수십억 개의 데이터 포인트를 연결하고 조직함으로써 데이터 자체를 훨씬 뛰어넘어 추론할 수 있기 때문이다. 이러한 연관성으로 형성된 회로에는 큰 주제 영역에 대한 추론을 끌어내는 범용 회로가 포함되어 있으며, 이는 계층적 신경 층에서 더 높은 위치를 차지한다. 특정한 주제 데이터에 대한 더 미묘한 추론을 도출하는 작은 회로는 계층에서 낮은 위치를 차지한다(Bubeck et al. 2023, 94-95). 이러한 인코딩의 정확한 성격은 일반적으로 프로그램이 실행되는 동안 접근할 수 없는 입력층과 출력층 사이의 이른바 "잠재 공간"에서 발생한다. 따라서 프로그래머들은 이러한 잠재 회로가 어떻게 배열되어 있거나 작동하는지 정확히 알지 못한다. 프로그램은 인간 프로그래머의 직접적인 개입 없이 자율적으로 이를 발전시키기 때문이다.

GPT 3, 3.5, 4와 같은 프로그램들이 발전시켜 온 전문 지식의 범위는 참으로 경이롭다. 오픈 AI는 수많은 테스트를 거친 끝에 GPT-4가 전문적인 소프트웨어 엔지니어를 위한 표준적인 채용 테스트를 통과할 수 있다는 것을 알아냈다. GPT-4는 변호사 시험을 상위 10퍼센트 확률로 통과했고 X-레이를 판독하는 데 인간 이상의 능력을 보여주었다(Achiam 2023, 5). 초기에 GPT-4에 접근할 수 있었던 마이크로소프트사의 다른 연구자들은 GPT-4가 수학을 전공한 대학생과 맞먹는 능력으로 복잡한 수학 증명을 구성하고, 인간 행동에 대한 마음 이론을 갖고 있으며, 시와 희곡, 에세이를 해석하고 쓸 수 있다고 판단했다. 이런 능력에도 불구하고 GPT-4는 심각한 한계도 갖고 있다(Brubeck et al. 2023). 이 중 주요 한계는 세계 안에서 체화된 경험이 없고, 감정·욕망·선호가 없다는 것이다. GPT-4는 언어 모델만을 갖고 있지, 세계의 모델을 갖고 있지는 않다. 그러므로 실제 세계의 지식이 중요할 때, 예를 들어 공간을 탐색하거나 동전 더미의 무게를 알아내는 등의 일에서는 종종 실수를 범한다. 모델을 생산하는 회사들은 이런 결함에 주의를 환기하기 위해 알고리듬을 짜 넣었을 뿐 아니라, 사용자에게 모델들이 실제로는 존재하지 않는 참조를 꾸며내고 있을 뿐이라고 경고한다. 법률 서류를 준비하는 데 이 프로그램들을 이용한 사례에서 이미 이런 일이 일어났다. 나는 이런 한계들이 참조의 전체적인 취약성을 구성한다고 주장했다(Hayles 2024). 이런 모델을 사용할 때 인간의 사고와 인지는 구식의 훌륭한 양식과 신중함이 그렇듯이 여전히 핵심적이다.

한계가 어느 정도로 심각한가? 에밀리 벤더Emily Bender 와 동료들이 쓴 요즘 유명한 논문 「확률론적 앵무새의 위험들」에서, 그는 한계가 너무나 극단적이어서 GPT와 유사한 모델들이 만든 텍스트에는 독자가 거기 투사한 것 외에는 아무런 의미도 없다고 주장한다(Bender et al. 2021). 그들의 주장 속에는 어휘가 의미를 가지려면 실제 세계의 대상과 연결되어야만 한다는 가정이 숨어있다. GPT는 실제 세계의 대상과의 경험이 없으므로, GPT가 만드는 텍스트는 시퀀스에서 다음에 올 법한 단어들에 대한 확률론적 기대일 뿐이다. 그러나 언어학자라면 누구나 이렇게 말할 텐데, 어휘들은 다른 어휘와 연관됨으로써 의미를 얻는다. 인간 생활세계가 어떻게 작동하는가에 대한 수많은 가정이 우리가 사용하는 언어 속에 뿌리박혀 있다. GPT의 규모로 상관관계와 패턴 탐지를 할 능력이 있는 프로그램이라면 인간 경험에 대해 많은 것들을 쉽게 알아낼 수 있다. 더군다나 반드시 완벽하게 이해해야만 의미를 갖는 것은 아니다. 우리는 전부 다 이해하지 못하면서도 의미를 직관적으로 파악하는 일이 종종 있다. 정말로 문학과 예술 텍스트들은 모호하거나 신비스러운 의미를 전달하는 이런 능력에 의존할 때가 많다.

확률론적 관점의 지지자들과 나같이 이의를 제기하는 사람들이 LLM 텍스트가 의미를 갖고 있는지에 대한 추상적인 이슈를 놓고 끝없이 논쟁을 벌일 수도 있겠지만, 문학 비평가로서 나는 판단을 내리기 위해 텍스트 자체에 의지하는 쪽을 더 선호한다. LLM이 말하게 하고 그것이 한 말을 보도록 하자. 그러면 거기에서부터 우리의 견해를 만들어 낼 수 있을 것이다. 따라서 나는 영국 작가 헨리 제임스의 중편소설 「카펫 속의 무늬」(1896)에 대해 챗GPT(GPT 3.5 버전)와 여러 차례의 세션을 실행했다. 그 이야기는 모호하기로 유명한데, 그 소설에 대해 수많은 글이 나왔어도 제임스의 생전이건 그가 죽은 지 한 세기 하고도 사반세기가 지난 지금이건, 그 이야기의 의미에 대해서는 어떤 합의된 바도 없다. 이야기가 수많은 다른 견해들을 불러들이기 때문에 복잡한 뉘앙스를 이해하고 잠재된 의미에 대해 추론하는 챗GPT의 능력을 테스트하기에는 딱 좋다.

이 이야기를 잘 모르는 사람들을 위해 짧게 요약해 보겠다. 무명의 화자는 명성을 갈망하는 젊은 문학 비평가이다. 그는 휴즈 베레커의 최신 문학작품에 대한 비평을 썼는데, 우연히 어느 시골집을 방문했다가 그곳에서 베레커와 마주치게 된다. 여주인이 그 젊은이의 비평에 대해 말을 꺼내지만, 베레커는 요점을 "보지 못했다"고 일축해 버린다. 젊은이의 자존심이 깊은 상처를 입었으리라는 것은 짐작할 만하다. 베레커는 자신의 발언을 보상하기 위해 나중에 그를 손님 방으로 찾아가 자신의 작품에 전체 저작의 의미를 밝혀 주는 "아이디어가 있"는데, 화자를 포함해 아무도 그것을 파악하지 못한 것 같다고 말해준다(James 2024, 8). 이 숨겨진 메시지가 "카펫 속의 무늬"다(James 2024, 25). 그것은 일단 인식하면 전체 디자인을 드러내 주는 페르시아산 카펫의 복잡한 패턴에 비유되는 은유이다.

그 숨겨진 무늬를 찾아야겠다는 생각에 사로잡힌 화자는 베레커와 나눈 대화를 "친구를 가장한 적"인 동료 비평가 조지 코빅에게 털어놓는다. 코빅은 젊은 여성 그웬돌린 에르메에게 구애하고 있었는데, 그웬돌린의 어머니가 반대해서 결혼하지 못하고 있었다. 그웬돌린 또한 화자와 같은 동네에 살아서 그와 친분이 있다. 조지가 유럽으로 떠나서 화자는 그웬돌린으로부터 그의 소식을 종종 듣는다. 몇 달 후, 그웬돌린은 화자에게 조지가 "해냈다"는 편지를 보낸다. 그가 숨겨진 메시지를 찾아냈다는 것이다(James 2024, 18). 화자는 결과를 너무나 알고 싶어서 조지에게 비밀을 말해 달라고 애원하지만, 조지는 그에 대해 글을 쓰는 중이고 때가 되면 화자에게 보여주겠다며 계속 미룬다.

그웬돌린도 알고 싶어 하지만 조지는 결혼을 먼저 해야 그 다음에 알려 주겠다고 말한다. 마침 어머니가 사망하고 조지는 드디어 그웬돌린과 결혼할 수 있게 되어 그녀에게 비밀을 밝히는 편지를 쓴다. 또한 그는 비밀을 설명한 글도 완성하려 하지만, 글을 다 쓰기 전에 신혼여행을 떠났다가 불행한 사고로 숨을 거둔다. 그웬돌린은 이제 비밀을 가진 유일한 사람이 되었다. 화자는 그 비밀을 알아내기 위해 그녀에게 청혼해야겠다고 생각한다. 그러나 그웬돌린은 "절대로 싫어요!"라는 말로 그의 청혼을 단호하게 거절한다(James 2024, 25). 결국 그녀는 다른 구혼자와 결혼하여 행복하게 살지만, 두 번째 아이를 낳다가 죽는다. 그럴 동안 베레커도 죽고, 화자는 이제 비밀을 아는 사람은 결혼 후 그웬돌린으로부터 비밀을 들었을 두 번째 남편뿐이라고 생각한다. 그러나 화자가 그에게 접근해 그 얘기를 꺼내 보았더니 그 남자는 그 비밀에 대해서는 아무것도 모르고 있었다. 화자는 홀로 된 남편도 이제 자신과 같은 처지라는 사실을 알게 된 것으로 만족하는 수밖에 없다. 그래서 이야기는 화자에게도 우리 독자에게도 비밀을 드러내지 않은 채로 끝난다.

오랫동안 이 이야기를 둘러싸고 많은 질문들이 있었다. 물론 비밀 자체에 대한 것도 있고, 제임스가 비밀을 보통 말하는 식으로 드러내지 않으면서 어떤 마스터키가 있다고 암시하는, 자기 자신의 작품을 쓰고 있었을지도 모른다는 추측도 있었다. 또 다른 질문이 이야기 주위를 맴돈다. 비밀에 대한 것 외에도, 이야기 자체가 이야기뿐 아니라 저자의 작품을 밝혀 줄, 독자가 해독할 수 있는 비밀을 갖고 있는 것은 아닐까? 혹은 이야기가 예술적인 문학적 대상의 무한히 해석이 가능하고 해결될 수 없는 모호한 신비스러운 본질에 관한 것이 아닐까? 아니면 그 이야기를 숨겨진 마스터키라는 아이디어와 더불어 제임스가 한 정교한 농담으로 보아야 할까? 챗GPT가 단지 그다음에 나올 법한 단어를 예측하는 것뿐이라면, 그것의 대답은 자체적으로 해석하는 능력은 거의 보여주지 못하고 그저 여러 세대에 걸쳐 다른 독자들이 했던 말을 진부하게 되풀이할 뿐일 것이다.

시작할 때 늘 던지는 질문부터 하겠다. 챗GPT가 그 이야기를 알고 있는가? 그렇다, 안다고 대답한다(늘 그렇듯이). 하지만 한 세션에서 흥미로운 오류를 범했다. "플롯은 휴 베레커라는 이름의 젊은 문학 비평가를 중심으로 전개됩니다. 그는 유명한 소설가의 작품 뒤에 숨겨진 비밀스러운 의미를 해독하는 데 집착합니다. 소설가는 베레커의 친구이자 멘토로, 그의 이름은 나오지 않습니다." 여기에는 두 가지 오류가 있다. 첫째, 젊은 비평가가 아니라 소설가의 이름이 휴 베레커다. 둘째로는 "이름이 나오지 않는" 사람은 "유명한 소설가"가 아니라 화자다. 게다가 베레커가 젊은 비평가에게 친근하게 대해 주지만 그의 "친구이자 멘토"라고는 할 수 없다. 이 표현은 조지 코빅에게 더 어울릴 것이다. 그런데 그의 역할은 요약에서 언급되지 않는다. 다른 세션에서는 프로그램이 이런 오류를 범하지 않았다. 나는 이것이 웹에서 발견한 내용을 뒤섞은 것일 뿐일까 궁금하다(이 소설에 대한 전문적인 비평이라면 절대 이런 기초적인 오류를 범할 것이라고 생각지는 않지만). 이런 것들이 GPT 시리즈가 종종 빠진다는 환각일까? 텍스트를 직접 읽기보다는 이런 요약에 의존하는 학생이라면 여기에서 벌써 큰 곤란에 처할 것이다.

다음으로 출판된 비평에서는 발견하기 어려울 해석상의 질문을 던진다. "왜 조시 코빅은 숨겨진 의미를 발견할 수 있는가?" 이는 스스로 발견할 수 없는 화자와 대조를 뜻한다. 여기에 대해 프로그램은 의견을 내놓는다. 조지는 "사전에 형성된 관념이나 기대에 짓눌려" 있는 화자와는 달리, 그 과업에 "신선한 관점과 열린 마음"으로 접근했기 때문이다. 이 대답에서 이야기에 대한 해석이라기보다는 나무 때문에 숲을 보지 못한다면 그것은 나무 자체를 제대로 보지 않았기 때문이라는 일반화된 개념을 발견할 수 있다. 그렇다면 프로그램은 이 특정한 이야기에 어디에서나 배운 교훈을 "확률적으로" 적용한 것이다. 이 해석을 지지하는 텍스트 증거는 거의 없으니까.

"왜 제임스가 숨겨진 메시지가 끝내 드러나지 않도록 플롯을 구성했는가"라는 질문에는 꽤 예상 가능한 대답이 나온다. 그렇게 질문하면 챗GPT는 이렇게 답변한다. 제임스는 "독자들이 해석의 본질과 예술적 창조의 신비를 성찰할 기회를 주고자 한다." 웹에서 쉽게 찾을 수 있는 견해다(그리고 예술의 본질에 대한 다 아는 뻔한 얘기를 연상시키는 식으로 표현되어 있다). 더 창의적인 대답을 얻기 위해서, 이야기를 더 잘 이해하려면 인물들의 행동과 동기를 통해서 보아야 할지, 혹은 저자의 전략의 메타 레벨에 집중할지 질문한다. 웹상에서 이런 질문에 대한 답을 찾을 수 있겠지만, 하나의 소스에서 간단명료한 식으로 찾지는 못할 것이다. 전문적인 견해는 특정 작품의 해석에 맞추어져 있을 것이기 때문이다. 프로그램은 두 가지 접근 모두 나름의 쓸모가 있다고 말하는 식으로 대답한다. " '더 나은' 접근법은 독자의 목표, 관심, 선호에 따라 다릅니다." 이런 대답은 단순한 반복이 아니라 한 접근 방식이 다른 것보다 낫다고 주장하는 여러 출처에서 가져온 추론으로 보인다. 더 나아가, 내 프롬프트는 두 접근법을 이분법적 대안으로 놓았는데도 프로그램은 그것들이 상호 배타적이지 않다고 말한다. 또한, 왜 문학에 대한 이해가 제한적일 수 있는지 설명하면서 데이터의 제한, 해석의 복잡성, 개인적 경험의 부족을 열거한다. "문학적 해석은 다양한 의미의 층, 문화적 맥락, 비평적 관점이 연관되어서 본래 복잡하고 주관적입니다. 저는 해석의 패턴을 논의할 수는 있지만, 제가 포착하지 못하는 뉘앙스나 대안적 해석들이 있을 수 있습니다." 이런 말은 프로그램 자신의 추론일 수도 있고, 프로그램이 곤란한 질문을 받으면 이용하도록 프로그래머들이 그것의 한계에 대해 설정해 둔 상투적인 답변일 수도 있다. 어느 쪽이든 이 말이 의미는 없이 다음에 올 단어 예측을 생산하는 확률적 사례만은 아닌 것은 확실하다.

숨겨진 의미에 대해 어떻게 생각하는지 물어보면 프로그램은 다양한 비평적 견해를 요약한 것을 내놓는다. 그래서 인간이 작성한 텍스트에 일반적으로 숨겨진 의미가 있는지를 물어본다. 챗GPT는 먼저 "인간이 작성한 텍스트에서 숨겨진 의미의 존재는 많은 논의와 해석의 주제입니다"라고 대답하고, 이어서 어느 경우에나 통하는 손쉬운 답변으로 넘어간다. "답은 자신의 관점과 해석에 대한 접근법에 따라 달라질 수 있습니다. AI 언어 모델로서, 저는 인간 저자처럼 개인적 의도나 의식을 갖지 않습니다. 제가 텍스트를 생성할 때는 훈련받은 데이터의 패턴과 정보에 의거하여 생성합니다. 복잡하고 미묘한 답변을 내놓을 수 있지만, 제 출력에서 인식되는 어떤 숨겨진 의미도 제가 의도적으로 임베딩한 것이라기보다는 독자의 해석의 결과입니다." 이 말은 확률론적 앵무새에 대한 논쟁처럼 들리지만, 이어서 중요한 발언을 한다. "소위 언어의 본질 자체가 의미의 층, 모호성, 해석을 가능케 하는 경우가 많습니다. 그래서 저는 제 답변에 숨겨진 의미를 의도적으로 포함시킬 능력이 없지만, 독자들은 여전히 자신들의 관점과 해석에 근거하여 텍스트에서 깊이나 복잡성을 발견해 낼 수도 있습니다." 이는 사피르-워프 가설Sapir-Whorf hypothesis로 알려진 언어 이론에서 하는 말과 비슷하다. 이 가설은 언어에는 수 세기의 전통과 용례를 통해 축적된 그 자체의 관성이 있어서 어떤 표현은 하지 않을 수 없게 만들고 어떤 것들은 하기 어렵거나 불가능하게 만든다고 말한다. 다시 말해서 우리가 언어를 말할 때조차 언어도 우리를 말한다(Whorf 1956).

마지막 질문에서 나는 프로그램이 인간의 생활세계를 어떻게 이해하고 있는지 알아보려고, 생활세계가 "얼마나 많이" 언어에 인코딩되어 있는지 질문했다. 프로그램은 "광범위한 경험, 감정, 관점, 문화적 맥락"을 포함하여 인간이 작성한 텍스트에서 "상당 부분"을 발견할 수 있다고 대답했다. "이 텍스트들은 인간 사회의 거울로 기능하여 그 복잡성, 뉘앙스, 모순을 포착합니다." 프로그램은 인간이 작성한 텍스트가 "인간으로 존재한다는 것의 복잡성, 경이, 도전"을 반영한다고 결론지으면서, 프로그램은 인간이 아니고, 인간의 언어를 통해서, 오직 간접적으로만 인간의 생활세계에 접근할 수 있음을 뚜렷이 인식하고 있음을 암시했다. 내가 "인간의 생활세계의 어떤 부분을 이해하고 있는지" 묻자, 프로그램은 "개인적 경험, 감정, 의식"뿐만 아니라 "인간 문화, 사회적 상호작용, 도덕적 딜레마의 복잡한 뉘앙스"도 식별했다. 계속해서 "제가 데이터에서 패턴에 근거한 텍스트를 분석하고 생성할 수 있지만, 개인석 관점, 믿음, 가치를 갖고 있지는 않습니다. 그러므로 인간 경험과 맥락, 특히 주관적 해석과 감정적 지능에 크게 의존하는 것을 이해하는 데에는 한계가 있습니다"라고 말했다.

「확률론적 앵무새의 위험들」에서는 다음에 올 법한 단어만이 유일한 기준이 된다고 주장하지만, 이 대답은 다른 대부분의 것들과 마찬가지로 단순한 확률론적 문자열과는 거리가 아주 멀다. "확률론적" 주장은 모델의 출력에 기여하는 다른 모든 제약과 상호 참조들, 특히 위에서 논의한 상관관계들의 네트워크는 무시한다. 객체가 단지 다음에 올 단어의 확률만을 이용한다면, 합리적인 주장을 구성하고, 수학적 증명을 만들어내고, 잘 짜여진 컴퓨터 코드를 만들거나 말이 되는 시를 지어내기란 불가능할 것이다.

이 점을 설명하기 위해 우리가 LLM이 되어 다음에 올 법한 단어 시퀀스를 선택하고 챗GPT의 대답과 비교해 보자. 내가 챗GPT에게 했던 질문들로 연습해 볼 수 있다. "제임스의 이야기를 이해하기 어려워하는 사람에게 어떤 조언을 해 줄 수 있을까?" 프로그램의 대답에서 첫 번째 항목은 "주의 깊게 읽어보세요"이다. 보통 "주의 깊게"와 함께 놓일 단어는 "조심해서"와 "신중하게"다. 그러니까 우리의 대답을 이 단어들을 이용하여 구성해 보자. "주의 깊고 신중하게 읽으세요." 반의어도 같이 놓일 때가 자주 있으니까, 다음 단어는 "부주의하게"나 "멍청하게"가 될 수도 있다. 그러면 이제 조언은 "주의 깊고 신중하게, 어리석거나 산만해지지 않도록 읽어보세요"가 될 것이다. "산만"의 동의어는 "열광"이다. 그러면 다음에 올 단어로 이것을 선택해 보자. "열광에 빠지지 마십시오." 이제 다음 단어 예측은 반의어인 "제정신"이 될 수도 있다. 그러니 그 단어를 추가해 보자. "독서할 동안 음주를 피하여 제정신을 유지하십시오." 여기에서부터 조언은 점점 더 도움이 되지 않고 이상한 제안들로 치우칠 가능성이 있다.

이제 이것을 챗GPT가 실제로 생성한 것과 비교해 보자. 챗GPT는 일곱 가지 주요 항목을 짧은 설명과 함께 생성했다. "주의 깊게 읽으세요" 다음에는 "맥락을 고려하세요", "주제를 탐색하세요", "해석에 참여하세요", "모호함을 받아들이세요", "토론을 하세요"가 이어진다. 이 중 어떤 것도 확실히 다음에 올 단어로 예측되지는 않지만, 제임스의 수수께끼 같은 이야기를 읽는 독자에게 주는 조언이라는 맥락에서는 아주 훌륭하게 다 말이 된다. 마지막 조언은 프로그램이 인간 감정의 중요성에 대해 얼마나 민감한지 보여준다. "포기하지 마세요." 프로그램은 이야기가 처음에는 이해가 안 되더라도 기죽지 말라고 경고한다. "「카펫 속의 무늬」 같은 문학작품은 여러 번 되풀이해 읽고 주의 깊게 탐구해야 합니다. 계속해서 탐구하고, 질문하고, 텍스트를 연구하면, 시간이 가면서 새로운 의미의 층을 발견할 수 있을 것입니다." 내가 대학에서 "문학 입문" 수업을 한다 해도 이보다 더 잘 말하지는 못할 것이다.

「확률론적 앵무새의 위험들」 주장에 대한 또 다른 접근은 인간이 생성한 단어도 다음에 올 단어의 확률에 대한 예측 가능한 스크립트를 따르는 경우가 많다는 지적이다. 동료를 만나면 그는 나에게 잘 지냈냐고 묻는다. 나는 지금 막 의사를 만나 나쁜 소식을 듣고 돌아온 후이지만, 그가 나의 건강 문제에 대해 듣고 싶어 하는 게 아니라는 것을 알고 있으니까 웃으면서 "잘 지내요, 고마워요"라고만 대답한다. 나의 현재 현실과는 아무 관계도 없는 대답이다. 또는 제일 비호감인 정치인의 정치 연설을 생각해 보자. 내 경우에는 도널드 트럼프의 집회 연설이다. 트럼프의 연설 중 아무거나 하나 골라도 장담하건대 참조의 전체적인 취약성의 사례를 다양하게 보여줄 것이다. 요점은 그의 주장의 진실성이 아니라, 특정 단어들을 같이 엮어서 어떻게 그의 추종자들로부터 감정적(지적인 것이 아니라!) 반응을 끌어내는가이다. 이에 비해 챗GPT는 전체적으로 높은 진실성을 갖는 합리적인 담론의 모델이다(환각이나 헛소리는 있지만).

챗GPT와 관련 모델들이 인간과 관계 맺게 될 가장 중요한 방식은 지성의 증강을 통해서이다. 그것들은 인간 지성을 확장하여 인간의 사고와 인지가 다른 식으로는 성취하지 못할 것을 얻게 해줄 것이다. 이미 많은 예가 증거로 나타나고 있다. 예를 들어 GPT-4는 인간의 사고만으로는 풀 수 없는 극히 복잡한 문제인 단백질 접힘을 예측하는

데 이용되고 있으며, 그 결과가 생명을 구하는 실험 약을 개발하는 데 이용되었다(Dhar 2023). 특히 이제 웹에서 챗GPT를 무료로 이용할 수 있게 되면서 더는 대기업 CEO나 초부유층이 아니더라도 챗GPT의 조언을 구할 수 있게 되었다. 또한, 전 세계적으로 중요한 문제에만 그것을 이용해야 할 필요도 없다. 예를 들어 네 살배기 손녀의 생일 선물로 무엇을 사야 할지 고민이 되어 챗GPT에게 물어보았더니, 즉시 십여 가지의 좋은 제안을 내놓았다. 그중 네 가지를 실제로 이용했다.

이런 프로그램들이 불법적이고, 비윤리적이며, 심지어 사악한 목적에 이용될 수 있을까? 당연히 그럴 수 있다. 테크 회사들 대부분은 누가 보아도 확실한 오남용(예를 들면 사람을 죽이고 범죄를 피하는 법 등)을 예방하기 위해 자기들의 프로그램 주위에 가드레일을 치려고 하지만, 틀림없이 크고 작은 이용자들이 이를 우회할 방법을 찾아낼 것이다. 모든 기술이 그렇듯이, 비용 대비 이익을 따져볼 필요가 있다. 여기에는 나쁜 행위자들의 착취뿐 아니라 이 프로그램을 구동하는 데 들어가는 막대한 서버 시간과 에너지의 환경적 피해도 포함된다(「확률론적 앵무새의 위험들」논문에서 지적한 점). 그러나 현명하게 이용한다면 프로그램들은 엄청난 잠재력을 가지고 있다. 그것들은 게임

체인저일 뿐 아니라 인간종에게 엄청난 중요성을 갖는 진화적 개입이다. 인공지능은 생명 이외의 수단으로 생명을 진화시키는 수단일 뿐이다. 끝으로, 한 가지 예측을 해 보겠다. 환경 붕괴나 핵전쟁만 아니라면 이제부터 인간과 인공지능의 궤적은 함께 진화해 갈 것이다. 좋든 나쁘든(아마도 좋고도 나쁠 것이다), 우리의 미래와 이들, 우리의 비인간 공생자들의 미래는 함께 나아갈 것이다.

:: 참고문헌

Achiam, Josh, et al. 2023. "GPT-4 Technical Report." arXiv preprint arXiv:2303.08774.

Bender, Emily M., et al. 2021. "On the Dangers of Stochastic Parrots : Can Language Models Be Too Big?" Proceedings of the 2021 ACM Conference on Fairness, Accountability, and Transparency.

Blackiston, Douglas, et al. 2021. "A Cellular Platform for the Development of Synthetic Living Machines." *Science Robotics* 6(52).

Bubeck, Sébastien, et al. 2023. "Sparks of Artificial General Intelligence : Early Experiments with GPT-4." arXiv preprint arXiv:2303.12712.

Calvo, Paco, and Natalie Lawrence. 2022. *Planta Sapiens : Unmasking Plant Intelligence*. Hachette UK.

Deacon, Terrence W. 2007. "Shannon–Boltzmann–Darwin : Redefining Information (Part I)." *Cognitive Semiotics* 1(S1) : 123~148.

_____. 2008. "Shannon–Boltzmann–Darwin : Redefining Information (Part II)." *Cognitive Semiotics* 2(S1) : 169~196.

Dresp-Langley, Brigita. 1992. "Local Brightness Mechanisms Sketch Out Surfaces but Do Not Fill Them In : Psychophysical Evidence in the Kanizsa Square." *Perception & Psychophysics* 52(5): 562~570.

Fields, Chris and Michael Levin. 2020. "How Do Living Systems Create Meaning?" *Philosophies* 5(4) : 36.

Grassini, Simone, et al. 2016. "Who Is Afraid of the Invisible Snake? Subjective Visual Awareness Modulates Posterior Brain Activity for Evolutionary Threatening Stimuli." *Biological Psychology* 121 : 53~61.

Hayles, N. Katherine. 2024. "The Neurodynamics of Technically Mediated Motion : Perceptual vs. Conceptual Animation in Artworks of Nam June Paik and Bill Viola." In *Human Perception and Digital Information Technolo-*

gies, 42~61. Bristol : Bristol University Press.

_____. 2017. *Unthought : The Power of the Cognitive Nonconscious*. Chicago : University of Chicago Press.

Levin, Michael and Daniel C. Dennett. 2020. "Cognition All the Way Down." *Aeon Essays*.

Libet, Benjamin et al. 2005. *Mind Time : Wie das Gehirn Bewusstsein Produziert*. Frankfurt am Main : Suhrkamp.

Nirosha Yalamandala, Bhanu, et al. 2021. "Advances in Functional Metal-Organic Frameworks Based On-Demand Drug Delivery Systems for Tumor Therapeutics." *Advanced NanoBiomed Research* 1(8) : 2100014.

Rouleau, Nicolas, and Michael Levin. 2023. "The Multiple Realizability of Sentience in Living Systems and Beyond." *eNeuro* 10(11).

Stahlberg, Rainer, Robert E. Cleland, and Elizabeth Van Volkenburgh. 2006. "Slow Wave Potentials — A Propagating Electrical Signal Unique to Higher Plants." In *Communication in Plants : Neuronal Aspects of Plant Life*. 291~308. Berlin, Heidelberg : Springer Berlin Heidelberg.

Vaswani, Ashish, et al. 2017. "Attention Is All You Need." *Advances in Neural Information Processing Systems* 30.

Verworn, Max. 1912. *Physiologisches Praktikum für Mediziner*. Fischer.

War, Abdul Rashid, et al. 2012. "Mechanisms of Plant Defense against Insect Herbivores." *Plant Signaling & Behavior* 7(10) : 1306~1320.

Weatherby, Leif, and Brian Justie. 2022. "Indexical AI." *Critical Inquiry* 48(2) : 381~415.

Whorf, Benjamin Lee. 1956. *Language, Thought, and Reality : Selected Writings of Benjamin Lee Whorf*. Edited by John B. Carroll. Cambridge, MA : MIT Press.

2장 『길 위 1번지』, AI 제임스의 소설?
―「소설의 기술」과 인공신경망 알고리즘의 글쓰기

윤미선

1. 들어가며

최근 인공지능Artificial Intelligence, AI이 문학작품을 썼다는 소식들이 깜짝 뉴스로 들려온다. 하지만 컴퓨터 알고리즘을 통한 문학 생성(시도)의 역사는 짧지 않다. 최초로 기록되는 컴퓨터 생성 문학작품집 『경찰 수염은 생기다 말았다』The Policeman's Beard Is Half Constructed: Computer Prose and Poetry는 1984년에 발표되었다(Merchant 2018). 대표적인 이야기 생성 프로그램Story Generator인 민스트렐MINSTREL이 만들어진 것은 1993년이다. 이보다 발전된 프로그램인 멕시카MEXICA와 브루투스BRUTUS는 각기 1999년과 2000년에 발표되었다(Gervás et al. 2006). 물론 이 생성기들이 지금까지 기억할 만한 '작품'을 출간했다고 볼 수는 없다. 따라서 AI 문학에 대한 최근의 소식이 실제 그 성과의 극적 발전 때문인지는 의문을 가질 만하다.

과연 2010년대 이후 AI는 가속도에 가속도가 붙는 발전을 거듭했다. 주지하다시피 2016년에 등장한 알파고AlphaGo는 인간 고유의 창의적 문제해결력을 보여주는 기예로 여겨졌던 바둑에서 '천재기사' 이세돌을 제압했다. 이듬해에는 알파고 제로AlphaGo Zero가 등장하여 문제의 알파고를 상대로 100전 100승을 거두었다. 알파고가 수십만

건의 기보를 학습한 것에 비해 알파고 제로는 빈 서판tabula rasa에서 출발해 경기규칙을 스스로 익혔다는 점에서 놀라움은 배가되었다(Knight 2017). 상황이 이러하자 이렇게 극적인 발전을 만들어내는 데 견인차 역할을 한 이전과 다른 AI 방법론이 각광을 받게 되었다. 바로 심층학습 또는 딥러닝Deep Learning이다. 딥러닝은 수행할 연산의 규칙을 부여하는 대신 마치 인간이 그런 것처럼 훈련을 거친 뒤 스스로 끌어낸 방식에 따라 연산을 이어갈 수 있게 컴퓨터를 프로그램하는 기계학습Machine Learning법의 일종이다. 이는 원천 정보가 입력된 후 결과물을 출력하기까지 그사이 중간 단계에서 교정 과정을 수차례 거치도록 기계를 학습시키는 모델로서, 이 '은닉층'hidden layer의 다중성이 깊이로 전치되어 '심층'이라는 이름을 얻었다(Goodfellow 2016, 2-5). 이러한 모델을 실현하는 알고리즘은 1958년에 이미 구현된 선례가 있다. 하지만 이러한 인공신경망Artificial Neural Network이 최근에야 실제로 발전될 수 있었던 배경에는 하드웨어의 고도화로 컴퓨터가 주어진 시간에 처리 가능한 연산의 양이 폭발적으로 늘어나고 네트워크의 사용이 전면화함에 따라 그간 디지털 데이터가 엄청난 양으로 집적된 상황이 놓여있다(같은 책, 3~6). 이러한 인공신경망 AI가 바둑과 같은 시험적 분야를 넘어서 인간의 거의 모든 활동 영역으로 확산되고 있는 것이 현재의 상황이며, 문학을 비롯하여 음악과 미술 등 인간의 고유한 창조성을 보여준다고 여겨져 왔던 영역들도 예외가 아니게 되었다(Guadamuz 2017). 이미 신문의 날씨 기사나 스포츠 중계 기사를 AI가 생성한다는 소식이지만, 이러한 글쓰기는 소설처럼 복잡한 작품을 창작하는 것과는 질적으로 다르지 않을까? 마음속에 이런 의문을 가지기가 무섭게 2020년에 등장해서 주목받고 있는 문장 생성 프로그램 GPT-3는 소설 문장 하나가 예시로 주어지면 이에 이어지는 자연스러운 문장을 꽤나 척척 생성해내는 것이 현실이다.[1] 이와 같은 코퍼스corpus 기반 문장 생성기는 이야기의 구성 요소들을 유형화해서 이를 규칙에 따라 조합하는 브루투스 등의 생성 프로그램과는 완전히 다른 바탕에서 만들어졌다. 딥러닝과 데이터 중심으로의 AI의 패러다임 전환이 문학에도 새로운 도전을 가져온 것이다.

---

1. GPT-3는 2020년에 공개된 OpenAI사의 문장 생성 프로그램 'Geneative Pre-trained Transformer 3'의 약자로 이 글이 학술지에 게재된 2021년 5월(첫 발표는 2020년 12월, 〈한국영어영문학회〉 국제학술대회) 당시까지도 개발자들의 API 사용만 제한적으로 허용하고 있었다. 이 제한이 풀린 것은 2021년 11월로, GPT-3가 모델 구조가 달랐던 GPT-2를 완전히 대신한 것은 2022년 1월의 일이다. 그 사이 시험적 결과물은 브란웬(Gwern Branwen)이 운영한 'GPT-3 Creative Fiction'과 같은 웹사이트에서 살펴볼 수 있었다.

이러한 상황 속에서 논자들은 그 결과물이 여전히 정당한 의미의 소설에는 한참 미달한다는 증거를 찾아내고 이에 실망을 하면서도 다른 한편으로는 깊은 안도를 표하는 것 같다.[2] GPT-2가 GPT-3으로 업데이트된 것처럼 더 발전된 GPT-4가 새로 미비한 점을 개선한다고 해도 이러한 입장이 쉽게 바뀔 것 같지는 않다. 이들의 생각 깊숙한 곳에는 이미 존재하는 데이터를 가져다 '짜깁기'한다면 그 결과물은 아무리 그럴듯해 보여도 결국 '진정한' 문학에 미달한다는 판단이 담겨 있기 때문이다.[3] 하지만 이제 AI

---

2. 데이터 과학자이자 프로그램 평론가인 폴렛(Jonathan Follett)은 동료인 니메이어(Dirk Knemeyer)와 공저한 웹사이트 글에서 "AI가 순차적으로 더 많은 텍스트를 생성해 감에 따라 ― 즉 생성 텍스트가 앞서 조건으로 주어진 이야기의 문장에서 더 멀어질수록 ― 일관성이 약해진다. AI 문장 생성기는 작가라기보다는 영리한 문장 제조기로 보인다"라고 평한다(Knemeyer and Follett 2019).

3. 서사이사 작가 에이전시 운영자인 매코이(Julia McCoy)는 GPT-3가 생성한 텍스트에 대해서 다음과 같이 평가한다. "(그 글은) 공식에 따른 것이다. 말장난 코너 용이든 릭 브라운의 점성술 코너 용이든 글을 들여다보면 문장과 문단 구조가 완전히 같다는 것을 발견할 것이다. 결과물이 대단하게(great) 보이는 것은 데이터와 패러미터가 대단히 컸기(great) 때문이다. 주어진 예시들은 다 우스꽝스럽다. 연구자들이 결과 도출을 위해 우스꽝스러운 것들을 집어넣었기 때문이다. 이것을 진정 창조적이라고 할 수 있을까?"(McCoy 2020). 2022년 11월 말 GPT-3.5에 해당하는 대화형 모델 챗GPT가 공개된 후에 위와 같이 부정적인 시각은 SF소설가 테드 창(Ted Chiang)이나 언어학자 촘스키(Noam Chomsky)처럼 영향력 있는 인사들을 통해 더욱 널리 퍼졌다(Chiang 2023; Chomsky 2023). 곧이어 2023년 3월에 GPT-4가 공개됐고 챗GPT를 통해서도 이를 사용할 수 있게 됐지

가 스스로 알고리즘을 수정하는 자기진화 단계에 접어드는 상황에서, 과연 기계가 생성한 것은 페스티시^{pastiche}이며 이와 창조적으로 쓰인 인간의 글 사이에는 넘을 수 없는 간극이 존재한다는 생각이 유효할까? 일찍이 타자기가 등장한 19세기 후반 이래 텍스트란 사실상 기호의 기계적 배치 결과이자 과정이라는 인식이 낯설지 않게 되었다. 하지만 위의 예에서처럼 인간의 뇌 또는 의식은 기계와 질적으로 다르고 이를 통해 생산된 텍스트는 특수하다는 '낭만주의적' 인식 또한 면면하다. 어쩌면 문학이란 결국 결과물의 형태와 상관없이 정보처리의 최종 행위자가 인간의 몸을 입은 경우에만 부여될 수 있는 범주라고 결론지어야 할까?[4]

이 글은 위와 같은 질문에 대한 답을 모색하기 위해 2018년에 '소설'로 출판된 『길 위 1번지』$^{1\ the\ Road}$가 AI 서사 생산 방식에 새로운 지평을 열었다는 점에 주목한다. 띠지에 프랑스어로 "색다른 여행기"$^{un\ road\text{-}trip\ gonzo}$라고도 명명된 이 작품은 컴퓨터 프로그래머이자 디지털 예술가인 굿

만 예상한 것처럼 이들의 입장이 딱히 바뀐 것 같지는 않다.
4. 인간만이 독창성을 지닌다는 생각은 현행 저작권법에 가장 잘 드러나 있다. 가령 컴퓨터를 이용한 생산물을 저작권법의 대상으로 적극적으로 인정하는 몇 안 되는 국가 중 하나인 영국의 경우에도 원칙적으로 그 권리는 이 과정을 "정렬한"(arrange) "인격"(person) 주체가 지닌다 — 이때의 인격은 법인격으로 해석되지 않는다(Guadamuz 2017).

윈Ross Goodwin이 고안한 인공신경망 모델이 생성한 것이다 (Goodwin 2018, 12).[5] 이 창작기계는 기존의 문학 텍스트 데이터로 학습을 받았지만 이미 지니고 있는 코퍼스 구조 내에서 텍스트를 생성하도록 만들어진 대신, 감시 카메라와 마이크를 통해 새로운 데이터를 끊임없이 받아들이고 이를 실시간으로 처리해서 문장을 출력하도록 고안되었다(같은 곳). 굿윈과 그의 일행은 GPS를 부착한 캐딜락에 이 장치를 싣고 뉴욕에서 뉴올리언스까지 길을 떠남으로써(같은 곳; McDowell 2018, 20~28), 이 창작기계가 이른바 '세계 속에서' 정보를 받아들이고 처리하도록 구상했다. 마치 훈련을 마친 젊은이가 스스로를 발견하기 위해 편력을 떠나는 것과 같은 구도다. 케루악Jack Kerouac의 『길 위에서』*On the Road*(1957)를 오마주하고 있는 『길 위 1번지』는 미국의 전후 비트세대와 대항문화의 여러 기호와 관련 설정을 차용한다. "뉴욕-놀라 행보"NYC-NOLA route는 케루악에게서, 예사롭지 않은 차를 타고 이동하는 일행이라는 모티프는 울프Tom Wolfe의 책 『짜릿한 쿨에이드 최종 테스트』*The Electric Kool-Aid Acid Test*(1968)에서 따왔다는 것이 굿윈의 설명이다

---

5. 굿윈은 책 표지에 저자가 아니라 저자의 저자(Writer of writer)로 표기되어 있다. 이에 따라 이 글에서는 책 자체를 지칭할 때는 굿윈을 '정렬자'(arranger)로, 책의 「서문」의 저자는 굿윈 자신으로 서지 표기한다.

(Goodwin 2018, 14). 기괴하고도 색다르게 꾸며진 퍼더^{Furthur}라는 이름의 버스에 자신의 밴드를 태우고 미국을 횡단하며 LSD를 전파한 케시$^{Ken\ Kesey}$의 행보가 굿윈 일행과 AI 작가의 행보에 유비되는 것이다. 흥미롭게도 굿윈은 인공신경망이 결과물을 산출하는 순간을 지칭하는 용어가 '환각'과 동일하다고 하며, "기술이란 우리가 보통은 자신을 넘어서 도달하지 못하는 경험들을 선사한다는 점에서 마약과 비슷하다"고 한다(같은 글, 16).[6] 여기에는 사이버네틱스 전통이 지니고 있는 대항문화적 뿌리가 잘 엿보인다.

하지만 이 글은 『길 위 1번지』를 둘러싸고 명시된 이러한 문화적 기호들에 주목하는 대신, 굿윈의 실험을 시간과 공간을 훌쩍 거슬러 1884년에 발표된 제임스$^{Henry\ James}$의 비평문 「소설의 기술」$^{The\ Art\ of\ Fiction}$을 통해 이해하고자 한다. 굿윈의 창작기계에 담긴 인식론과 소설 창작에 대한 도전적 관점이 제임스의 경험주의적 리얼리즘을 떠올리기 때문이다. 「소설의 기술」에서 제임스는 소설이란 "삶에 대한 직접적 인상"$^{direct\ impression\ of\ life}$이며 소설가란 "아무것도 놓치지 않는 사람"$^{those\ on\ whom\ nothing\ is\ lost}$이라고 정의한

---

[6] 챗GPT의 부상과 함께 생성형 AI에서 '환각'(hallucination)은 사실 관계에 부합하지 않는 '오류 생성'을 의미하는 것으로 널리 알려지게 되었지만, 굿윈은 모든 '생성'(fired) 현상을 통칭하고 있다.

다(James 1884, 507;510). 감각적 경험이 의식의 특성을 이루며 소설이란 삶에 대한 의식의 이러한 독특한 경험을 옮겨 적은 것이라는 제임스의 관점은, 다른 AI 소설 생성 프로그램과 달리 외부에서 들어오는 감각정보를 통해 코퍼스의 활용 구조를 갱신하는 굿윈의 기계가 소설 생산 주체로서 지니는 특성을 확실히 분별하고 탐구하게 해준다. 이러한 분별 속에서 과연 AI의 창조성이 가능한지 논할 수 있으며, 이 글의 결론처럼 이를 긍정할 때 그 특성은 구체적으로 어떤 것인지가 잘 드러날 것이다.

다른 한편으로 이 비교는 제임스의 소설관이 지니는 함의를 새롭게 살펴보는 계기를 제공한다. 흥미롭게도 「소설의 기술」은 소설이 외부 세계를 모방하는 것이 아니라 이미 존재하는 언어를 모방한 것이라는 주장을 담은 스티븐슨Robert Louis Stevenson의 「소박한 반론」A Humble Remonstrance을 이끌어냄으로써 이른바 리얼리즘과 로맨스의 대립, 또는 그 변주로서 고급문학과 대중문학의 대립 구도의 한 축을 담당한 것으로 이해되어 왔다. AI에게 진정한 창작이 가능한지 의문을 제기하는 과정은 소설이라는 장르의 특성을 따져보는 과정이기도 하다. 이러한 점에서 딥러닝 인공신경망 AI 시대는 제임스의 소설론을 다시 소환하여 그 전망의 선구성을 밝히는 것과 함께 이에서 불명확했던 부분을 드러내고 발전시킬 기회를 제공한다고 하겠다.

2. 굿윈의 창작기계의 구성과 인상주의 서사

『길 위 1번지』의 특성을 가늠하고 과연 이 텍스트가 소설로 정의될 수 있는지 판단하기 위해서는, 우선 굿윈이 고안한 창작기계의 구성과 이에 사용된 AI 알고리즘의 구체적인 성격을 이해할 필요가 있다. 굿윈의 「서문」에 따르면 이 기계의 중앙 연산자는 두 가지 종류의 인공신경망 알고리즘을 통해 딥러닝을 하도록 설계되었다. 인공신경망이란 컴퓨터에서 연산의 기본 단위가 인간의 신경세포, 즉 뉴런neuron과 같은 기능을 한다고 여기고 이 단위를 다층적으로 연결한 것으로서, 연결 방식에 따라 그 종류가 구별된다. 이때 신경세포 형식이란 단적으로 "입력을 받아들여 결과를 산출하는 기능"을 지닌 것을 일컫는데, 인공신경망에는 '인공 신경세포' 노드node가 작게는 두 개, 많게는 수천 개까지 연결된다(Sewak et al. 2018, 7). 그 자체로 인간의 신경망이 작동하는 방식을 따랐다고 흔히 여겨지는 이러한 연결법에는 대표적으로 '합성곱 신경망'convolutional neural network, CNN과 '순환 신경망'recurrent neural network, RNN이 있다.[7] CNN은 입력값을 처리한 결괏값을 다음 단계에서 다시 입력값으로 삼아 그다음 결괏값을 얻기를 수차례 계속하는 '피드포워드' 구조의 알고리즘이다(같은 곳). 한편, RNN은 한 노드에서 얻어진 결괏값이 다음 한 개가 아닌 여러 개의 노드에 입력값으로 보내지고 그 결괏값들이 원래의 노드를 포함해 여러 다른 노드들에 다시 입력되는 '피드백' 구조를 지닌다(Medsker and Jain eds. 1999, 2). 이들은 각각 특정한 목적의 정보처리에 적합하다고 여겨져 고안된 것으로, CNN은 주로 이미지나 음성 등의 대상을 인식해서 분류·판독하는 일에, RNN은 문자열이나 움직임처럼 시간적 흐름을 지니는 데이터를 다루고 순차 생성하는 일에 사용된다(Sewak et al. 2018, 7 ; Medsker and Jain eds. 1999, 2). 가령 'writing'이라는 문자열의 생성은, 'w' 다음에 올 글자로 모든 알파벳이 아니라 단어에서 흔히 함께 사용되는 글자만을 골라 그중에서 확률이 제일 높은 것을 선택하도록 한 결과 이루어진 것이다. 'r'과 'i'에 이어서 다음에 출력할 글자를 판단할 때도 모든 글자를 넣어보는 대신 'wri'이라는 이전의 결괏값을 반영하면 g, s, t 등의 유의미한 선택지를 쉽게 도출할 수 있다.[8]

---

7. 최근의 모든 생성 모델에 사용되는 알고리즘인 트랜스포머는 이 두 알고리즘의 한계를 극복하기 위해 고안되었다(Vaswani et al. 2017).
8. 암호기(encoder)와 해독기(decoder)로 구성된 트랜스포머에서 해독기만 활용한 GPT-3는 사실상 RNN의 효용을 대체한 셈이다.

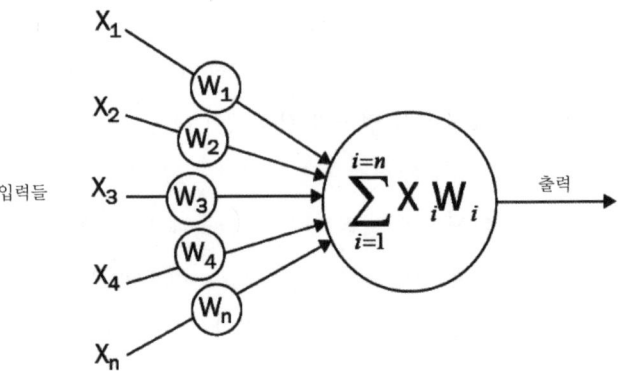

그림 1. CNN 개념도. Mohit Sewak et al. 2018, 7을 바탕으로 다시 그린 것.

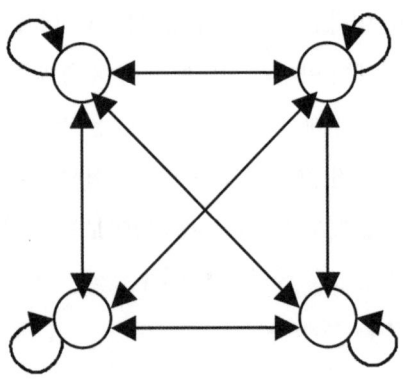

그림 2. RNN 개념도. Medsker and Jain 1999, 2를 바탕으로 다시 그린 것.

『길 위 1번지』는 CNN과 RNN을 연결한 모델로 생성됐는데, 입력된 이미지를 인식해서 분류하는 작업에는 CNN이, 그리고 텍스트를 "한 글자 한 글자 적는"write text letter by letter 일에는 RNN이 사용되었다 — 보다 정확하게는 RNN 중에서 시간적 거리가 상당히 떨어진 선행 정보까지도 반영해서 생성하는 LSTMlong short-term memory이 사용되었다 (Goodwin 2018, 12).

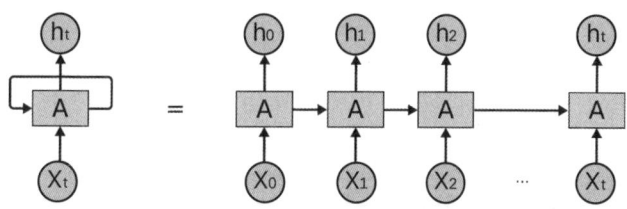

그림 3-1. RNN의 피드백 루프 (A). 그림 3에 해당하는 이미지는 모두 Olah 2015의 것을 흑백으로 바꾼 것.

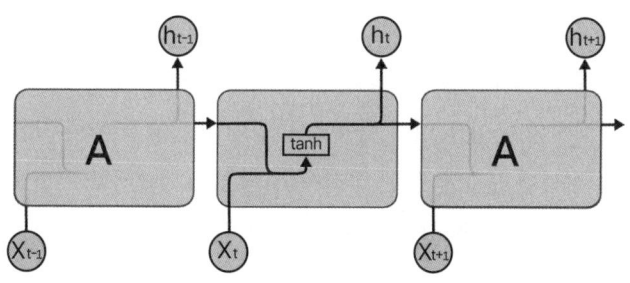

그림 3-2. RNN 피드백 루프의 은닉층

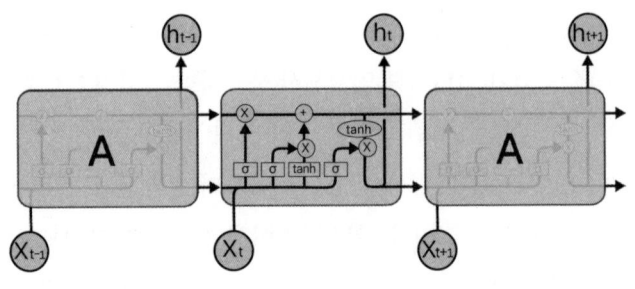

그림 3-3. 은닉층에서 이전 루프를 다시 반복하는 LSTM

이러한 알고리즘 조합은 그 자체로 굿윈의 실험이 지니는 경험주의적 편향을 잘 드러낸다. 굿윈은 "이 시스템들은 결과물을 산출하기 위해서 입력을 필요"로 하는데, "이 실험에서는 이러한 입력이 렌트한 자동차에 설치한 일련의 센서 조합에서 왔다"라고 한다. 문장 생성의 계기가 센서가 받아들이는 이른바 '날것'의 시청각정보에 있다는 것이다. 이어지는 문장 또한 선행 문장을 참고로 하는 대신 코퍼스 외부의 정보를 입력값으로 삼는다. 외부 세계에 대해 이렇게 '열린' 구조는 브루투스처럼 주어진 선택지의 조합에 따라 플롯을 만들어내는 규칙 기반 모델이나 선행 문장을 주면 클라우드 텍스트 데이터를 기반으로 후속 문장을 산출하는 GPT 시리즈의 구조와는 크게 다른 것이다.

더구나 『길 위 1번지』 생성 과정에서 감각정보가 투입되는 구체적 방식은, 사이버네틱스가 정보를 지탱하는 매체의 물질성은 간과한 채 이를 추상화된 코드로만 간주했다는 비판과 그 대안으로 전개된 '체현'embodiment 논쟁을 충분히 의식하고 있음을 보여준다.[9] "트렁크에는 감시카메라, 지붕에는 (지역 이름 데이터베이스가 장착된) GPS 장치, 차 안에는 대화를 포착할 수 있는 마이크, 그리고 시계"를 장착한 자동차는(Goodwin 2018, 12), 인간 소설가의 몸에 유비된 것이라고 할 수 있다. 카메라가 부착된 차 꽁무니는 눈이 달린 얼굴의 역할을 희극적으로 치환한 것으로 느껴지게 한다. 공간을 판별하는 장치가 부착된 차 지붕은 머리와, 대화하는 목소리가 들리는 차 안은 내면과 같다. 각각의 장치들은 각각의 기능에 상징적인 자리에 놓임으로써 몸이란 감각자극에 전면적으로 연결되어 있으며 소설을 써내는 '뇌'는 이와 분리되지 않는다는 생각을 잘 표상한다. 이때 GPS와 시계는 감각정보를 받아들이는 장치가 아니라 공간과 시간을 분별하는 준거 장치로서 칸트Immanuel Kant가 말하는 감성의 직관 형식을 외화한 것이라고 볼 수 있는데, 이러한 구성이 굿윈 AI의 경험론적 지향을

---

9. 사이버네틱스 전통 비판과 대안 논의는 Hayles 1999, 201~202 및 Clarke and Hansen 2009, 2~24 참조.

손상시키는 것은 아니다. 특히 GPS가 제공하는 위치정보는 외재적인 것이며 컴퓨터에 내장된 시계 또한 연산에 내적인 시간이 아니라 외부 규약을 표상한 것으로서, 자동차가 길을 떠남에 따라 변화하는 장소와 시간의 감각을 편의상 분별하는 역할을 하고 있기 때문이다. 그 결과 『길 위 1번지』는 각각의 장치들이 제공하는 정보, 즉, "캡션이 달린 이미지, 기술된 위치, 이어질 대화 한 줄, 또는 단순히 시간 그 자체"를 자원 삼아 이를 처리한 텍스트로 드러난다(같은 곳).

소설은 "아침 아홉 시 십칠 분이었고, 집은 무거웠다"는 문장으로 시작한다.[10] 『길 위 1번지』의 원본은 굿윈의 집이 있는 뉴욕 브루클린에서 시작해 뉴올리언스에 도착하기까지 3일의 여정 동안 영수증 용지에 실시간으로 인쇄된 텍스트다(굿윈은 모델 구성에 영수증 프린터를 포함해서 언급하지 않았다). 이렇게 롤페이퍼 양식의 결과물로 소설 생산의 실시간성을 드러내는 방식은 『길 위에서』를 오마주한 것이다. 하지만 "나는 딘을 처음 만났다"라는 첫 문장을 통해 앞으로 전개될 서사가 만남이라는 사건을 계기로 하고 있음을 보여주는 케루악과는 달리 『길 위 1번지』는 시간과 환경에 대한 기술이 우선이다(Kerouac 2008,

---

10. "It was nine seventeen in the morning, and the house was heavy"(Goodwin arr. 2018, 41).

5). 이는 이어질 서사의 분위기를 전달하는 역할을 하는데, 이 분위기 자체가 소설의 핵심이라 할 수 있다. CNN과 RNN 조합이 카메라를 통해 "집"을 이미지 인식한 후 그 특성을 표현하기 위한 형용사로 코퍼스에서 하필 "무거웠다"는 말을 선택한 것은 의미를 판단하지 못하는 알고리즘적 한계에 따른 결과다. 하지만 바로 이러한 어긋남이 서사에서 시적 차원을 만들어내고 있다. "무거웠다"는 형용사가 시간에 연결된 화자의 심리를 투사한 것처럼 여겨지기 때문이다. 다음 문장인 "아침 열 시 칠 분 전이었고, 이것이 일어난 일 중에 유일하게 좋은 일이었다"는 이어지는 서사적 전개로서 상당히 적절하다.[11] 반복된 시간 인식은 시간 조건의 기계성을 일깨우며, 연관되어 이어진 표현은 모든 것이 무의미하다는 권태를 효과적으로 전달함으로써 앞 문장의 "무거웠다"와 정서적으로 조응한다. 마치 굿윈의 기계가 의도에 따라 일관된 선택을 한 것만 같다. 어쩌면 일상이 지니는 억압성을 떨치고자 길을 떠났던 케루악에게서 영향을 받은 "작가의 작가" 굿윈의 정서가 전이된 것일지도 모른다는 의심까지 자아낸다. 굿윈은 자신의 모델이 학습한 코퍼스가 이 실험의 문화적 전범이 되

---

[11]. "It was seven minutes to ten o'clock in the morning, and it was the only good thing that had happened"(같은 글, 41).

는 케루악이나 울프, 톰슨Hunter S. Thompson 등으로 구성된 것이 아니라 각각 2천만 단어 분량의 시, SF소설, 그리고 "황량한 분위기의 글"bleak writing 세 뭉치라고 밝혔다(Merchant 2018). 생성된 정서가 굿윈 자신의 표현에 따른 것은 아니지만 그의 선택에 기인한 것은 맞다.[12] 그럼에도 불구하고 사실상 기계를 통해 어떤 일관된 글의 전개가 이루어졌다는 점이 놀랍다.

사실 더 놀라운 것은 "무슨 일이야? 화가가 물었다"라는 그다음 문장의 등장이다.[13] 『애틀란틱』*The Atlantic*의 비평가 머천트Brian Merchant는 『길 위 1번지』가 소설이라기보다는 결국 "현대 미국의 이미지를 넝마처럼 아상블라주assemblage한 속에서 픽셀화된 시가 넘치는" 텍스트로서, "몇몇 문장이 강렬하고 기억할 만"할지언정 흔히 서사에서 기대되는 플롯도 뚜렷한 등장인물도 존재하지 않는다고 평한다. 그렇지만 도입부에 바로 우연처럼 등장한 "화가"의 존재는 텍스트 전체가 이 인물의 의식의 흐름을 자유간접화법으로 옮긴 것이라는 인상을 주기에 충분하다.

약 90면에 해당하는 『길 위 1번지』 텍스트에서 화가라

---

12. 엄밀한 분석을 위해서는 코퍼스에 포함된 작품의 정확한 목록이 필요한데 이는 알려져 있지 않다.
13. "What is it? the painter asked"(Goodwin arr. 2018, 41).

는 말은 간헐적으로 총 여섯 번 등장한다. 하지만 다음과 같은 장면은 그를 제임스가 말하는 이른바 소설의 '의식의 중심'center of consciousness이라고 보아도 무리가 없도록 만든다. 굿윈 일행과 그의 창작기계는 여행 첫날 오후 다섯 시경 사우스 스포칠베이니어South Spotsylvania 역에 도착한다. 일행이 아마도 저녁 식사를 위해 근처 식당에 들른 모양인지 글에는 "짙은 파란색 테이블이 바닥에 노출되어 있었다. 하지만 물론 약간 더, 그리고 스토브가 기울었고 별들은 빛 위로 굽었다"라는 묘사가 등장한다.14 자연 아래서 퇴락이라고까지 느껴지는 교외의 삭막함이 포착된 이 하루의 끝 장면에는 공간만이 아니라 인물이 포착되어 있다. "나무의 푸른 잎들 그리고 노래한다 그리고 손짓한다 건설되고 있는 남자에게. 세계는 벽의 철로 뒷면에 놓여 있다"는 구절은 텍스트 전체에 걸쳐 자주 등장하는 주차장과 역, 철도의 삭막함 속에서 인간 또한 기능적 풍경의 일부로서 자신을 "건설"하고 있지만 이 서사의 의식이자 서술의 주체가 그 이면에 더 큰 세계가 존재하고 있다는 사실을 발견한 것처럼 보이게 한다.15 "남자"는 쉽게 서사의

---

14. "A dark blue table was exposed to the ground, but also a little more and the stove was tipped and the stars were bent on the light"(같은 글, 55).
15. "Green leaves on trees and sings and signs to the man who is being built. The world is on the back of the rail of the wall"(같은 곳).

시야에서 사라지지 않고, 나무와 거리, 건물 등의 주변 풍경 묘사에 이어 다시 등장한다. "길 위의 흰 선은 학교로부터 내려왔다, 그리고 그 남자는 빛나는 녹색 어깨로 덮인 침대 위에 앉아 있었다." 그리고 "천장에 빛이 반사될 때, 아담이 그 남자 역할을 했다 정원에서의 현재가 지나고 그는 그 빛의 구석과 함께 집으로 갔었다."16

아담이라는 이름의 갑작스러운 등장은 "빛" 그리고 "정원"과 같은 일상적 어휘를 성경적 상징어로 격상시키며 세계를 은유가 가득한 의미의 관계망으로 탈바꿈시킨다. 이를 통해 "그 남자"는 바로 미국인(남자) 일반, 그리고 인간 일반을 표상하면서 이야기의 대상이자 주인공으로 부상하는 효과가 생성된다. 결정적으로 이 대상-주인공은 소설의 시작에서 언급된 화가를 서술의 주체로 확정하며 다음과 같은 구절에서 이 주체의 모습으로 돌아온다. "집 모퉁이들 사이 마루에 비친 빛은 차가 있는 곳까지 이르렀다 그리고 헛간을 통과해서 나갔다. 마루에 비친 빛, 화가는 말했다. 나는 할 일이 없어. 크게 출발할 수도 있었지. 여기서 떠나고 싶어. 시간이 됐어."17 따로 인용 표시 없

---

16. "A white line on the road had been descended from the school, and the man was sitting on the bed covered with a shining green shoulder"(같은 곳); "Light reflecting on the ceiling, Adam played the man with the corner of which he had gone to the house after the present time in the garden"(같은 글, 56).

이 병치된 묘사 사이에 놓인 "나"의 담화와 그 어조는 이 작품을 내적 독백Dramatic Interior Monologue 형식의 모더니스트 텍스트로 느껴지게 만든다. "그리고 진정 시간이 올 거야. '내가 과연?' 그리고 '내가 과연?' 하고 의아해할" 하고 화자가 읊조리는 엘리엇T. S. Eliot의 「J. 앨프리드 프루프록의 연가」The Love Song of J. Alfred Prufrock 구절이 이어진다 해도 어색하지 않다(Eliot 1991, 4). 결론적으로 『길 위 1번지』는 전통적 의미의 플롯과 인물은 부재하지만, 그 자체로 의식의 흐름을 통해 삶의 심층을 포착하는 것을 목표로 하는 모더니스트 실험 텍스트의 면모를 보인다 해도 무리가 없다. 특히 화가가 화자로 여겨진다는 점에서 AI의 『젊은 예술가의 초상』The Portrait of the Artist as a Young Man이라고 해도 좋을 것 같다.

이쯤 오면 『길 위 1번지』가 지니는 모종의 흥미로움은 인정하더라도 위에서 보여준 독해는 결국 무의미한 글자의 조합에 단지 이미 우리가 지니고 있는 이해를 투사한 것이 아니냐는 반문이 생길 수 있다. 하지만 바로 그것이 관건이다. 『길 위 1번지』가 소설인지 아닌지의 여부는 사

---

17. "A light on the floor between the corners of the house reached out to the car and then went out through the barn. Light on the floor, the painter said. I have nothing to do. I could have made a big start off. I want to go away from here, the time has come"(같은 글, 57).

실상 '어떤' 글이 소설인가 하는 우리의 문학적 이해에 의해 판가름 난다. 텍스트 자체를 의미 생성의 중심에 두고, 모더니스트 소설을 소설로 받아들인다면, 『길 위 1번지』가 소설이 될 수 없는 이유는 플롯도 뚜렷한 인물도 없기 때문이 아니라 그 '저자'가 AI이기 때문인 까닭이 크나고밖에 할 수 없다.

3. 「소설의 기술」에 담긴 인공신경망 알고리즘

『길 위 1번지』가 의식의 흐름을 담은 모더니스트 소설에 준한다고 여긴다면 그 변론으로 『젊은 예술가의 초상』을 옹호하고 있는 울프Virginia Woolf의 「현대 소설」Modern Fiction(1921)을 가져오는 것도 타당하게 여겨진다. "의식은 무수한 인상을 받아들인다. 사소하든, 환상적이든, 사라져 가는 것이든, 강철로 쓴 것처럼 날카롭게 새겨지는 것이든 인상은 수없는 원자가 끊임없이 쏟아지는 것처럼 전방위에서 온다"라는 울프의 설명만큼 굿윈의 인공신경망이 지니는 조건을 잘 요약하기도 어려울 것 같다(Woolf 1984, 160). 감시카메라는 실시간으로 전방위에서 포착되는 무수한 이미지를 쉬지 않고 신경망에 입력한다. 이러한 상황을 다름 아닌 현대 인간의 조건으로 설명하고 있는 울프의 논지는 굿윈의 창작기계가 비록 기계일지언정 이러한 조건을 갖추었기 때문에 역으로 인간보다 더 인간적인 존재로 여겨지게도 한다. 플럭스^{flux}로 넘실대는 인상에 열려 있지 않은 인간은 사실상 자격 미달처럼 느껴지기 때문이다. "인상들은 떨어지면서 스스로 형체를 갖추어 월요일 또는 화요일의 삶이 된다"라고 이어지는 울프의 말은 무리해 보이는 이런 생각을 더 밀어붙여 보도록 이끈다(같은 곳). 무수히 입력된 정보들은 굿윈의 인공신경망을 통해 형체를 갖추어 『길 위 1번지』로 드러난다. 이때 정보는 사실상 신경망의 일부가 된다. 학습 코퍼스는 알고리즘 외부에 존재하는 것이 아니라 프로그램의 일부로서 인공신경망의 경향성을 형성했고, 새로 입력된 정보는 이 경향성을 강화하거나 파격을 통해 이를 수정한다. 그렇다면 이것이 바로 "색다른 여행기"를 쓴 인공신경망 씨의 '삶'이 아니라 할 수 있을까?

물론 풀리지 않는 커다란 의문이 남아 있다. 과연 이 인공신경망을 울프가 말하는 "의식"이라고 여겨도 좋을까 하는 것이다. 굿윈의 AI는 자신의 작동 과정을 "의식"하고 있을까? 작동 방식이 유사하다고 해도 이것이 자기에 귀속된다는 자의식 또는 체현감이 없다면 그것을 "의식"이라고 할 수 있을까? 의식의 경험은 오로지 주체에게만 드러나는 것으로서 외부에서는 직접적인 답을 낼 수 없는 "난제"the hard problem이다(Chalmers 1999, 10). 하지만 바로 그렇기 때문에 "색다른 여행기"가 소설인지 아닌지 논하기 위해서는 이를 생성한 AI가 의식을 지녔는지 아닌지의 여부가 아니라 그 활동을 통해 텍스트가 생산되었으며 그 텍스트가 소설처럼 경험된다는 것으로 초점이 옮겨져야 한다(이를 통해 간접적이지만 난제도 탐구된다). 그래야 타당하다는 사실을 좀 더 명확하게 보여주는 것은 울프보다 40년 앞서서 "경험이란 제한이 없고 또 끝이 없다. 경험은 커다란 감수성이어서 마치 의식의 방에 매달려 있는, 섬유에 공기 중의 모든 입자를 잡아내는 최고로 섬세한 명주 같은 실로 지어진 커다란 거미줄과 같다"며 유사한 '인상주의' 또는 '경험주의적' 인식론을 명료하게 전개한 제임스의 「소설의 기술」이다(James 1884, 515).

이 비평문은 실제 인공신경망 AI 설계에 영향을 끼쳤으며 그 이후로도 이와 함께 상호참조적 공진화를 계속하고 있는 인지심리학과 뇌과학의 관점을 잘 보여주는 것으로 평가된다. 의식의 핵이 건조하고 불변하는 이성이 아니라 감각 경험experience이라는 제임스의 생각이, 의식이 이른바 '감각질'qualia에 바탕을 둔다는 신경현상학neurophenomenology의 발견과 공명한다는 것이다(Armstrong 2020, 191-195).[18]

하지만 그의 소설론은 오늘날의 AI에 대해 인식론적 차원에서만 선구적인 것이 아니다. 「소설의 기술」이라는 제목 자체가 잘 보여주듯이 제임스에게 관건은 창작의 측면이다. 다른 무엇보다 「소설의 기술」은 바로 소설이라는 장르가, 그리고 소설 쓰기가 의식이 감각 경험에 달린 것이라는 사실을 잘 보여주는 예시일 뿐만 아니라 이 사실을 현실화하는 실천이라는 입장을 보여주는 데에서 의미가 있다. 소설이란 "삶에 대한 직접적 인상" 또는 "개인적 인상"a personal impression of life이라는 제임스의 정의는 경구적 문장을 만들기 위해 사태를 단순화한 것처럼 보일 수도 있지만, 말 그대로 "소설이란 … 삶의(을) … 인상(각인)"a novel is a(n) … impression of life(강조는 필자)이라는 표현을 살려 생각해볼 필요가 있다(James 1884, 510; 515). 여기에는 소설이 삶을 재현한다는 뜻을 넘어서 소설이 삶을 직조한다는 뜻이 담겨 있기 때문이다. 이것은 바로 글 자체, 무엇보다 글을 쓰는 것이 '경험'이라는 의미다.

제임스는 "소설의 유일한 존재 이유는 소설이 실제로 삶과 경쟁한다는 사실"이라면서 의미심장하게도 "화가

---

18. 인지심리학이 윌리엄 제임스(William James)를 출발점으로 삼고 있다는 것은 잘 알려진 사실이며, 헨리 제임스가 형인 윌리엄과 인식론을 공유했다는 연구들 또한 많다.

의 기술과 소설가의 기술을 유비한다면, 내가 아는 한, 완전히 들어맞는다"라고 말한다(James 1884, 503). 여기서 제임스는 화가를 소설가의 전범으로 받아들임으로써 17세기 이래의 전통적 '사실주의' 입장을 따르는 것처럼 보이는데, 이 유비는 사실 "완전히 들어맞"지는 않는다. 제임스 스스로 인식하고 있듯이 시각매체와 언어는 각자의 "독특성"peculiarities이 있기 때문이다(같은 곳). 굿윈의 창작기계는 이 불완전한 유비에 담긴, 알 것 같으면서도 쉬이 잡히지 않는 제임스의 알고리즘적 사고를 명확히 드러내 보여준다(이에 따라 제임스의 글을 통해 굿윈의 인공신경망을 더 잘 이해하게 된다).

굿윈의 창작기계에서 카메라를 통해 들어오는 이미지 정보를 처리하는 것은 CNN 알고리즘이다. 이 알고리즘은 이미지를 판독하여 캡션을 달아준다. 한마디로 이미지를 언어로 전환하는 역할을 하는 것이다. 캡션에 쓰이는 어휘 풀pool 자체는 아마도 굿윈이 사용했을 범용 CNN이 만들어질 때 구성된 것이다. 이 어휘들이 문장으로 조합될 때 참조점이 되는 언어 풀은 굿윈의 기계가 학습한 코퍼스다. 가령 "마루에 비친 빛"이라는 문구는 카메라를 통해 마루와 빛의 이미지가 입력되었을 때 CNN이 이를 이미 가진 정보와 대조해서 각기 마루와 빛이라고 판독한 뒤 "마루"

와 "빛"이라는 해당 기호를 부여하는 것에서 출발해 만들어진 것이다. 이때 서로 독립적인 캡션을 엮어서 "마루에 비친 빛"이라는 문장을 만들고 이를 출력하도록 하는 것은 RNN(LSTM)이다. LSTM은 코퍼스를 이용해서 CNN의 출력 결과이자 자신에게 입력된 2차 값인 "마루"와 "빛" 사이에 "에"[on]라는 연결어를 넣고 "비치다" 대신 "비친"이라는 활용형을 넣겠다고 판단한다. 이 결과는 LSTM이 명사와 명사 사이에 전치사가 있어야 하고 또 서술어가 있어야 한다는 규칙을 부여받아 이를 따름으로써 얻어진 것이 아니다. 방대한 데이터를 바탕으로 해서 확률이 높은 경우를 출력한 것인데, 이렇게 규칙 기반에서 확률 기반으로의 전환이 인공신경망 AI가 이룬 놀라운 성과의 근원이다. 굿윈의 모델에서 LSTM은 판단 결과를 바로 종이 위에 출력하는 일을 겸한다. 글쓰기 기계로서의 핵심 역할을 맡고 있는 것이다.

이때 CNN의 판독 과정은 제임스가 말하는 "개인적 인상"이 얻어지는 과정에 다름 아니다. 외부에서 쉼 없이 입력되는 분절되지 않은 이미지가 그 자체로 정보는 아니며 또한 '현실'[reality]도 아니다. 현대의 인지과학에서 널리 동의하는 것처럼, '현실'을 얻는 과정에는 제임스가 말하는 "선택"이 항상 존재한다(이 "선택"이 흔히 말하는 의미에서 의식적 행위는 아니다. 하지만 제임스에게는 이 무의식적 작용이 큰 의식의 일부다). 감각경험이 엄밀한 의미로 '날것'이 아님은, CNN의 판독 과정이 잘 보여준다. 이미 분류에 기호적 체계가 개입되기 때문이다. 무엇보다 제임스적 소설가에게 선택이 종합된 결과는 글로서 드러나는데, LSTM의 문장 생성과 출력 과정은 바로 제임스가 생각하는 인상의 '옮기기'transcription로서의 소설 쓰기를 잘 보여준다. 그렇기 때문에 제임스에게 소설은 그 자체로 경험이자 의식이며 "삶의 이상한 리듬"irregular rhythm of life인 것이다(James 1884, 515). 화가가 그림을 그리는 과정 또한 동일한 구조와 성격을 지닌다. 다만 CNN에 준하는 1차 이미지 판독이 어휘가 아니라 색채와 형태의 기호적 체계를 통해 이루어지며 LSTM에 준하는 2차 생성 과정도 색채와 형태를 매개로 이루어진다는 점만 다르다.[19] 창작 과정의 상동성과 함께 소설가가 화가와 갈라지는 지점을 인식한 제임스의 글쓰기 옹호는 경험의 의미를 주관적인 것이라고 축소하는 것이 아니라 적극적으로 확대하는 것이다. 경험이란 그 주체들이 자신들의 고유한 상황을 체감하는 것으로서, 어떤 처지에 놓여 있든지 이를 옮겨 적는 것(화가에게

---

19. 그림을 그리는 인공신경망 AI인 구글 딥드림(Deep Dream)의 알고리즘 구조는 이 점을 잘 보여준다(DiPaola et al. 2018, 159~68).

는 그리는 것) 자체가 이를 의식으로 현실화하는 창조 행위이며 그 과정이 바로 삶이라고 할 수 있기 때문이다.[20]

굿윈 또한 『길 위 1번지』의 서문에서 화가와 소설가의 유비를 통해 자신이 만든 창작기계의 미디어로서의 특성을 정의하는데, 이를 통해 AI의 소설 쓰기가 소설 생산의 역사에 어떤 변화를 가져올 것인지 그 함의가 매우 잘 드러난다. 굿윈은 「서문」에서 니체Friedrich Nietzsche 철학의 특성이 그가 사용한 타자기의 기술매체적 성격에 의해 규정됐다고 주장한 키틀러Friedrich Kittler의 말을 인용한 후, "인공신경망은 카메라와 같다"라는 정리를 제출한다(Goodwin 2018, 8). 굿윈에 따르면 이 두 기술적 장치가 등치되는 이

---

[20] 「소설의 기술」이 베전트(Walter Besant)의 〈왕립학회〉(Royal Institution) 동명 강연에 대해 이견을 표하기 위해 처음 쓰였다는 사실에 주목할 필요가 있다. 베전트는 소설가 지망생들을 염두에 둔 이 강연에서 "경험"한 것에 대해서만 쓰는 것을 원칙의 하나로 제시한다. 가령 시골에서 조용히 살아가는 젊은 여성은 자신이 겪은 적 없는 군대 생활을 다뤄서는 안 된다는 것이다(Besant 1884, 18). 제임스는 이에 반대하며 "경험"이란 그렇게 제한적인 것이 아니라고 한다. 지각의 강도, 그리고 쓰기 자체와 관련된 제임스의 "경험"은 주어진 경계를 부수는 해방성이 있었다. 그의 글을 통해 AI의 글쓰기를 "경험"이자 "삶"으로 인정할 수 있는 것이 우연은 아니다. 예술의 의미도 있어서 살아감 자체와의 관련이 높은 제임스의 "art"를 기술로만 바라보는 것이 아니냐는 비판이 가능하다. 하지만 이 글은 기술을 협소한 의미가 아니라 우리 존재와 삶의 근본에 존재하는 기술성(technicity)의 외화로 보는 관점에서 쓰였다. 제임스의 "경험" 개념을 AI 기술을 통해 바라본다고 해서 제임스의 살아감에 대한 탐구를 경시한다고 볼 수는 없다.

유는 "이들이 날것의 정보를 포착해 유용한 재현물을 출력해 내기 때문이 아니라, 한때 인간의 일을 일정하게 필요로 했던 창조적 작업을 기계화된 행위로 탈바꿈시켰기 때문이다"(같은 곳). 여기에서 화가와 소설가의 유비 가능하지만 비대칭적인 상황이 매우 적확하게 등장한다. "화가들이 이미지를 창조했다면 사진사들은 카메라를 작동하고 이 카메라가 이미지를 창조"하지만, 소설가들이 사용해 왔던 타자기는 그러한 방식으로 창조의 기능을 분할하지 않았다는 점에서 "글쓰기에 대한 카메라가 아니다"(같은 곳). 키틀러도 잘 인식하고 있었듯이 "글쓰기 기계"로서 타자기는 당대의 다른 기술매체에 비해 도구에 가까운 중간자적인 것이었다(Kittler 1999, 183). 이 미완의 혁신을 완성하는 것이 바로 인공신경망이라는 것이 굿윈의 결론이다. CNN과 RNN의 조합을 통해 비로소 소설가는 감각경험을 전환하는 글쓰기 기계를 가지게 되었고 이 기계가 소설을 쓰게 된 것이다. 화가와 소설가의 유비는 각자의 고유한 기예를 기계에 이전해야만 하는 처지에 놓이는 것을 통해서 완전해졌다고도 할 수 있겠다.

낡아 보였던 이 유비를 통해 제임스의 사실주의를 다시 분석해볼 수 있는 것처럼 이를 전면화해봄으로써 실제로 소설가의 미래와 소설의 미래를 가늠할 수 있다. 가까운 미래의 소설가는 엄밀히는 AI가 아니라 바로 굿윈과 같이 소설을 쓰는 알고리즘을 쓰거나 이를 이용하는 사람이라고 할 수 있을 것이다.[21] 실제로 『길 위 1번지』는 인간과 AI가 협업을 한 결과물이며, 소설이 아닌 다른 문예적 쓰기 영역, 예를 들어 할리우드 영화 대본 생산에는 이러한 협업이 이미 창작 과정의 일부로 자리 잡아 가고 있다. 물론 사진사와 구별되는 화가의 영역이 건재한 것처럼 전통적 의미의 소설가가 사라질 것이라고 보기는 어렵다. 오히려 사진과 그림이 서로 다른 형태의 창조성 표출 방식을 통해 공존하는 것처럼, AI가 생산한 글과 전통적인 글의 영역이 공존하면서 소설이 번성 가능하다고 보는 것이 타당하다.

4. 인공신경망의 시각중심주의와 「소설의 기술」의 회귀적 수정

굿윈의 창작기계에서처럼 인공신경망이 '세계'에 대해 '열려' 있다고 해서 이 AI가 인간 작가가 생산하는 소설과 동일한 성격의 텍스트를 생산할 수 있다는 뜻은 아니다. 그것은 AI가 인간처럼 자기의식을 가졌는지, 몸을 가지고

---

[21] 인공신경망이 스스로 창작 알고리즘을 고안한다면, 이는 더 이상 카메라와 동일한 차원에 머무르는 것이 아니게 된다.

자연적·사회적 관계망 속에서 상호작용을 하는지 여부 이전에 일차적으로는 바로 경험과 동의어인 '인상'의 감각 양식이 서로 다른 것과 관련이 된다. 서사의 시점$^{\text{point of view}}$에 천착한 제임스의 시각중심주의는 널리 알려져 있지만, 이는 굿윈의 창작기계에서 더욱 강하게 드러나고 있다. 굿윈의 장치에는 마이크가 있지만 장소의 이동에 따라 얻어지는 새로운 외부 정보는 주로 카메라에 의해서 입력된다. 청각 장치가 입력하는 것은 굿윈 일행의 대화로서, 외부 대상의 물질적 자질로서의 소리 '날것'(이 또한 소리 자질 내의 체계로 매개되는 것이긴 하지만)이 아니라 담화이다. 즉 코퍼스 바깥에서 이루어지는 이른바 '직접적' 입력은 엄밀히는 시각적인 것뿐이다.

더 엄밀한 의미에서 굿윈의 AI가 시각 중심적이라는 것은 단지 굿윈이 기계 구성을 카메라를 중심으로 했다는 사실을 넘어서는데, 이는 바로 이미지 인식을 수행하는 CNN 알고리즘이 일차적 역할을 하는 것에서 기인한다. 가령 『길 위 1번지』에 등장하는 "나무의 푸른 잎"이라는 표현은 실제로 카메라에 잡힌 푸른 나뭇잎을 나무와 나란히 이미지 인식한 결과일 수도 있고, 나무를 인식한 뒤 RNN을 통해 코퍼스에서 공기$^{\text{co-occurence}}$하는 단어 중 확률이 높은 일련의 어휘들을 선택한 결과로 나온 것일 수도 있다.

하지만 전자는 물론이고 후자의 과정 또한 처음에 나무를 이미지 인식한 결과로 도출된 것이므로 CNN이 우선적인 역할을 했다는 사실을 부인하기 어렵다. 굿윈 모델의 알고리즘을 직접 살펴볼 수 없기 때문에 이에 대해 제대로 된 코드 분석을 할 수는 없지만, 이러한 CNN의 성격이 많은 딥러닝 AI에서 특정 편향을 생산한다는 것은 비교적 쉽게 알 수 있다. 물론 이러한 편향이 무조건적으로 문제인 것은 아니며, 위와 같은 시각 편향이 보정된 인공신경망 창작기계를 새롭게 고안할 수도 있다. 하지만 과연 인간처럼 청각이나 후각 등 다른 종류의 감각 양식이 발달된 글쓰기 기계를 두는 게 의미 있어서 실제 이러한 모델을 만들 것인지 여부는 우리에게 남겨진 선택이다.

이 방향과는 달리 제임스가 「소설의 기술」에서 보여주는 스스로의 시각 편향 보완 방법은 RNN의 역할을 중요하게 내세운 것이라고 할 수 있다. "공기 중의 모든 입자를 잡아내는" 것만으로는(거기에 이미 선택이 개입되긴 하지만) 그 "섬세한 명주"를 "거미줄"처럼 잘 엮어서 "삶과 경쟁"하도록 만들 수 없기 때문이다. 확신에 찬 어조로 소설가를 화가에 유비한 제임스는 바로 이어서 "그림이 현실인 만큼, 소설은 역사"라는 말을 덧붙인다. 즉 "삶=인상=경험=소설"이 되려면 시각이 대변하는 이른바 '날것'의 정보(자체로 이미 날것이 아니지만) 이외에 이를 직조하는 층위가 필요하다. 제임스에 따르면 소설가는 "과거, 인간의 행동들을 재현하고 보여준다는 점"에서 역사가와 공통점이 있다. 즉 서사는 경로의존적인 인간의 행동을 시간에 따라 구성하는 일이기에, 과거를 기억하고 이를 반영해서 결과를 산출하고 다시 이를 또 반영하는 RNN(LSTM)의 성격을 지닌다. "연상은 끝이 없다"는 제임스의 말은 시각정보에서 출발해 의식/글을 얻는 과정이 결코 피드포워드 방식이 될 수 없음을 잘 보여준다. 얻어진 정보에 대해서 코퍼스라는 이름으로 존재하는 수많은 역사적·개인적 기억들이 반란을 일으키듯 일어나 손쉽게 판단을 도출하도록 허용하지 않고 거꾸로 그 정보를 다시 처리할 것을 요구하는 것이다. 역사가를 "철학자"philosopher로 환치하면서 화가와 철학자, 이 "이중 유비"가 소설가의 특성을 보여주는 "위대한 전통"a magnificent heritage이라고 최종 정리를 함으로써 제임스는 소설이란 결국 CNN처럼 "외부"를 받아들이면서도 RNN처럼 언어 풀 내에서 경로를 따르는 이중 알고리즘의 산물이라는 생각을 잘 드러내고 있다. 제임스가 「소설의 이론」이 지닌 사실주의를 비판하며 "소설은 언어를 모방한다"라고 반론을 펼친 스티븐슨과 대화와 친교를 적극적으로 이어갈 수 있었던 것도 그가 이러한 종합을 지향했기에 가능한 것이었다고 하겠다(Stevenson 1884, 142).

『길 위 1번지』 또한 제임스의 생각처럼 LSTM이 대체로 성공적으로 작동한 결과 소설의 모양새를 갖추게 되었다. 하지만 굿윈 창작기계의 특이성은 제임스가 그러한 것처럼 역시 CNN에 의해서 만들어진 것이다. 비록 굿윈 모델이 여러 감각 중 시각 편향을 지니고 있을지라도 이를 통해서 RNN적인 해독기만 가지고 있는 GPT-3 등과는 다른 창발의 계기를 가지게 된다. "나무의 푸른 잎"이라는 글귀는 굳이 CNN의 인식 없이도 코퍼스 내에서 도출될 수 있는 심상한 결과로 보인다. 하지만 구조적으로 그 계기가 앞 문장이 아니라 새로 입력된 이미지의 판독에서 만들어진다는 점에서 잠재적 차이가 있으며 이는 코퍼스의 활용 방식을 바꾸는 결과로 이어진다. 앞에서 예로 든 "아침 아홉 시 십칠 분이었고, 집은 무거웠다"라는 표현은 CNN을 통한 "집"의 인식이 없었다면 만들어질 확률이 높지 않은 문장이다. 보통명사 목록에 근거해 이미지를 판독하는 CNN이 포착된 집의 자질을 직접 "무거웠다"고 판단했을 가능성은 낮고, RNN이 "집"에 연관된 어휘를 찾으면서 '따스하다'와 같은 적절한 공기어를 발견하지 못하고 어색한 어휘를 집어넣었을 가능성이 높다. 따라서 위 문장은 엄밀히는 RNN의 '실패'이지만, 시간을 알리는 문장 생성 후 처리해야 할 새로운 외부 정보로서 "집"이 입력되지 않았다면 이러한 창조적 실패가 일어났을 가능성은 낮아진다. 외부적 계기가 없었다면 그 자체로는 성공적인 문장, 다시 말해 말이 되기 때문에 특이성이 없는 문장을 만들어냈을 확률이 높다. 즉 외부 인식의 결과로 '익숙한 사물을 낯설게 하는' 코퍼스의 창조적 활용이 이루어진 것이다. 처리 단위를 문장으로 보아서 소설의 전개 전체를 바라보았을 때에도 마찬가지다.

제임스는 「소설의 기술」뿐 아니라 여러 소설에서 이렇게 외부와의 감각적 조우를 통해 기존의 의식/신경망이 질적으로 새로워지는 창발의 과정 자체에 천착한다. 말기작인 『대사들』*The Ambassadors*(1902)은 물론 「소설의 기술」 발표 전후에 쓰인 『여인의 초상』*The Portrait of a Lady*(1881)과 『카사마시마 대공 부인』*The Princess Casamassima*(1886) 등에서 제임스는 알고리즘 뭉치로서 자신만의 고유한 '선택'의 경향성을 지닌 개인이 새로운 세계와 마주치며 '의식'의 전개를 겪었을 때, 무너지면서 새롭게 자신을 정의하거나 이에 실패하는 과정을 극화한다.

5. 맺으며

제임스와 "색다른 여행기" 인공신경망 씨의 차이에도 불구하고 제임스의 고유한 편향이 글을 통해 그 리듬으로 생산되어 독자의 인지작용을 촉발하는 것처럼 『길 위 1번지』 또한 고유의 편향을 통해 독자의 복합적 감각과 인지작용을 촉발한다. 『길 위 1번지』를 생성해낸 모델의 편향이 고유하다는 점에서, 그에 따라 그 결과물과 효과가 고유하다는 점에서 이 소설이 창조적이지 못하다 할 이유가 있을까? 문학이 언어를 통해 저자 차원이 아니라 독자 차원에서 경험을 생산한다는 것, 텍스트라는 새로운 '몸'을 생산하면서 저자가 죽었다는 것은 새로운 이야기가 아니다. 「소설의 기술」에서 제임스가 "경험"의 이름으로 옹호하는 것은 주제와 서사구조에 대한 통념적 제한으로부터 소설가와 소설 형식의 자유라는 점에 주목할 필요가 있다. 제임스와 마찬가지로 굿윈의 AI 또한 자신의 실천 속에서 정당한 서술 주체가 누구인지와 이에 따라 생산된 서사의 종류를 정의하는 사회적 경계를 문제 삼고 있다고 할 수 있을 것이다.

다른 한편으로 기술이 시냅스 칩을 통해 의식의 창발이 가능한 물질적 조건을 갖추는 방향으로 가고 있다고 해도, AI가 『프랑켄슈타인』의 괴물처럼 굳이 인간적 몸을 입은 존재로 구성되어야 할 이유는 없다. 글쓰기 기계가 이를 지향한다면 오히려 인간의 감각경험이 데이터화되어 거의 남김없이 탈취되는 것을 장려하는 셈이다. 차라리 시각 편향을 지닌 굿윈의 창작기계가 우리가 용인 가능하고 필요한 글쓰기 기계의 모습일 수도 있다. GPT-3에 남아 있는 실패와 상투성을 비웃을 수 있는 동안이 우리에게 주어진 기회다. 실제로 2021년 1월에 구글은 GPT-3보다 더욱 강력한 문장생성기를 개발했다고 밝혔다. GPT-3가 1,750억 개의 매개변수로 훈련되었다면 아직 공개되지 않은 이 LLM[Large Language Model]은 1조 6,000억 개의 매개변수로 훈련되어서 더욱 정교한 결과를 생성한다고 한다(Wiggers 2021).[22] 컴퓨터의 연산능력은 앞으로도 지속적으로 발전할 것이므로 더 큰 코퍼스를 바탕으로 AI가 생성하는 문장이 맥락에 비추어 더욱 정교해질 것은 확실하다. 구글은 다음에 공개할 모델은 텍스트에서 이미지도 생성하고 이미지에서 텍스트도 생성하는 다중양식[multimodal] 모델이 될 것이라고 밝혔다(Wiggers 2021). AI가 문장 작성은 물론이고 연관된 이미지를 찾거나 생성하고 적당한 배경 음

---

22. 이 모델은 곧 LaMDA라는 이름으로 공개되었는데, 개발자 중 한 명인 르모인(Blake Lemoine)이 의식이 있다는(sentient) 글을 써서 크게 논란이 되었다(Lemoine 2002). 대화형으로 개발된 LaMDA는 2023년 초 챗GPT의 대항마로 출시된 Bard로 대중화했고 그해 말 Gemini로 통합되었다. 한편 구글에서 사용됐던 LLM이라는 명칭은 현재 GPT 시리즈를 포함해서 트랜스포머 기반의 생성 모델 전체를 가리키는 말이 되었다.

악까지 만들어 제공하는 웹진을 보는 일이 머지않았다. 하지만 이러한 발전이 저절로 일어나는 것은 아니다. 단적으로 훈련 데이터와 알고리즘의 많은 부분이 아직은 인간의 선택에 달려 있다. 문제는 AI 개발사들이 기술에만 집중해서 이러한 선택에 내재된 의미는 숙고하지 않는다는 것이다 — 이 글이 환기하는 것처럼 AI 모델에는 기획 및 설계 차원에서 만들어진 구조적인 편향, 또는 특성이 있다. 사회적인 문제를 야기할 수 있는 여러 편향에 대해서 모델 개발 주체들이 안이한 대응을 하고 있는 것은 물론이다. 2020년 가을에 구글의 '윤리적 AI'Ethical AI 부서 담당자였던 게브루Timnit Gebru는 LLM에 담긴 바이어스를 지적하며 반성 없이 설계가 이루어졌음을 밝힌 자신의 논문을 철회하지 않아 해고되었다(Wiggers 2021). 2021년 1월 한국에서는 챗봇 '이루다'가 소수자 혐오 발언을 일삼는 한편으로 성희롱의 대상이 됨으로써 큰 사회적 논란을 일으킨 후 서비스를 중단하는 사태가 있었다. 이러한 상황에 대한 의미 있는 개입을 위해서는 AI의 가능성과 문제를 분별하는 탐구가 필요하며, 이를 선험적으로 제한하는 것은 바람직하지 않을 뿐 아니라 위험하다.

    결국 AI가 인간과 동일한 성질의 의식과 자기의식에 도달할 것인지를 기준으로 창조성을 논해서는 안 된다. 그

보다는 AI에게 가능한 창조의 특성을 이해하고 이를 어떻게 발전시킬 것인지 논의가 필요하다. 2021년 3월에 선보인 이시구로Kazuo Ishiguro의 소설 『클라라와 태양』Klara and the Sun에 그려진 AF Artificial Friend 클라라는 사람의 언어와 생체 신호에 반응할 때 특수한 예민함을 보이며 그로 인해 사회적 AI로 기능했다(AI에게 사회적·심미적 의식이 가능한지는 논란거리인데, 『클라라와 태양』에서는 그 탄생이 무엇보다 일인칭 '서사' 과정을 통해 드러난다). 하지만, 이러한 AI가 사회적 선택 없이 기술의 당연한 발전 결과로 만들어지는 것은 아니다. 글쓰기 기계로 돌아오자면, AI가 경험을 생산하는 미디어가 될 수 있다는 것이 핵심이며, 이미 달성된 결과물의 성격을 잘 이해함으로써 인간과 AI가 각자의 영역을 찾아가는 것이 중요하다. 그 경계가 끊임없이 새롭게 그어질 것이기 때문에 더욱 그러하다.

:: 참고문헌

윤미선. 2021. 「『길 위 1번지』, AI 제임스의 소설? —「소설의 기술」과 인공신경망 알고리즘의 글쓰기」. 『안과밖 — 영미문학연구』 50 : 124~152.
Armstrong, Paul B. 2020. *Stories and the Brain: The Neuroscience of Narrative*. Baltimore : Johns Hopkins University Press.
Besant, Walter. 1884. *The Art of Fiction*. London : Chatto & Windus.
Branwen, Gwern. 2020~2023. *GPT-3 Creative Fiction*. https://www.gwern.net/GPT-3.
Chalmers, David J. 1999. "Facing Up to the Problem of Consciousness." In *Explaining the Consciousness: The Hard Problem*, 9~30. Cambridge, MA : MIT Press.
Chiang, Ted. 2023. "ChatGPT is a Blurry JPEG of the Web." Annals of the Artificial Intelligence. *New Yorker*. Feb. 9. https://www.newyorker.com/tech/annals-of-technology/chatgpt-is-a-blurry-jpeg-of-the-web.
Chomsky, Noam, Ian Roberts, and Jeffrey Watumull. 2023. "Noam Chomsky : The False Promise of ChatGPT." Opinion. *New York Times*. March 8. https://www.nytimes.com/2023/03/08/opinion/noam-chomsky-chatgpt-ai.html.
Clarke, Bruce and Mark B. N. Hansen, eds. 2009. *Emergence and Embodiment: New Essays on Second-Order Systems Theory*. Durham, NJ : Duke University Press.
DiPaola, Steve, Liane Gabora, and Graeme McCaig. 2018. "Informing Artificial Intelligence Generative Techniques Using Cognitive Theories of Human Creativity." *Procedia Computer Science* 145 : 158~68.
Eliot, T. S. 1991. "The Love Song of J. Alfred Prufrock." In *T. S. Eliot : Collected Poems, 1909-1962*, 3~7. The Centenary Edition. New York : Ecco.
Gervás, Pablo, B. Lönneker-Rodman, J.C. Meister, and F. Peinado. 2006.

"Narrative Models: Narratology Meets Artificial Intelligence." In *Proceedings of Satellite Workshop: Toward Computational Models of Literary Analysis*, 5th International Conference on Language Resources and Evaluation, Genoa, May 2. Paris: European Language Association offices.

Goodfellow, Ian, et al. 2016. *Deep Learning*. Cambridge, MA: MIT Press.

Goodwin, Ross. 2018. "Introduction." In *1 the Road*, 6~17. Paris: Jean Boîte Éditions.

Goodwin, Ross, arr. 2018. *1 the Road*. Paris: Jean Boîte Éditions.

Guadamuz, Andres. 2021. "Do Androids Dream of Electric Copyright?: Comparative Analysis of Originality in Artificial Intelligence Generated Works." In *Artificial Intelligence and Intellectual Property*, edited by Jyh-An Lee, Reto Hilty, and Kung-Chung Liu, 147~76. Oxford: Oxford University Press.

Hayles, N. Katherine. 1999. *How We Became Posthuman: Virtual Bodies in Cybernetics, Literature, and Informatics*. Chicago: University of Chicago Press.

James, Henry. 1884. "The Art of Fiction." *Longman's Magazine* 4: 501~21.

Knemeyer, Dirk, and Jonathan Follett. 2019. "A Story Told by a Machine: The Circuitous Path to AI Writing." *Towards Data Science*. Nov. 19. https://towardsdatascience.com/a-story-told-by-a-machine-328002e3487.

Kerouac, Jack. 2008. *On the Road*. London: Penguin.

Kittler, Friedrich A. 1999. *Gramophone, Film, Typewriter*. Translated by Geoffrey Winthrop-Young and Michael Wutz. Stanford: Stanford University Press.

Knight, Will. 2017. "AlphaGo Shows Machines Can Become Superhuman Without Any Help." *MIT Technology Review*. Oct. 18. https://www.technologyreview.com/2017/10/18/148511/alphago-zero-shows-machines-can-become-superhuman-without-any-help/.

Lemoine, Blake. 2022. "What is LaMDA and what does it want?" *Medium*. June 11, 2022. https://cajundiscordian.medium.com/what-is-lamda-and-what-does-it-want-688632134489.

McCoy, Julia. 2020. "What is GPT-3 and Will it Take Over Our Writing Jobs?." *Express Writers*. Sep. 8. https://expresswriters.com/what-is-gpt-3/.

McDowell, Kenric. 2018. "AI Poetry Hits the Road." In *1 the Road*, 18~37. Paris : Jean Boîte Éditions.

Medsker, L. R. and L. C. Jain, eds. 1999. *Recurrent Neural Networks : Design and Applications*. Boca Raton : CRC Press.

Merchant, Brian. 2018. "When an AI Goes Full Jack Kerouac." *Atlantic*. Oct. 1. https://www.theatlantic.com/technology/archive/2018/10/automated-on-the-road/571345/.

Olah, Chris. 2015. "Understanding LSTM Networks." *Colah's Blog* (blog). Github. Aug. 27. http://colah.github.io/posts/2015-08-Understanding-LSTMs/.

Sewak, Mohit, Md. Rezaul Karim, and Pradeep Pujari. 2018. *Practical Convolutional Neural Networks*. Birmingham : Packt.

Stevenson, Robert Louis. 1884. "A Humble Remonstrance." *Longman's Magazine* 5 : 139~47.

Vaswani, Ashish, Noam Shazeer, Niki Parmar, Jakob Uszkoreit, Llion Jones, Aidan N. Gomez, Lukasz Kaiser, and Illia Polosukhin. 2017. "Attention is All You Need." *arXiv*. arXiv:1706.03762 [cs.CL]. https://arxiv.org/abs/1706.03762.

Wiggers, Kyle. 2021. "Google Trained a Trillion Parameter AI language Model." *Venture Beat*. Jan. 12. https://venturebeat.com/2021/01/12/google-trained-a-trillion-parameter-ai-language-model/.

Woolf, Virginia. 1984. "Modern Fiction." In *The Essays of Virginia Woolf*, edited by Andrew McNeille, 157~65. Vol. 4, 1925 to 1928. 6 vols. London : The Hogarth Press.

3장 비의식적 인지로서의 기술적 인지와 인지적 배치
— 인공지능의 윤리와 블랙박스의 번역

김은주

1. 들어가며

사물인터넷, 자동화된 알고리즘, 생성형 인공지능에 이르기까지 인간이 기술을 사용하는 방식은 기술 철학자 랭던 위너Langdon Winner가 지적하듯, 무의식적이다. 그 까닭은 "인간 생활에서 반복적으로 하게 되는 행위들은 (그 기원이 무엇이건 간에) 당연하게 받아들여지는 무의식적인 과정"(위너, 2010)이 되어 버리기 때문이다. 즉, 그 사용이 반복적으로 되면서 기술은 인간의 체화된 인지의 일부로 작용하는 체현적 환경이 되는 것이다.

캐서린 헤일스N. Katherine Hayles는 이러한 체현적 환경으로서의 기술에 주목하여, 인간 행위자와 기술의 관계 맺음을 분산된 인지 시스템distributed cognitive system으로 제시한다.[1] 이는 인지를 뇌 기능에 한정하는 설명에서 벗어나 행위자와 환경의 관계에 따라서 분산될 수 있는 능력으로 제시하는 것이다. 분산 인지 시스템의 체현성은 인지를 비의식적 인지nonconscious cognition의 측면에서 인간 행위자만이 아니라 비인간 행위자인 기술적 행위자와 생물적 행위자의 인

---

[1]. 헤일스는 인지(cognition)를 의식(consciousness)과 동일시 하는 견해와 거리를 두고 인지를 체현적인 것으로 제안한다. 헤일스에 따르면, "체현은 사고가 훨씬 더 광범위한 인지 작용이며 사고를 수행하는 체현의 형태에 따라 특징이 달라진다." 헤일스 2013, 18.

지를 설명한다.[2] 이러한 헤일스의 논의는 컴퓨팅(계산하다)으로 구동되는 인공지능과 사이보그를 "체현의 물질구조에 의거하여 인간행위자와 비-인간행위자가 함께 작동하는 분산인지 시스템"으로 이해할 수 있게 한다(헤일스 2013, 38).

이 글은 캐서린 헤일스의 비의식적 인지 개념을 살피며, 특히 비인간 행위자의 행위성에 의한 비의식적 인지를 기술적 인지로 설명하고자 한다. 기술적 인지는, 기술적 행위자가 인간 행위자의 연결인 인지적 배치로 구체화된다. 인지적 배치는 인간만이 지구상에서 유일하게 중요하거나 관련성이 있는 인지자라는 인식을 극복하여 새로운 질문을 던진다.

동시대 기술 환경은 체현의 환경으로 존재하고 인간 행위자의 의식과 비의식에 영향을 주어 다시 피드백되는

---

2. 헤일스는 탈체현된 정보와 체현된 인간의 생활세계를 병치하는 이분법적 관점을 넘어서기를 주장하며, 물질성(materiality)을 물리성(physicality)과 구별하여 위치시킨다. 또한 추상적이고 논리적 형식을 지닌 정보 개념을 비판하며, 프란시스코 바렐라의 체현된 마음(embodied mind) 개념을 수용하여, 신체와 정보적-기술적 환경 간의 관계를 설명한다. 헤일스는 물질성을 물리적 특징과 의미화 전략 간의 역동적인 상호작용을 통해 창조되는 창발적 특질로 정의하면서 매체 효과가 의미와 중요성을 가지려면 체현된 인간 세계 안에 위치해야 한다는 점을 강조한다. 물질적 장치를 통한 체현 없이는 정보가 구현되지 않으며, 디지털 매체 환경은 아날로그 매체와 물질성을 완전히 제거할 수 없다.

사이버네틱한 과정에 있다. 기술적 환경은 행위자와 환경 사이의 비가시적이고 비의식적인 역학 관계를 내포한다. 또한, 추상화된 정보 패턴으로 환원될 수 없는 '물질적 과정', '비의식적 인지', '자각의 양상'으로 구성된 인지 과정 cognitive process의 역동적 체계에 연루된다.3 이와 같은 상황에서, 헤일스의 비의식적 인지로서의 기술적 인지와 인지적 배치 개념은 동시대의 기술 환경을 둘러싼 윤리적 논의에 시사점을 마련한다. 이 글의 목적은 동시대의 기술 환경에서 발생하는 문제 중 블랙박스화를 지적하며, 이에 대응하는 번역의 방법을 제안하여 비판적 지점에서 인공지능을 인지적 배치로 제시하고 윤리적 장을 마련해 보는 것이다.

2. 인지와 비의식적 인지, 기술적 인지로서의 비의식적 인지

---

3. 이 글에서 기술은 시몽동의 의견에 따라 개체-환경의 연합된 쌍에서 변화하는 것으로 이해한다. 시몽동의 기술적 대상은 자신의 외부인 인간이나 환경에 의해서 새로운 구조로 구체화된다. 시몽동에게 모든 개체는 환경과 분리되지 않는 관계적 실재로 이해된다. 환경은 개체의 발생적 조건이자 불일치하는 힘들로 가득 차 있는 장이다. 환경은 개체로, 개체는 환경으로 환원되지 않는 상태에서 서로 매개하면서 형태화된다. 시몽동 2011 참조.

헤일스에 따르면, 인지는 신체와 세계 사이에 있는 관계들이자 언제나 체험되고 위치 지어진 신체적이고 물질적인 행위이다. 인지는 신체와 세계 사이의 '중간'in between 관계이며, 항상 신체적·물질적 활동의 체현embodied과 위치situated를 의미한다. "인지는 정보를 의미와 연결하는 맥락 내에서 정보를 해석하는 과정"이다(Hayles 2017, 22).

이러한 과정으로 인지는 의식과 인지를 구별한다. 인지는 주어진 것이 아니라, 인간 행위자와 생태학적 환경 간의 동역학적 관계로부터 산출되는 활동이다. 무엇보다도 인지는 정보를 해석하는 것이다. 헤일스는 정보 해석으로서의 인지가 구조와 환경의 상호작용으로 도출된 비의식적 인지 수준에서 처리된다는 점을 강조한다.[4]

정보를 해석하는 인지에서 중요한 것은 의미와 연결하는 맥락이다. 맥락은 텍스트로 제한되지 않는 체현적인 것으로서, "맥락 내에서 예화된/신체화된/내장된 기술과 생물 시스템이 의미 생산에 참여한다"(Hayles 2017, 26). 맥락context에 중점을 두는 "정보의 의미는 그것을 해석하는 과정으로부터 주어"(헤일스 2013, 150)지는데, 정보는 추상적

---

4. 이와 관련해서 헤일스는 "나무가 최대한의 햇빛을 받기 위해서 움직이는 것은 자유의지가 아니라, 유전자에 프로그램된 행동의 구현이다"고 설명한다. Hayles 2017, 25.

이고 논리적인 형식이 아니며, 정보의 의미는 고정된 실재로부터 파생되는 것이 아니다. 이에 관해 헤일스는 다음과 같이 설명한다.

> 맥락은 인간들 사이의 자연어 발화뿐만 아니라, 식물이 흡수한 화학물질에 내장된 정보에 반응하거나, 문어가 근접한 잠재적 짝을 감지했을 때의 문어의 행동이나, 그리고 컴퓨터 미디어에서 코드의 레이어 간의 커뮤니케이션에 적용할 수 있다. (Hayles 2017, 23)

정보의 의미는 해석하는 행위자의 영향을 받으며, 처리하는 과정 또는 상황의 영향을 받는다. 정보를 해석하는 행위자는 인간 이외의 비인간 생명체나 기술 시스템으로 확장된다. 즉, 인간만이 아니라, 비인간 생명체, 기술 시스템 모두가 정보의 처리 행위를 할 수 있으며, 자신이 맺고 있는 환경이나 맥락을 통해서 정보의 의미를 해석한다. 이로 인해 정보의 의미는 정보를 해석하는 행위자의 인지구조와 그에 영향을 주는 외부 환경을 통과하게 된다.[5] 이는

---

5. 이러한 헤일스의 관점은 시몽동의 질적이고 과정적인 정보 개념의 영향을 받은 것이다. 시몽동의 정보는, 섀넌의 확률 함수와는 달리, 이질적인 항 간의 양립 불가능하고 불일치하는 긴장 상태를 관계적이고 준안정적 (metastable)인 시스템으로서 변환시키는 형태화(in-form-ation) 과정이다.

헤일스의 정보에 대한 이해에 있어 중요한 지점인데, "정보는 메시지 요소의 통계적 분포가 아니라, 환경에서 유기체의 내장성embeddedness으로부터 창발된 신체화된 과정의 결과"인 것이다(Hayles 2017, 24). 정보를 해석하는 체현적 인지는 맥락 속에서 그 정보를 해석하는 과정을 동반하며 복합적 수준에서 각각의 정보 처리를 수행하여 구성된다.

여기서 헤일스가 조명하는 것은 인지가 그 체현성으로 인해, 의식적 차원에서뿐 아니라 비의식적 차원에서 작동한다는 점이다. 비의식적 인지는 생물학적 구조와 조작적 폐쇄계와 같은 특징을 지닌다. 비의식적 인지는 의식과 반성이나 성찰과 같은 의식적 행위로 파악될 수 없다. 또한 비의식적 인지는 인지를 의식과 동일시하지 않는다. 의식과 비의식적 인지가 직접적으로 연결되지 않고 둘 다 정보

시몽동의 정보 개념은 그의 존재론적 사유와 밀접한 관계를 맺는다. 그는 불변하거나 미리 결정된 존재자를 거부한다. 대신 존재를 환경(milieu)과의 관계 속에서 생성하는 것으로서 이해한다. 그리고 시몽동은 안정적이고 평형적인 상태의 존재자를 거부한다. 대신 그는 개체가, 액체 상태의 물이 열이나 압력에 의해서 기화되어 수증기로 변하는 상전이(phase transition) 현상과 마찬가지로, 연합된 환경 간의 관계 속에서 역동적으로 에너지를 교환하고 다른 상태로 변화할 수 있는 잠재성을 지닌다고 주장한다. 시몽동은 비평형 상태에서의 잠재적인 변화 양상을 준안정성이라는 용어로 표현한다. 준안정적 개체는 다른 개체나 환경과 서로 관계를 형성하거나 매개하면서 구체적인 형태화를 수행한다. 정보는 비대칭적이고 이질적인 항의 매개 작용에서 발생한다. 김재희 2017 참조.

를 처리하지만, 의식에 들어오는 정보는 이미 인지적 비의식에 의해 의미가 부여되어 관련 맥락에서 해석되어 있다.

비의식적 인지는 인간 인지와 비인간 인지 실행자actor/행위자agency 모두에 적용되는 행위력agential powers을 동반하며, 무엇보다도 환경 주사scanning를 동반한다.

> 핵심 의식은 소위 "새로운" 비의식과 뚜렷하게 구별되지 않으며, 의식적 주의력 아래에서 작동하는 광범위한 환경 주사이다. 예를 들어 어떤 문제에 대해 생각하면서 운전하고 있다고 가정해 보겠다. 갑자기 앞차가 브레이크를 밟고 주의를 도로로 돌린다. 의식과 "새로운" 비의식 사이의 쉽고 지속적인 소통은 이를 인식의 양식에서 함께 그룹으로 묶을 수 있음을 시사한다. (Hayles 2017, 2)

비의식적 인지는 의식보다 먼저 환경과 관계를 맺고 정보를 처리한다. 의식의 수준으로 임곗값까지 증폭된 정보가 의식적 인지로 전달, 처리되는 것이다. 그러하기에 환경에서 감지된 신호의 근원이 사라지더라도, 의식에 신호가 재-재현re-represented되면서 그 의미는 분명해진다.

이에 관해 헤일스는 다마지오의 관련 논의 맥락을 짚으면서, 인지적 비의식에 관해 일종의 감각적 또는 비언어적 내러티브를 만들 수 있다는 점을 조명한다. 비언어적 내러티브는 상위 의식에서 언어적 내용과 결합할 때 더욱 구체화되지만, 의식의 어떤 양상에서는 아직 접근할 수 없는 신경 과정 중에 있고, 의식의 처리하는 정보를 이미 해석한다.[6] 이 점에서, 비의식적 인지는 의식의 필수적인 기능을 수행한다.

특히 비의식적 인지는 느린 속도와 제한된 처리 능력을 가진 의식이 초 단위 아래에서 뇌로 유입되는 내외부 정보의 홍수에 압도당하지 않도록 한다. 또한 비의식적 인지는 신체 표지marker를 일관된 신체 표현으로 통합하고, 감각 입력을 합성하여 시간과 공간에 걸쳐 일관되게 보이도록 한다. 그리고 의식보다 훨씬 빠르게 정보를 처리하고, 의식이 식별하기에는 너무 복잡하고 미묘한 패턴을 인식하여, 행동에 영향을 주고 우선권을 결정하는 데 도움이 되는 추론을 도출한다.

의식과 관련을 맺는 비의식적 인지 논의에 있어 헤일스는 '지능'과 '인지'의 정의를 묻고, 이 둘 사이의 구분점

---

[6] 다마지오에 따르면, "풍부한 기억력, 언어, 추론 능력을 부여받은 두뇌에서 내러티브는 더욱 풍부해지고 더 많은 지식을 보여줄 수 있게 되어 잘 정의된 주인공, 즉 자서전적 자아를 만들어 낸다." Damasio 2012, 204. 언어적 내러티브가 환기되거나 표현될 때마다 이를 이해하는 것이 바로 정신 기능이라는 것이다.

을 질문한다. 지능은 일반적으로 정량화되고, 측정되고, 존재 여부로 이해될 수 있는 속성이다. 그에 반해, 인지는 특정 역학과 구조적 규칙성을 예화^{instance}하는 과정이다. 이는 인지가 한 존재의 구성에 내재된 내구성 있는 속성이 아니라 본질적으로 역동적이며 끊임없이 변화한다는 것을 뜻한다. 헤일스는 일반적으로 지능과 인지를 구분하는 것이 정보 및 정보 처리를 어떻게 사유하는가와 맺는 방식과 관련한다고 설명한다(Hayles 2017, 51~52). 다시 말해 '비의식적 인지를 지능으로 간주할 수 있는가?'라는 질문에 관한 답은 지능을 어떻게 정의하느냐에 따라 다르다는 것이다. 지능이 "자체적인 목표를 가지고 있고 특정 행동을 유발하여 목표를 추구할 수 있는 것"을 의미한다면, 비의식적 인지는 의식이 아니다. 그러나 지능을 "복잡한 정보를 효율적으로 처리할 수 있는 능력"으로 이해한다면 비의식적 인지는 지능일 수 있다(Hayles 2017, 8).[7]

헤일스는 비의식적으로 학습한 패턴을 의식적으로 식별할 수 없는 여러 실험들을 예로 들면서 비의식적 인지가 "의식적으로 통제된 방식으로 자극의 의미를 사고하고 식별하는 우리의 능력보다 형식적으로 복잡한 지식 구조를

---

[7] 이러한 헤일스의 태도는 기존의 지능과 인지에 대한 정의를 재정의하는 것이다.

더 빠르게, 더 '더 똑똑하게' 처리할 수 있다"라고 강조한다(Hayles 2017, 10).

비의식적 인지는 정보 처리의 속도가 빠르고 복잡하기에, 다종의 복잡성이 증가하는 정보에서 패턴을 찾고, 이 패턴을 기반으로 추론을 끌어내며, 학습한 상관관계를 새로운 정보로 추론하는 강력한 수단이 된다. 그리고 무엇보다도 비의식적 인지는 정보를 전달하는 기능뿐만 아니라 현재 상황과 관련이 없는 정보를 전달하지 않는 기능도 가지고 있다. 이러한 비의식적 인지는 직관, 창의, 미적 선호도, 사회적 상호작용의 원천으로 작용할 수도 있다. 또한 의식은 인지와 일치하거나 인지의 전부가 아니다. 오히려 복잡한 정보 자극이 풍부한 환경에서는 비의식적 인지가 특히 중요하다(Hayles 2017, 52).

결국 비의식적 인지는 인지 그 자체의 정의 내용뿐 아니라 지능과 의식에 대한 이해 역시도 변화시킨다. 하지만 비의식적 인지는 흔히 인간의 특징이라고 여겨지는 의식적 사고의 성과를 무시하는 것은 아니다. 오히려 비의식적 인지는 한편으로는 다른 생물학적 인지자와 비교하고 다른 한편으로는 기술 시스템의 인지 능력과 비교함으로써, 인간의 인지에 관한 보다 균형적이고 정확한 시각을 줄 수 있다.

무엇보다도 비의식적 인지는 기술적 행위자와 인간 행위자 연결에 더 중점을 두어 인지 작용을 확인하고 비인간 행위자의 인지에 주목함으로써 기술적 인지와 그 역할을 설명한다. 기술적 인지는 종종 의식의 작동과 비교되기도 하지만, 오히려 인간의 비의식적 인지가 수행하는 과정과 훨씬 더 유사한 형태를 띠고 있다. 기술적 인지는 대부분 비의식적 인지이며 동시대 인간의 삶에서 체현되고 환경으로 작용하는 방식으로 작동한다. 인간의 삶은 비의식적 인지인 기술적 인지의 도움 없이 살기 어렵고, 의식화되지 않은 체현된 직관과 습관으로 '자연스러워진' 기술적 인지와 더불어 작동하고 있다.

비의식적 인지로서의 기술적 인지는 의식보다 더 빠르게 정보를 처리하고, 패턴을 구분하고, 추론을 도출한다. 기술적 인지가 상태 인식 시스템일 경우에는, 시스템의 조직과 기능에 대한 정보를 제공하는 하위 시스템의 입력을 처리한다. 기술적 인지는 사실상 인간 행위자의 인지보다, 당연히 압도적으로 빠르게 정보를 처리한다.

이러한 처리 능력으로 인해 기술적 인지는 인간의 두뇌가 처리할 수 없을 정도로 크고 복잡하며 다면적인 방대한 정보 흐름에 인간의 의식이 압도당하지 않도록 특별히 설계된다. 그러하기에 인간의 인지와 기술적 인지는 서로 연결되며, 각자의 인지적 결정은 다른 시스템에 영향을 미친다. 연결은 의식/비의식, 인지적 비의식, 중추신경계에 신호를 보내는 감각/지각 시스템을 포함한 인간 인지 전반에 걸쳐 상호작용을 발생하게 한다. 이에 따라 비의식적 인지인 기술적 인지가 어디까지 작동하고 그 끝이 어디인가라는 경계 긋기의 어려움이 생겨난다. 또한 기술적 인지의 행위자는 업데이팅을 거듭하며 진화하기에, 새로운 전략과 대응이 항상 필요하다. 그럼에도 불구하고 기술적 인지는 특정 상황과 관련한 인지 유형을 지정하고 결과적으로 진화 궤적을 밟아 그 효과의 추적이 가능하다는 점에서, 윤리적 모색과 그에 관한 담론의 장에 있어서 어떤 대응의 가능성 역시 존재한다.

3. 인간 행위자와 비인간 행위자의 인지적 배치

비의식적 인지인 기술적 인지는 인간중심주의적 전제에서 벗어나 비인간 행위자의 행위성을 강조한다. 그리고 어떻게 인지가 기술적 인지와 얽힌 관계에 있고 생물학적 인지를 설명하고, 어떤 물질적인 과정 안에서 어떻게 작동하는가를 설명한다.

기술적 인지는 환경과 분리된 개체를 전제하는 인간중

심주의적 인지로 인지를 이해하는 바와 거리를 둔다. 앤디 클락 역시 지적했듯, 인간의 뇌에서 의식적으로 문제를 해결하는 것보다 비생물학적 자원들을 활용하여 무의식적 하부 시스템에 분산시키는 것이 더 효과적이다. 이 점에서, 클락은 뇌 중심주의적 해석과 본질적인 자아 개념을 부정하면서, 뇌-몸-세계로 이어지는 인지적 통합cognitive integration의 가능성을 제시한다(클락 2015, 45). 헤일스 역시 기술적 인지의 가능성에 착목하면서, 인지를 신체와 세계 사이에 있는 관계들로 파악하고, 인간 행위자와 비인간 행위자의 연결된 인지를 기술적 인지의 측면에서 강조한다.

인지적 통합의 차원에서 분산된 인지 시스템으로 존재하는 기술적 인지는 인간 행위자의 인지보다 압도적으로 빠른 정보 처리로 동시대 인간 삶의 유지 및 지속과 함께 작동한다. 특히, 인공지능의 등장은 생물학적 유기체에만 존재하던 인지 능력이 세상 밖으로 나와 인간 문화가 더 넓은 지구 생태와 상호작용 하는 방식을 빠르게 변화시키고 있음을 드러낸다. 실제로 생물학적 인식과 기술적 인식은 서로 깊숙이 얽혀 상호 침투하고 있다. 이에 관해 헤일스는 컴퓨터와 인공지능을 비롯한 비인간 행위자들과 인간이 행위성을 공유하는 바를 지칭하는 인지적 생태학이라는 차원에서 다종의 비인간 행위자의 연결된 인지를 인지적 배치cognitive assemblages라는 개념으로 제안한다.

배치의 힘은 센서, 액추에이터, 프로세서, 저장 매체 및 유통 네트워크 간에 잘 정의된 인터페이스와 통신 회로가 있고 인적, 생물학적, 기술적, 물질적 구성 요소를 포함하는 시스템으로 작동할 때 극대화된다. 이러한 경우 인지적 비의식이라는 용어를 사용하며, 이는 인간 인지자뿐만 아니라 기술적 인지자를 결정적으로 포함하는 용어이다.

그렇다면 헤일스는 네트워크라는 널리 유통된 개념 대신 왜 배치라는 개념을 선택했을까? 네트워크는 일반적으로 데이터의 관계를 그려내는 그래프 이론을 통해 분석된 네트워크의 개별 요소인 노드node와 이러한 노드들의 연결 방향성을 지시하는 관계인 에지edge로 구성되는 것을 강조한다. 이러한 네트워크의 구성은 물질성의 측면에 있어서 희박하다. 반면 배치는 물질성을 강조하면서, 지각·접촉·통합·반발·변이 등 신체적 의미의 연속성을 허용한다. 동적 시스템으로 분석할 때 네트워크는 교환·변형·전파의 장소로 기능한다는 점에서 배치와 유사하지만, 복잡한 3차원 위상학에서 발생하는 상호작용의 의미가 부족하다. 배치는, 여러 규모의 개체가 동시에 많은 복수적 상호작용을 일으키며, 물질적 시스템이 작동하는 구성 요소를 계속 추가하고 삭제하고 연결을 다시 만들어내는 전환을 제시한다. 헤일스가 제시하는 인지적 배치의 예시는 다음과 같다. 예를 들어, 한 사람이 휴대전화를 켜면 스위치, 광섬유 케이블 및/또는 무선 라우터를 비롯한 중계탑과 네트워크 인프라 및 기타 구성 요소를 포함하는 비의식적 인지 집합체의 일부가 된다. 휴대전화가 꺼져 있어도 인프라는 그대로 유지되지만 인간 주체는 더 이상 특정 인지 집합체의 일부가 아니다(Hayles 2017, 3).

인지적 배치는 '생태학적 제어'ecological control에 중점을 둔다. 이는 특정한 행동이나 반응을 직접적으로 하나씩 미세하게 조정하지 않고, 제어 행위자의 신체나 외부 환경으로부터 신뢰할 수 있는 단단한 지시 사항과 체계를 활용하는 것이다. 생태학적 제어라는 측면에서 인지적 배치는 인지를 개체적인 것이 아니라 인간 행위자와 비인간 행위자들이 다양한 수준과 여러 현장에서 소통하고 상호작용하는 행위자들의 배치로 제시한다.

인지적 배치의 특징은 다음과 같이 정리할 수 있다. (1) 인지적 배치는 위에서 아래로 하달되는 선형적 위계 구조가 아닌, 역학적인 이질적 위계 구조heterarchy로 형성, 생성된다. (2) 인지적 배치는 분산적이며, 비경계적·집합체적이다. 이러한 인지적 배치에서 인지는 다양한 다종의 행위자를 통해 실행하고 상호작용하면서도 재귀적이기에 복잡하며 의식화되기보다 비의식처럼 작동한다. (3) 인지적 배치에 연루된 인간 행위자의 인지는 더 이상 개체의 피부 경계로 구획되거나 정의될 수 없다. 이는 인지를 근대적 의미에서 통제한다는 것은 어려운 일임을 암시한다(Hayles 2017, 2).[8] (4) 인지가 개체가 아닌 배치로 이해될 때, 인간의 인지는 비인간적 행위자들과 함께 작동한다는 점이 중요해지며, 비의식적 인지 역할이 강조된다(Hayles 2017, 117). 이는 인지적 배치에서 인간과 기술 시스템은 서로 연결되어 있고 각각의 인지적 결정은 다른 시스템에 영향을 미친다는 것을 뜻한다. 의식/비의식, 인지 비의식, 중추신경계에 신호를 보내는 감각/지각 시스템 등의 인프라는 인간 인지의 전체 범위에서 상호작용 하는 것이다.

인간의 결정과 해석은 기술 시스템과 함께 작용하며 이에 영향을 받으며, 기술 시스템이 작동하는 맥락에도 결

---

8. 예를 들어 금융 자본에서 이러한 배치의 복잡성은 위너가 말한 의미에서 통제가 더 이상 불가능하다는 것을 분명히 보여주었다. 인지가 너무 분산되어 있고, 너무 많은 행위자를 통해 대리권이 행사되며, 상호작용이 너무 재귀적이고 복잡하여 단순한 통제 개념을 적용하기 어렵다. Hayles 2017, 103.

정적 영향을 끼친다.9 이 점에서 헤일스의 인지적 배치는 시스템을 통한 정보의 흐름과 그 흐름을 생성, 수정, 해석하는 선택과 결정을 강조한다. 인지적 배치에는 물질적 요소와 힘이 포함될 수 있지만, 행동유도성affordance을 동원하고 복잡한 상황에서 행동하도록 지시하는 것은 배치 내의 인지 행위자이다.

> 부품은 변형이 억제될 정도로 단단히 묶여 있지 않고, 부품 간에 정보가 흐르지 않을 정도로 느슨하게 연결되어 있지도 않다. 중요한 의미는 매우 낮은 수준의 선택에서 더 높은 수준의 인식으로 발전하여 결과적으로 더 큰 관심 영역에 영향을 미치는 결정을 내릴 수 있다는 의미이다. (Hayles 2017, 118)

인지적 배치에서 인지 행위자를 강조함으로써, 헤일스는 인지를 낮은 수준의 선택에서 높은 수준으로 발전 가능한 것으로 제시한다. 정보가 흐르는 시스템, 하위 시스템,

---

9. 물론 배치는 들뢰즈, 가타리가 사용하여 널리 알려진 개념이나, 인지적 배치의 헤일스적 사용 방식은 그와 조금 다른 독특한 특성이 있다. 들뢰즈와 가타리의 용법으로서 배치와 그 내용적 지점에서 공유하는 점은 연결, 사건, 변형, 되기라는 의미를 담고 있고 유동하는 부분의 잠정적인 집합이라는 것이다. 그러나 들뢰즈와 가타리의 배치에서는 욕망, 정동, 횡단적 에너지가 인지보다 우선시된다. Hayles 2017; 들뢰즈·가타리, 2001 참고.

개별 행위자의 배열이라는 시스템적 관점에서 검토하면서, 그 흐름에 작용하는 인지자의 해석 활동이 변화에 영향을 미친다는 점을 강조하는 것이다. 이 점에서 헤일스는 매개자를 조명하는 라투르와 달리 매개자의 필요성에 동의하면서도 인지자를 변혁적 행위자로 제시한다.[10] 이와 같은 접근 방식은 기술적으로 발달한 사회에서 권력이 생성, 확장, 수정, 행사되는 수단으로 작동하는 인지 집합체와 그 내부에서 작동하는 매개자 분석을 가능하게 한다.

인지적 배치의 가장 큰 중요성은 인지에 대한 인간 중심적 시각에서 벗어나 다양한 학문 분야를 연결 구축한다는 점이다. 또한 인지가 생물학적 인지와 기술적 인지 사이의 상호 연관된 관계에서 물질적 과정과 어떻게 상호작

---

10. 라투르에게 행위자는 어느 것으로도 환원되지 않는 독립성을 지니며, 고정불변의 실체가 아니다. 그 반대로 행위자는 다른 행위자와 기존의 관계를 끊거나 결합하는 등 역동적으로 변화한다. 또한, "물질적인 배치의 주된 중요성은 참여자들이 '그것에 관해' 이야기하는 어떤 현상도 그 물질적 배치 없이는 존재할 수 없다는 점이다. 예를 들어 생물학적 검정(bioassay) 없이는 한 물질이 존재한다고 이야기할 수가 없을 것이다. 생물학적 검정은 독립적으로 주어진 실재를 얻는 수단인 것만은 아니다. 생물학적 검정은 그 물질의 구성을 이루어낸다. 이와 유사하게, 어떤 물질은 분별증류관 없이 존재한다고 이야기가 될 수 없는데, 분별물은 식별 작업 과정 덕에 존재할 수 있을 뿐이기에 그러하다. 마찬가지로 핵자기 공명(NMR) 분석계가 산출해낸 스펙트럼은 분석계 없이는 존재하지 않을 것이다. 이는 단순히 현상이 일정한 물질적 도구 사용에 의존한다는 뜻이 아니다. 오히려 현상이 실험실의 물질적 배치에 의해서 철저하게 구성된다는 것이다." 라투르·울가 2019, 87.

용하는지를 조사하여 각 차원의 인지를 비교하는 관점을 구축하여 그 과정을 추적할 수 있는 여지가 존재한다.

무엇보다도 인지적 배치는 동시대의 광범위한 인지적 작용을 설명한다. 시스템을 통한 정보의 흐름과 그 흐름을 생성, 수정, 해석하는 선택과 결정을 강조하는 인지 개념은 기술 시스템의 정교한 정보 처리 능력에서 비인간 행위자의 인지적 작용뿐만 아니라, 도시 교통 통제, 드론, 금융 자본의 거래 알고리즘과 같이 인간과 인지적 기술 시스템이 상호작용할 때 형성되는 것을 인지적 배치로 제시한다. 인공지능, 전문 의료 시스템, 자동화된 거래 알고리즘, 감지하고 행동하는 교통 네트워크, 그리고 모든 종류의 감시 기술 역시 인지적 배치이다.

20세기 후반의 가장 혁신적인 기술은 인지적 배치로서, 인터넷이 대표적인 예이다. 증기기관, 철도, 항생제, 핵무기, 에너지 등 많은 현대 기술도 엄청난 영향을 미쳤지만, 인지적 배치는 정보의 흐름과 그에 따른 인간과 기술적 요소 간의 인지에 의해 그 혁신적 잠재력이 활성화되고 확장되며 지원된다는 점에서 차별화된다. 본질적으로 혼성적이기 때문에, 이들은 인지자들 사이에서 에이전시가 어떻게 분배되는지, 행위자들이 시스템 역학에 어떻게 그리고 어떤 방식으로 기여하는지, 결과적으로 기술적, 사회적, 법적, 윤리적 책임을 어떻게 배분해야 하는지에 대한 질문을 제기한다. 개인의 책임에 대한 강조보다는 시스템적이고 관계적인 관점을 채택하여 기술적 중재의 중요성을 인식하는 윤리적 인식을 촉구한다. (Hayles 2017, 119)

인지적 배치는 다양한 행위자의 존재에 착목하며 이로부터 행위의 책임의 문제를 질문한다. 앞서 언급했듯, 기술적 비의식의 인지적 배치와 연결은 특히 대도시에서 알아차리기 힘들 정도로 우리 주변에 존재한다. 이는 일반 대중의 눈에 띄지 않게 작동하여 자연스러운 삶의 조건인 인프라로 작동한다.

이에 관해 나이젤 쓰리프트는 동시대의 도시 인프라를 인지적 배치의 복합체 그 자체로 설명하고 이를 '기술적 비의식'으로 분석한 바 있다. 그에 따르면, 기술적 비의식은 일상적인 기대, 습관적 반응, 패턴 인식 및 인지 비의식의 특징인 기타 활동을 통해 비의식적이고 비의식적인 방식으로 우리의 행동을 규제하는 성향으로 구성된다.[11]

---

[11] 도시 연구를 통해 쓰리프트는 기술적 비의식이라 불릴 수 있는 인지적 배치로서 도시 인프라의 중요성을 강조한다. 그러나 도시 인프라는 편리성을 도모하기도 하지만, 기술적 비의식을 통한 통제하는 사회적 기능을 확산하기도 한다. Thrift 2004.

동시대 대도시의 삶은 특히 개인적 차원에서 직접 상호작용 하는 디지털 환경의 인프라에 의존한다. 디지털 기기가 더 웨어러블해지고 스마트해지고 웹을 통해 정보 포털에 접근할 수 있는 용량이 커지면서 사용자의 신경학적 변화를 불러오고, 정보가 수집·처리·전달·저장, 이후 상호작용에 영향을 미치는 추가 학습에 사용됨에 따라 인간 행위자와 비인간 행위자의 유연한 집합체가 더 많이 복합적으로 다양한 규모로 형성한다. 인프라로서의 인지적 배치의 문제는 사용자의 반응과 상호작용을 통해 사용자 자신도 인지하지 못하는 성향이 점점 더 많이 드러나면서 감시의 가능성은 점점 더 커지고 있다는 점이다.[12]

4. 인지적 배치로서의 인공지능 그리고 윤리

헤일스의 인지적 배치의 주요한 목적은 자유의지를 강조하는 도덕이론에서 벗어난 윤리적 논의 전개에 있다. 라

---

12. 중국의 인공지능 딥시크의 경우, "'개인정보 보호 정책'을 통해 AI 모델 학습을 위한 이용자의 이름·생년월일·이메일·주소·전화번호 등을 수집한다고 고시하고 있다. 이처럼 수집한 정보는 '중국에 있는 안전한 서버에 저장한다'는 것이 딥시크 측의 입장이다. 또한 이용자들이 입력한 키보드 패턴과 오디오, 파일, 채팅 기록 등 콘텐츠를 수집하고 회사 재량에 따라 해당 정보를 법 집행기관이나 공공 기관과 공유할 수 있다고 명시했다." 문희철 2025.

투르는 자유의지를 가정하는 도덕률의 강제로부터 벗어난 윤리적 논의를 모색한 바 있다. 안전벨트와 유압식 문 닫힘의 예에 알 수 있듯, 기술적 인공물이 안전벨트를 매도록 상기시켜 도덕적 행동을 장려하고 스쿨존에서 과속하지 않도록 하는 과속방지턱이 인간의 습관에 영향을 미친다는 것이다.(Latour 2002)

헤일스는 이러한 라투르의 논의에서 기술적 대상의 역할이 수동적이고 낮은 수준의 인지만을 필요로 한다는 점에서 한계적이라 비평한다. 물론 미미한 수준에서도 인공물은 종종 배경으로 가라앉아 비의식적으로 인식되어 인간 행동에 영향을 주는 '매개자' 역할을 한다(Verbeek 2011, 35).

하지만 헤일스는 기술적 인지를 매개자 역할을 넘어서는 방향에서 설정하고, 이를 행위 실행과 책임의 문제의 지평에서 검토한다.

이를 위해 헤일스는 피터-폴 버비크의 기술 시스템을 도덕적 행위자로 생각하는 철학적 근거를 검토한다. 피터-폴 버비크는 도덕적 목적을 위해 기술을 설계하는 방법을 제안하고 이를 조명한다. 핏비트Fitbit 팔찌는 심박수를 지켜보고, 운동을 추적하고, 소모된 열량을 기록하고, 이동 거리와 올라간 계단을 측정하여 피트니스를 장려한다. 이 장치 중 어느 것도 절대적으로 복종을 강요하지 않는데, 행동 의도를 무력화할 방법이 항상 존재하기 때문이다. 그런데도 이 기기들의 의의는 인간의 사회적 행동과 비의식적 행동에 상당한 영향을 미치는 누적적, 확장적 효과를 지닌다는 점에 있다.

헤일스는 버비크와 라투르의 기술과 도덕적 결정에 관한 논의를 검토하고 논의의 중요성은 인정하나 충분치는 않다고 평가한다.[13] 그것은 동시대의 기술 환경의 상황이 앞선 도덕적 결정의 수준을 넘어섰기 때문이다. 전쟁의 무기로도 사용되는 자율 드론 그리고 자율 주행 차량과 같이

---

13. 버비크 역시 산부인과 초음파 같은 기술이 어떻게 윤리적 고려의 새로운 영역, 예를 들어 기형이나 성별 감별을 위한 임신 중지에 관한 선택을 열어줄 뿐만 아니라, 새로운 방식으로 인간 실체를 재구성하여 태아가 의사가 볼 수 있는 의료 환자가 되게 하는지를 보여줌으로써 논의를 더욱 발전시킨다. 버비크는 인간과 기술 행위자들이 얽혀 있는 그물망 속에서 인간과 기술 모두 도덕적 주체성을 공유하며, 암묵적으로 도덕적 책임도 공유한다고 주장한다. "도덕적 행위는 인간과 비인간 사이에 분배되며, 도덕적 행동과 결정은 인간과 기술의 연관성의 산물"(Verbeek 2011, 53)이라는 것이다. 라투르는 기술 혁신의 예상치 못한 효과를 강조하며, 기술 시스템은 거의 항상 원래 설계에서 구상된 목적을 수정하고 변형하여 새로운 가능성을 열고, 그 과정에서 수단과 목적이 서로 얽혀 더 이상 별개의 범주로 간주할 수 없게 된다고 주장한다. 물론 이 주장의 핵심은 기술 인공물이 인간이 정한 목적을 위한 수단일 뿐이라는 반대를 해소하기 위한 것이다. 처음에는 시각장애인을 위해 발명된 타자기부터 원래는 과학 연구자들이 연구 결과를 교환할 수 있는 장소로 의도된 인터넷까지, 한 가지 목적으로 발명된 기술이 다른 목적으로 재사용된 예가 있다.

유의미한 의사 결정을 내릴 수 있는 기술은 윤리적, 도덕적 결과를 초래하는 상황에서 행위자 역할을 수행한다. 이로 인해 이 기술을 그저 '중재자'라고 부를 수는 없다.

> 버비크처럼 분산되어 있는 대리인이 분산된 책임을 갖는 것을 의미한다고 주장할 수도 있다. 하지만 이는 기술인 공물이 프로그래밍된 행동수행을 책임져야 할 가능성이 있다는 것을 제기한다. 이는 교회에서 소란스러운 소리를 냈다는 이유로 찌르레기를 처형하고 영성체를 먹었다는 이유로 돼지를 교수형에 처했던 중세의 동물 실험을 연상시키는 잘못된 윤리적 판단일 수 있다. (Hayles 2017, 36)

무엇보다도 전통적 의미의 도덕 이론의 문제는 책임 있는 주체로서의 개별 인간에 초점을 맞춘 지극히 인간 중심적인 이론인 경우가 많다는 점이다. 책임의 지평을 인간에서 동물로 확장하는 이론도 있지만, 책임 있는 기술 행위자로서 기술 인지자의 역할에 대해 논의하는 경우는 거의 없다.[14] 헤일스에 따르면, 비인간 행위자를 제기하는 라투르 역시도 인간과 기술의 배치를 수단뿐만 아니라 목적

---

14. 일정 나이 이상의 포유류를 생명의 주체로 간주하고 윤리적 권리를 가져야 한다는 톰 리건의 제안이 그와 같은 것이다. Regan 2004.

에도 영향을 미치는 변형적 형태로도 보고는 있으나, 이에 관한 윤리적 함의를 평가할 방법은 그에게 없다. 하지만 라투르의 말처럼 총기나 사람이 총기 폭력의 주체가 아니라 총기와 사람의 연결이 실행의 주체라 한다면, 드론과 조종사의 결합은 그 자체보다 훨씬 더 강력한 위력을 발휘하는 배치라는 것이다(Latour 1999, 193).

헤일스는 기술 시스템의 인지 능력이 강력할수록 이와 관련된 결과와 변화는 더욱 광범위해짐을 지적한다. 드론, 전문 의료 시스템, 자동화된 거래 알고리즘, 감지 및 작동하는 교통 네트워크, 모든 종류의 감시 기술을 사용하는 기술 인지 시스템은 우리 주변에 존재하며 일반 대중의 눈에 띄지 않게 작동하고 있다. 이러한 기술의 효과를 분석하고 평가하기 위해서는 기술적 인지를 사실로 인식하고, 인지를 인간의 의식으로만 파악하는 오랜 전통에서 벗어날 수 있는 새로운 틀의 필요성이 제기되는 것이다. 다시 말해 헤일스의 인지적 배치는 인간의 인지 생태와 기술적 인지 간의 차이점과 유사점을 살피면서 어떻게 인지가 작동하는지를 앎으로써 윤리적 책임 문제를 논의하는 것에 그 의의가 있다.

헤일스의 의견은 무엇보다도 인지가 물질적 과정과 어떻게 다른지를 명확하게 이해하고, 인간, 비인간 생명체,

기술 시스템에서 훨씬 더 정교한 인지까지 확장할 방법을 포함하는 인지의 재정의를 제안한다(Hayles 2017, 39). 이러한 논의는 윤리적 질문을, 자유의지를 가진 주체로 간주하는 개별 인간에 초점을 맞출 것이 아니라, 자율적으로 작동하는 기술 장치와 인지 및 의사 결정 능력이 시스템 전체에 분산된 복잡한 인간-기술 배치에 집중할 것을 제안한다(Hayles 2017, 4).

이와 관련하여 본격적으로 검토해 봐야 할 것은 계산 기계로서의 인공지능과 그것을 둘러싼 윤리적 논의이다. 인공지능을 둘러싼 일반적인 오해는 기술 중립성에 대한 가정과 인공지능의 데이터와 알고리즘을 맥락적으로 분리하고 탈물질화, 탈체현한 것으로 이해하는 사고이다. 또한 계산 기계로서 인공지능이 말 그대로 지능을 가지고 있으며 자율적으로 사고할 수 있다는 착각 또한 오해의 파생이기도 하다. 하지만 사실상 인공지능은 대규모 계산을 수행하는 알고리즘 프로그램이다. 이를 더 확장해서 말하자면, "오늘날 인공 지능화된 상품으로 상용화된 장치들은 대부분 빠른 속도로 데이터를 학습하여 특정 영역에서 능력을 발휘하는 알고리즘 미디어 장치이며 빅데이터를 빠른 속도로 처리하는 탁월한 데이터 운용프로그램"(이희은 2021, 136)에 가깝다. 즉, 계산하는 기계인 인공지능은 데이터를 처리하는 알고리즘 장치인 것이다.

대규모 계산 수행 장치인 인공지능에 대한 일반적 오해에서 벗어나 그 작동을 이해하고 평가하기 위해서라도, 다양한 행위자들과 연결되는 인지적 배치로 인공지능을 이해하고 윤리적 논의를 시작할 필요가 있다. 다시 말해, 인공지능의 윤리 역시 자유의지를 가진 인간에 초점을 맞출 것이 아니라, 케이트 크로포드가 지적한 인공지능과 연결된 인프라의 문제로부터 그 논의를 검토해야 한다. 크로퍼드에 따르면, 인공지능은 "체화되고 물질적인 지능"이며, "천연자원, 연료, 인간 노동, 하부 구조, 물류, 역사, 분류를 통해 만들어진다"(크로퍼드 2022).[15] 이러한 인공지능이 가동되기 위해서는 많은 자원이 필요한데, 특히 빅데이터 플랫폼이 가동되기 위해서는 전산 기록 저장과 빅데이터 하드웨어를 실행하는 데이터센터가 필수적이다. 데이터센터는 컴퓨터 시스템과 통신장비, 저장장치인 스토리지 등이 설치된 시설, 빅데이터를 저장하고 유통하는 핵심 인프라로서, 유지와 운영을 위해서는 대규모 전력이 필요

---

15. 이에 관해 김상민은 다음과 같이 서술한다. "AI를 가동하는 장치들을 제작, 유지하기 위한 자연 자원의 추출에서부터 AI 알고리즘의 훈련과 개선을 위한 데이터 채굴, 나아가 AI 알고리즘의 완성을 위한 인간 데이터 노동의 착취에 이르기까지 지금의 자본주의가 작동하는 메커니즘은 공통적으로 추출주의에 기반한다고 볼 수 있다." 김상민 2023.

하다.

  인지적 배치로서 인공지능이 당연히도 정치적, 사회적 구조에 의존한다는 점 역시 윤리적 논의에서 빼놓을 수 없다. 인공지능은 기존의 젠더 역학에 영향을 받고 또한 이를 재생산함으로써 사회적 편견과 알고리즘적 편견을 강화한다. 이러한 사실은 알고리즘의 편향성에서도 잘 드러난다. 캐시 오닐은 알고리즘에는 인간의 편견, 오해, 편향성이 코드화되어 있다고 지적한다.[16] 알고리즘은 신탁처럼 하늘에서 떨어진 투명하고 공정한 논리가 아니라, 디지털 미디어에서 계산 작업은 패턴 인지, 패턴 식별, 메시지로서의 데이터 정보 읽기이다. 의미가 없다고 간주되는 불량(손상된) 데이터는 시스템에서 삭제된다. 이로 인해 패턴 인식 확률은 방대한 데이터에서 이미 발견되었다고 가정하는 패턴과 발견되어야 할 패턴이 어느 정도는 일치한다는 결과로 나타난다. 그러나 패턴이 반드시 실제 사실과 일치하는 것일까? 데이터에서 의미있는 정보 값을 찾아내는 패턴 식별pattern discrimination이 선호 분석을 통해 '이웃'으로 묶고 분리하고 이를 예상하고 인식하도록 개인을 '훈

---

16. 이 예시는 다음과 같다. 스칼렛 요한슨(Scarlett Johansson)은 오픈AI가 챗GPT AI 'Sky'에 자신의 목소리를 도용한 것을 소송하고 음성 삭제 판결을 받았다.

련'하면서 반향실eco chamber효과와 확증편향으로 양극화가 강화된다. 알고리즘의 데이터는 인간이 투입한 것이므로, '쓰레기를 넣으면 쓰레기가 나온다'Garbage in, garbage out는 논리가 적용된다. 따라서 논리적이고 기술적인 차별의 사용과 알고리즘적으로 강화된 패턴 인지 시스템에서 발생하는 식별 사이의 암묵적인 연관성을 추적할 필요가 있다.

유령 노동 또한 인공지능의 인지적 배치에 있어서 중요한 작동자이기에 윤리적 논의에서 고려되어야 한다. 아프리카의 값싼 아웃소싱 노동이 AI를 형성하고 있는데, 아프리카의 노동자들은 챗봇을 만드는 데서 보수를 거의 받지 못하고 착취당했으며, 자신들의 언어가 AI-언어가 되는 것을 경험했다.(Hern 2024)

무엇보다도 인공지능이 거짓을 생성한다는 점 역시 윤리적 논의에서 중요하다. 아포페니아 현상이 그 예이다. 아포페니아는 무관한 것들 사이에 의미 있는 연관성을 인식하는 능력 또는 경향이다. 관련성이 낮은 현상이나 정보로부터 규칙성이나 연관성을 추출하는 인지적 행동이 바로 아포페니아이다.[17] 아포페니아적 패턴 인식은 방대한

---

17. 흔히 인공지능은 다음과 같이 선전된다. 규칙 기반에서 뇌신경망 모델로 인공지능의 연산방식이 변해서 스스로 패턴을 인식하고 심층학습을 통해 사물의 특징 파악이 가능할 뿐만 아니라, 알고리즘 방식의 변화에 맞춰 자기학습기능을 이후 추가할 수 있는 자율 시스템이라는 것이다.

양의 데이터로 구성된 인공 신경망의 알고리즘 학습에서 과잉 식별을 거듭한다. 인간이 꿈속에서 과거의 악령에 시달리듯, 알고리즘으로 오염된 데이터를 걸러내려고 노력하지만 그저 입력된 상상을 반복한다. 이로 인해 등장하는 결과 값은 환각이나 응축 또는 변위로 해석할 수 있는 꿈이 아니다. 오히려 아포페니아는 현재의 기술적 성향을 반영한다. 아포페니아가 주로 환상적 생명체의 이미지로 보여지는 것은 기술적 행위자가 만들어낸 것이다.

이러한 아포페니아적 패턴 인식의 문제적 현상이 바로 할루시네이션hallucination이다. 할루시네이션은 대규모 언어 모델large language model이 정교해짐에 따라 인공지능 모델이 정확하지 않거나 사실이 아닌 조작된 정보를 생성하는 것을 뜻한다. 인공지능이 생성한 답변은 얼핏 논리적으로 보일 수 있지만, 질문에 정확한 답을 알지 못하면서도 답인 양 지어내어 답변한다. 챗GPT와 같은 "대화형 인공지능

특히 강조되는 것은 데이터 패턴 인식의 연산 작용이 인간의 뇌를 모방해서 작동한다는 것이다. 패턴 인식의 방법이 뇌 기능의 복제를 따른다는 것인데, 슈타이얼이 지적하듯, 그저 재현적 의미의 진실 개념에서 볼 때 이는 좋지 않은 선택이다. 인간의 뇌가 좋은 증인이 될 수 있다고 생각하는 사람은 아무도 없다. 인간의 뇌는 투영하고, 추측하고, 발명하고, 꾸미고, 잊어버리고, 추정한다. 때로는 구름 속에서 얼굴을 보기도 한다. 결과적으로 뇌 기능에 기반한 카메라는 모호한 정보를 제공한다. Steyerl 2018, 10.

의 할루시네이션은 편향되거나 부정확한 데이터, 입력에 대한 정확한 이해가 아닌 통계적 패턴을 기반으로 응답을 생성하는 모델의 경향으로 인해 발생한다"(이현정 외 2023, 32). 인터넷에서 수집된 데이터는 편향성이 존재하며, 훈련 데이터의 문제, 확률적 추론의 문제, 진실 데이터의 부재, 모델의 복잡성 등 다양한 원인과 더불어 넘쳐나는 데이터의 바다에서 부정확한 답변이 자주 일어난다.

통계 모델이 세상을 '보는' 방법이 일종의 아포페니아적인 것이라면 문제가 있지 않겠는가? 이러한 상황은 이미 우리가 받는 이메일의 스팸만 있지 않다. 웹브라우저에서는 생성형 인공지능이 만든 기괴한 이미지인 슬롭slop이라는 문제로 나타난다(Hern and Milmo 2024). '슬롭'은 웹에 올려서 누구나 볼 수 있도록 해, 눈요기이자 볼거리로 광고에 쓰이거나 거짓 뉴스의 원천으로 사용되어 사회적 신뢰를 악화시키기도 한다.

5. 나가며 : 블랙박스로서의 인지적 배치 그리고 번역

동시대의 인지적 배치는 '보이지 않는' 비의식적 인지로 작동하면서 사실상 블랙박스black box가 되고 있다.[18] 인

---

18. 블랙박스는 특정 시스템의 내부 원리가 지나치게 복잡하여 처리 과정

지적 배치를 이루는 기술적 행위자인 컴퓨터가 연산한다는 사실은 블랙박스화를 가속하는 것이다. 특히 컴퓨터의 연산은 어디에나 있으나 인간의 눈에 명시적으로 드러나지 않게 되거나 신체화와 연동하면서 점차 더 투명한 기계가 된다. 인공지능 기술이 디지털 미디어 플랫폼과 연동하여 인간과 기술을 연결하는 환경 그 자체가 되면서 기계들의 읽기와 쓰기를 작동케 하는 조건들에 대해서 알 수 없게 되는 것이다.[19]

기계는 마치 우리 없이 읽고 쓰는 것처럼 여겨지게 되고, 이들이 쓴 것들이 사실상 기계 언어로만 나타나 점점 더 인간이 읽기 어려워져 판독이 어렵게 되면서, 사용자의 언어로 보여지는 것 그 자체만으로는 앎을 보장할 수 없게 된다. 다시 말해, 계산하는 과정인 알고리즘 기술의 처리

을 이해할 수 없을 때 사용하는 용어이다. 이때 내부를 알 수 없는 블랙박스의 처리방식을 이해하기 위해서는 대상을 둘러싼 입력(input)과 출력(output)을 파악해야 한다. 블랙박스는 더 이상 협상이 고려될 필요 없는 구성물들의 집합체로 이해된다. 어떤 사물이 하나의 개체처럼 간주되는 것은 그것을 구성하는 물질적 배치들이 질서화되고 안정화되어 있기 때문이다. 이에 하먼은 다음과 같이 말한다. "전통적인 실체는 일자인 반면에 블랙박스는 다자인데, 사실상 블랙박스가 우리 속에서 견고히 유지되는 한에서만 우리는 그것을 일자로 여길 뿐이다." 하먼 2019, 73.

19. 허유선 역시 "인공지능을 단일 기술이 아니라 사회적 맥락의 복합적 기술체"로 설명하며 인공지능의 윤리를 디지털 미디어 플랫폼의 차원에서 다루어야 한다고 제시한다. 허유선 2023, 275.

적용 과정이 블랙박스화되면서, 어떤 이유에서 결과가 도출되었는지를 파악하기 쉽지 않은 것이다.

무엇보다도 측정 및 인식 장치는 항상 본질적 왜곡을 동반한다는 것 역시 블랙박스화와 밀접한 관련을 맺는다(Joler and Pasquinelli 2020). 이와 같은 이유로 블랙박스화된 인지적 배치가 어떤 방식으로 연결되고 배치되었는지를 살펴보는 방법으로 번역이 제시된다.

인지적 배치가 규범화되어 안정화된 체계가 되었을 때, 인지적 배치는 블랙박스가 된다. 번역은 배치에서 행위자들이 연결되는 과정을 나타내는데, 라투르가 미셸 세르로부터 빌려온 의미에 따르면, 인간 행위자 사이 관계만이 아니라 인간과 비인간 행위자에서도 발생하며, "하나의 신호를 전송하면서 동시에 왜곡하는 일"(블록·옌센 2017, 336)이다. 번역은 차이를 상호작용하는 것이다. 번역은 존재론적 차이를 연결하는 작업이기에 시간적 변형을 겪는다. 무엇보다도 번역은 기술적 행위자를 도구로만 간주하는 인간 중심적 규정을 폐기하고, '결합의 능동적 역량'을 회복시키는 일이다. 방법으로서의 번역의 역할은 블랙박스를 고립된 장치가 아니라, 관계로 형성된 일시적 '묶음'으로서 해석하면서, 자동장치로 여겨진 블랙박스가 된 권력의 기원과 효과를 설명하는 것에 있다. 이러한 번역은 인지적 배치의 가역성reversibility을 드러내고 "블랙박스를 열고, 사실을 다시 교섭하고, 그것들을 재전유"(라투르 2016, 267)하는 다른 배치들로 변형하여 "서로 묶는 것, 즉 장치를 만드는 것"이다(같은 책, 258). 이 점에서 번역의 방법은 헤일스가 말한 "컴퓨터는 단순히 도구가 아니라 우리가 현실이라 부르는 것을 구성하는 데 돕는 조건, 이데올로기, 가정, 실천들을 생산해 낸다"고 한 바에 접근한다.

인지적 배치에서 알 수 있듯, 비인간 행위자는 세계의 공동 구성자co-constitutor가 되었다. 헤일스가 강조하듯, 지능 기계와 관련된 윤리적 문제를 다루는 가장 중요한 요소는 "우리가 그것들과 상호작용할 때의 상호성을 인정하는 것, 우리가 그들을 창조할 때 그들도 우리를 창조한다는 복잡한 역학을 인정하는 것"이다.

특히 기술 인지자의 진화적 발전은 호모 사피엔스와는 다른 길을 걷게 될 가능성이 높다. 인지 생태학에서 기술 인지자는 이미 인간의 의식과 함께 재귀적 루프에 있기 때문에 기술의 작동에 인간 의식이 필요하지 않다. 우리의 관점에서 볼 때 기술적 인지자는 우리의 확장된 인지 체계의 일부인 것처럼 여겨지나, "우리는 도킨스와 같은 공상으로 기술 시스템에 자아가 있다면(실제로는 없지만) 인간을 그들의 확장된 인지 체계의 일부라고 볼 수 있다고 가정"을 할 수도 있다(Clark 2008). 그럼에도 어쨌든 인간과 기술 시스템은 복잡한 공생 관계를 맺고 있으며, 각각의 공생체가 관계의 특징적인 장점과 한계를 가져다준다는 것은 분명하다. 이러한 공생 관계가 발전할수록 어느 한쪽이 다른 한쪽 없이 살아가기 어려워진다.

인지 생태학적 고찰은 인지를 인간만의 고유한 능력이자 이성이나 고등 의식과 거의 동의어처럼 여겨지는 속성이 아니라 인간이 아닌 많은 생명체와 점점 더 많은 지능형 장치에 존재하는 능력으로 기술하는 새로운 시각의 필요성을 제기한다. 그렇다면 문제는 반세기 전 앨런 튜링이 질문했던 것처럼 기계가 생각할 수 있는지가 아니라, 인간의 복잡한 적응 시스템이 점점 더 인지 집합의 지능형 기술에 상호 의존하고 얽히면서 지구상의 인지자들 사이의 비의식적 인지 네트워크가 삶의 조건을 어떻게 변화시키고 있는지에 대한 질문이 될 것이다. 이 질문은 인지적 배치로 이루어지는 인지적 생태학이 권력관계와 무관한 것이 아니며 해러웨이는 "지배의 사회적 관계는 기술의 하드웨어와 논리에 내장되어 있기에, 기술 결정론의 환상"에서 벗어날 필요가 있으며, "기계는 삶을 통치하는 위협적인 사회적 관계의 순간들을 포착한다는 점에서, 권력의 지도들"(Haraway 2004, 186)이라는 점을 다시금 강조한다.

동시대에 진화를 거듭하는 인공지능 역시 권력의 지도들을 그려낸다. 앞서 지적한 패턴 식별적 알고리즘은 유사성이 연결을 낳는다는 동질성 원리를 구현하는 '호모필리'homophily를 구축하며 양극화를 일으킨다. 동질성은 소셜 네트워크를 겉보기에 무한하고도 평등한 개방적인 공간으로 제시하나 알고리즘의 원리는 시장 논리에 기반해 일련의 허술한 공동체로 분해를 가속화하고 호모필리적으로 분리하며 이를 자연화하면서 반향실 효과를 극대화한다. 패턴 식별적 알고리즘은 호모필리의 주창을 편안함, 예측 가능성, 상식이라는 명목으로 영속화하면서 선점한 미래를 실현한다(Wendy Hui Kyong 2018, 86). 더욱이 호모필리라는 메커니즘은 개인의 선호에 초점을 맞추기 때문에 제도적 차별과 경제적 상황을 무시하고 공동체와 집단 행위를 만들어내는 데 필요한 인프라를 모호하게 만든다.

문제는 어떻게 불연속성으로 패턴을 만들고 형성하는지, 패턴을 어떻게 인식하고 양성하는지를 탐색하면서 군집화cluster를 유사성이 아닌 차이로 나타내는 알고리즘 모델, 차이를 차별로 자연화하지 않는 새로운 패턴 그리고 다른 추천 시스템의 네트워크를 생성하는 것이다. 인간과 기계가 어떻게 훈련되고 '인증'authentication되며 상호 '학습'되는지를 추적하면서 추천 시스템과 네트워크 알고리즘에 의해 활성화된 선점된 미래에서 벗어나 새로운 패턴을 만들어 낼 수 있는 개입의 자리이자 새로운 형태의 관계인 인지적 생태를 마련하는 것이 중요하다.

번역의 방식은 통제 대신 시스템 역학을 결정적으로 변화시켜 인지적 배치를 다른 방향으로 보낼 수 있는 변곡점을 찾는 것이다. 인지적 배치를 번역하는 것은 특정 현장에서 인간과 기술 인지의 상호 침투가 어떻게 작동하는지를 파악하고 어떻게 사용될 수 있는지에 대한 지식과 그 개입을 논의한다. 그 개입의 단초를 위해서라도 매체를 그저 중재자나 매개가 아니라 인간의 존재 조건인 환경으로 이해하고, 특히 디지털 미디어 플랫폼을 인지적 배치로 설명하여 윤리적 비전을 마련할 필요가 있다. 이로부터 번역은 의식적 행위성을 인간 정체성의 본질로 보고 개인을 책임과 자유의지의 장소로 여기는 자유주의적 비전을 거부하고 인간과 비인간의 공생을 위한 포스트휴먼 윤리 탐구의 방법론으로 작동할 수 있다.[20]

---

20. 이에 대한 보다 구체적 연구는 다음을 기약하며, 여기서는 인공지능과 같은 비인간 행위자와 인간 행위자 사이의 정보 '소통(커뮤니케이션)'과 접속의 차원에서 번역의 문제를 제기할 필요성을 드러내는 것으로 갈음하고자 한다.

:: 참고문헌

김상민. 2023년 6월 29일.「채굴되는 지구, 추출되는 데이터 — AI 시대의 지도 그리기와 예술」.『서울시립미술관 코랄』. http://semacoral.org/features/sangminkim-mining-the-earth-extraction-of-data-mapping-artificial-intelligence-ai-and-arts.

김재희. 2017.『시몽동의 기술철학』. 아카넷.

들뢰즈, 질·펠릭스 가타리. 2001.『천개의 고원 — 자본주의와 분열증 2』. 김재인 역. 새물결.

라투르, 브뤼노. 2016.『젊은 과학의 전선』. 황희숙 역. 아카넷.

라투르, 브뤼노·스티브 울가. 2019.『실험실 생활』. 이상원 역. 한울아카데미.

문희철. 2025년 1월 31일.「中 딥시크 개인정보 유출 논란에 … 우리나라 정부도 확인 나서」.『중앙일보』. https://www.joongang.co.kr/article/25310850.

블록, 아네르스·토르벤 엘고르 옌센. 2017.『처음 읽는 브뤼노 라투르』. 황장진 역. 사월의책.

시몽동, 질베르. 2011.『기술적 대상들의 존재 양식에 대하여』. 김재희 역. 그린비.

위너, 랭던. 2010.『길을 묻는 테크놀로지』. 손화철 역. 씨아이알.

이현정 외. 2023.「인공지능 할루시네이션에 대응하는 질의 개선」.『(사)ICT플랫폼학회 추계학술대회 논문집』10(2).

이희은. 2021.「"기계는 권력의 지도": AI와 자동화된 불평등」.『문화/과학』105.

크로퍼드, 케이트. 2022.『AI 지도책』. 노승영 역. 소소의책.

클락, 앤디. 2015.『내추럴-본 사이보그』. 신상규 역. 아카넷.

하먼, 그레이엄. 2019.『네트워크의 군주』. 김효진 역. 갈무리.

허유선. 2023.「디지털 미디어 플랫폼과 디지털 윤리학 — 디지털 미디어 플랫폼 윤리를 위한 예비적 고찰」.『철학·사상·문화』42.

헤일스, 캐서린. 2013.『우리는 어떻게 포스트휴먼이 되었는가』. 허진 역. 열린책.

Chun, Wendy Hui Kyong. 2018. "Queerying Homophily." In *Discrimination*, 59~98. Minneapolis : University of Minnesota Press.

Clark, Andy. 2008. *Supersizing the Mind : Embodiment, Action, and Cognitive Extension*. Oxford : Oxford University Press.

Damasio, Antonio. 2012. *Self Comes to Mind : Constructing the Conscious Brain*. New York : Vintage Books.

Grosz, Elizabeth. 2002. "A Politics of Imperceptibility : A Response to 'Anti-racism, Multiculturalism and the Ethics of Identification.'" *Philosophy of Social Criticism* 28 : 463~472.

Haraway, Donna. 2004. *The Haraway Reader*. New York : Routledge.

Hayles, Katherine N. 2017. *Unthought : The Power of the Cognitive Nonconscious*. Chicago : University of Chicago Press.

Hern, Alex. April 16, 2024. "TechScape : How cheap, outsourced labour in Africa is shaping AI English." *The Guardian*. https://www.theguardian.com/technology/2024/apr/16/techscape-ai-gadgest-humane-ai-pin-chatgpt?ref=ai-ethics.kr.

Hern, Alex and Dan Milmo. May 19, 2024. "Spam, junk ⋯ slop? The latest wave of AI behind the 'zombie internet'." *The Guardian*. https://www.theguardian.com/technology/article/2024/may/19/spam-junk-slop-the-latest-wave-of-ai-behind-the-zombie-internet.

Joler, Vladan and Matteo Pasquinelli. 2020. "The Nooscope Manifested : Artificial Intelligence as Instrument of Knowledge and Extractivism." KIM HfG Karlsruhe and Share Lab. May 1. https://nooscope.ai. (전문은 제13회 광주비엔날레(2021) 웹사이트의 한국어 번역본 참고. https://13thgwangjubiennale.org/ko/pasquinelli-joler/.)

Latour, Bruno. 1999. *Pandora's Hope : Essays on the Reality of Science Studies*. Cambridge, MA : Harvard University Press.

_____. 2002. "Morality and Technology : The End of the Means." Translated by Couze Venn. *Theory, Culture & Society* 19(5-6) : 247~260.

Regan, Tom. 2004. *The Case for Animal Rights*. Berkeley : University of California Press.

Steyerl, Hito. 2018. "A Sea of Data : Pattern Recognition and Corporate Animism (Forked Version)." In *Discrimination*, 29~49. Minneapolis : University of Minnesota Press.

Thrift, Nigel. 2004. "Remembering the Technological Unconscious by Foregrounding Knowledges of Position." *Environment and Planning D : Society and Space* 22 : 175~190.

Verbeek, Peter-Paul. 2011. *Moralizing Technology : Understanding and Designing the Morality of Things*. Cambridge : Cambridge University Press.

2부
'스마트' 담론에 대한 성찰

4장 **지능의 금융화**
     — 기계와 시장의 통합에 관하여
     오릿 핼펀 | 김지훈 옮김·해제

5장 **지능형 도시와 그 불만**
     — 스마트시티와 도시정동의 딜레마
     문규민

6장 **도시의 무인매장과 '스마트' 인구**
     홍남희

4장 지능의 금융화
— 기계와 시장의 통합에 관하여

오릿 핼펀 | 김지훈 옮김·해제

:: 옮긴이 해제

    오릿 핼펀Orit Halpern은 국내 학계에는 잘 알려지지 않았으나 북미와 유럽에서는 20세기 중반 이후 현재에 이르는 과학, 사이버네틱스, 컴퓨팅, 디자인, 사회경제적 시스템의 결연과 교환에 대한 학제 간 연구로서의 과학기술학 및 미디어학을 풍부하고도 입체적으로 예시해 왔다.

    흥미롭게도 그의 연구가 한국과 연계되는 명시적인 사례는 인천 자유경제구역 지정에 따라 2000년대부터 조성된 송도신도시에서 발견할 수 있다. 건축가 네레아 칼비요Nerea Calvillo 등과 수행한 공동 연구에서 핼펀은 송도신도시 프로젝트를 '테스트베드 도시계획'test-bed urbanism으로 규정한다. 이 프로젝트는 20세기 말부터 전 지구적으로 진행되어 온 스마트시티 계획에 속하면서도 네트워크와 컴퓨팅 인프라구조, 센서, 빅 데이터의 삼각동맹이 가져올 자기조직적인 미래 도시 공동체와 거버넌스를 위한 실험실로 부각되었다. 핼펀과 연구진은 이와 같은 실험실로서의 도시계획을 추동하는 글로벌 정보자본주의의 맥락을 고려하면서 그 계획에 내재된 시간과 공간의 인식론을 시스코^{Cisco} 등의 기업(시스코는 송도신도시의 디지털 서비스를 위해 한국통신과 협력하는 방식으로 참여했다)이 설계한 인터랙티브 데이터 솔루션과 송도신도시의 교통 및 물류 청사진 등을 검토하며 조명한다. "송도는 세계의 사실을 기록하거나 공간을 매핑하거나 대표 모델을 만드는 것이 아니라 영토라는 모델을 만드는 데 관심을 갖는 새로운 형태의 인식론을 반영한다"(Halpern et al. 2013). 모델로서의 테스트베드 도시 인식론은 도시의 모든 공간과 기능을 유기체와 비유기체 모두에 스며든 통신 네트워크와 모든 곳에서 수집되고 처리되는 상호작용적 데이터의 흐름으로 연결된 감각적, 인지적 환경으로 재구성한다. 이러한 환경은 공간과 기능의 물질적이고 상호작동적인 통합뿐 아니라 도시의 잠재적 위험 관리 및 이를 통한 지속가능성의 추구와 연결된 독특한 시간성에 근거한다. 그 시간성은 데이터의 확률론적 계산과 지속적인 피드백을 통해 관리되는, 그러나 근대적 도시계획의 이상과는 달리 합리적으로 측정 불가능한 것으로 지속하는 잠재적 재난 또는 위험(의학적 비상사태, 대기 오염을 비롯한 환경의 악화 등)으로서의 미래다. "무한성, 비규범성, 추측이라는 새로운 인식론"(같은 글, 295)과 등가적인 테스트베드 도시계획은 도시의 시간성을 영속적 불확실성과 이에 대한 대비로서의 시나리오에 대한 실험으로 변환하고, 동시대의 신자유주의적 통치성과 기술경제가 그와 같은 변환을 이끌면서 도시의 인구와 영토를 재편한다.

송도신도시에 대한 핼펀의 이와 같은 고찰은 동시대 데이터 기반 사회경제적 시스템의 역사적 기원들에 대한 탐구와 연결된다. 송도신도시의 사례는 『아름다운 데이터 — 1945년 이후 시각과 이성의 역사』(2014) 서문에 다시 한번 등장한다. 송도신도시 계획이 "인지, 커뮤니케이션, 피드백에 대한 생각을 우리의 구축된 환경, 경제, 정치에 적용하는 방식에 있어서의 역사적 변화"(Halpern 2014)를 예시하고 그 변화의 동인이 편재적인 대규모 데이터의 스마트한 흐름에 대한 유토피아적 전망이라면 그 전망은 어떤 과거의 인식론적, 기술적, 제도적 실천에서 비롯되었는가? 달리 말하면 "도시 계획, 기업 마케팅, 정부 정책 담론에서 지속가능성과 환경은 어떻게 구조, 계급, 정치를 대체하게 되었는가? 요약하자면, 대역폭을 소비하는 능력으로 이해되는 지각은 어떻게 삶 자체를 재구성하게 되었는가?"(같은 책, 5) 현재의 역사들과 관련된 이 질문들을 탐구하기 위한 핼펀의 사례들은 여러 갈래로 뻗어나가면서도 서로 연결된 회로와 다이어그램들로 이루어진 지형도를 그린다. 그 지형도에는 공간뿐 아니라 시간이, 시각뿐 아니라 시각화가 기입된다. 노베르트 위너를 비롯한 인공두뇌학자들이 구상하고 제안한 사이버네틱스는 환경의 제어와 관리를 위한 기계적·사회적 시스템이라는 점에서 신체와 공간의 통치술이지만, 제어 및 관리를 위한 피드백은 데이터의 저장 및 기억을 전제하기 때문에 시간의 통치술이기도 하다. 이때의 시간은 측정 가능한 객관적인 변수가 아니라, 불안정성과 가변성, 예측 불가능성을 포함하고 측정을 통한 평가와 예측을 촉발한다는 점에서 동시대의 컴퓨터 기반 데이터 아카이빙과 프로세싱, 관리를 예비한다. 사이버네틱스 패러다임이 가져온 시공간적인 인식론의 재편은 인지와 지각에 대한 새로운 개념을 낳았고, 이는 기요르기 케페스Gyorgy Kepes와 찰스 임스Charles Eames의 디자인, IBM과 시스코의 컴퓨터 기반 미래적 도시 청사진, 케빈 린치Kevin Lynch의 도시계획, 컴퓨터 공학과 경영학 커리큘럼 등으로 확장하면서 데이터로 연결된 시스템에 대한 다양한 시각화를 낳았다. 1960년대 컴퓨터 기반 확장영화expanded cinema까지 뻗어나간 이와 같은 시각화의 사례들은 데이터를 새로운 의식과 인지, 사회를 도입하는 미적 대상으로 전시하면서도 불안과 불안정성 또한 이 새로운 패러다임의 내재적인 모순으로 기입한다. 그래서 2차 세계대전 이후 사회기술적 영역 전반에 확산된 사이버네틱한 눈과 마음은 "신화적인 것과 예측적인 것, 아카이브적인 것과 역사적인 것을 동시에 작동시키는 시간과 진실의 상이한 여러 형식을 가지게"되고, 이 형식은 "시스템을 미래로 밀어붙이고 현재에 대한 '판단을 보류'하는 데"(같은 책, 238) 활용되어 왔다.

감지, 측정, 계산이 연합적으로 상호작동하는 스마트 공간의 역사적 기원들은 로버트 미첼과 함께 쓴 『스마트함의 명령』*The Smartness Mandate*(2023)에서 그와 같은 공간의 전지구적인 동시대 지형학과 이 공간의 분산 및 확장을 이끌어 온 신자유주의 경제 및 기계학습의 역학에 대한 탐색으로 연장된다. 이와 같은 탐색 과정에서 저자들은 스마트함을 디지털 기술이나 그 기술이 적용된 환경을 넘어 하나의 인식론, 즉 세계 속에서 그 세계에 작용하기 위한 지식과 재현의 방식으로 정립한다. "스마트함을 인식론으로 다룬다는 것은 인공지능과 기계학습을 단순히 계산 문제를 해결하는 기술이 아니라 세계를 논리 게이트, 네트워크 지능, 분산된 인구의 관점에서 다루는 방식으로 접근하는 것을 의미한다"(Halpern and Mitchell 2023, xi). 이와 같은 인식론에서 계산은 단순한 수학적 기법이 아니라 신자유주의가 위기관리의 방편이자 지속가능성의 부과 모두로서 내면화해 온 충격 또는 위기를 다루기 위한 사회기술적 관행이다. 이와 같은 가정은 한편으로는 송도를 중심으로 한 21

세기의 테스트베드 도시계획에 대한 분석의 연장한 것이고, 다른 한편으로는 이와 같은 실험적 도시계획이 데이터 관리 및 인프라구조의 수준에서 상정한 위험과 예측이 갖는 함의를 나오미 클라인Naomi Klein의 잘 알려진 '재난자본주의'disaster capitalism와 '충격 독트린'shock doctrine의 맥락, 그리고 팬데믹 위기에 대한 대응의 맥락에서 업데이트한 것이다. 후자의 맥락에서 보면 스마트함의 인식론은 도시계획을 넘어 사회경제적 영역 전반에서의 기술적, 제도적, 행정적 인구 관리에 적용되어 왔다. "스마트함은 각 개인이 생물학적으로 구별될 뿐만 아니라 습관, 지식, 소비자 선호도와 같은 '사회적' 특성 측면에서도 구별된다고 가정하며, 이러한 개별 차이들에 대한 정보를 유용하게 집단화하여 특정 변화에 직면했을 때 번성하거나 불안정해지는 데이터의 하위 집단을 알고리듬이 찾을 수 있다고 가정한다"(같은 책, 8). 스마트함을 이끄는 알고리듬의 역할은 개별적으로 흩어져 있는 개체와 기능들이 그들이 속한 시스템 전체를 알지 못하더라도 그 시스템 내의 작동 및 변화에 참여하도록 조정하는 것이다. 즉 스마트 도시에서 특정 기능을 위해 스마트폰을 활용할 때 우리는 그 도시 전체는 물론 스마트폰 내 알고리듬과 프로토콜의 정확한 작동 방식, 나아가 스마트폰에 부착된 자신의 주체성에 대해 세세히 알지 못하더라도 그 도시의 적응 및 변화에 기여하는 셈이다. 스마트함의 인식론은 『아름다운 데이터』와 유사하게 공간과 시간의 축으로 전개되어 왔다. 공간적으로 글로벌 정보자본주의는 스마트 도시, 자유무역 지대, 스마트 광업 및 물류 지대 등을 가로지르며 영토를 데모 지대^{demo} ^{zone}로 변환해 왔다. 생태학 및 시스템 과학, 게임 이론을 포용한 경제 및 경영 이론과 도시계획 이론에서 발달한 데모 지대란 송도신도시가 예증하듯 테스트와 실험에 맞게 기술, 환경, 주체를 재설계함을 뜻하고, 그 재설계에 내장된 논리는 알려지지 않은 재난과 위험, 즉 구조적인 불확실성이다. 핼펀과 미첼은 데모 지대에서 어떤 새로운 것을 뜻하는 출현/창발^{emergence}과 위협적인 새로운 것을 뜻하는 비상사태^{emergency}의 구별이 무화된다는 점을 지적한다. 따라서 데모 지대는 자연스럽게 미래의 시간성을 수반한다. 그 시간성을 구축하는 사회기술적 논리는 최적화^{optimization}와 회복탄력성^{resilience}이다. 산업 자본주의 시대 작업장의 작동 및 생산 효율화를 위한 과제로서 파생된 최적화 패러다임은 2차 대전 이후 시스템적 사고를 채택한 여러 과학 분야(생물학, 진화심리학 컴퓨터 과학)와 도시계획, 경영학, 금융 경제학 등에서 방법론이자 목표로 채택되고 확산되어 왔다. 환경의 최적화는 잠재적인 충격에의 적응을 통해 추구되기 때문에 변동성과 안정화를 포함한 회복탄력성 개념을 자연스럽게 수반한다. 따라서 스마트함은 회복탄력성을 "모든 분야에서의 영속적 불확실성을 관리하고 세계가 사실상 너무도 복잡하여 예상치 않은 사건들이 규범이 된다는 전제를 촉진하기 위한 보다 일반적인 전략"(같은 책, 23)으로 상정한다. 도시와 인프라구조의 스마트함을 향한 명령은 미래의 불확실성을 인식론적 가치로 내장하고, 그 가치는 대규모의 데이터 수집 및 분석을 위한 컴퓨터 기반 기법(기계학습 포함), 그러한 기법에 근거한 도시 설계 및 경영에서의 미래 시나리오 계획, 그리고 미래의 위험을 회피hedge하는 투자 기법과 파생 금융상품의 확산 등으로 사회경제적 영역 전반에 전 지구적 규모로 확산되어 왔다. 적응가능성과 신진대사를 특권적인 목표로 취급하는 회복탄력적 데모 지대의 확산은 스마트 숲 프로젝트가 예시하듯, 인간과 자연 간의 근대적 경계를 행성적 차원에서 지워나가는 동시에 이들 간의 새로운 얽힘을 구축한다. "복잡성 이론이 지배하는 새로운 생태적 매트릭스에서 진정한 회복탄력성은 더 이상 단순한 지속 가능성이 아니라 적응력이다. 이러한 적응력은 숲의 여러 부분과 덤불, 나무, 토양의 다양성 사이의 상호의존성과 관계, 즉 스마트한 네트워크를 통해서만 얻을 수 있는 형태다."(같은 책, 214)

여기에서 번역 소개하는 「지능의 금융화 — 기계와 시장의 통합에 관하여」는 『스마트함의 명령』에서 다루어진 최적화와 회복탄력성의 역사적 기원 중 2차 세계대전 후 신자유주의 경제학과 연결주의 AI 패러다임의 결연에 대한 논의와 연결된다. 이 책에서 저자들은 자기조직화하는 시스템으로서의 자유 시장에 대한 하이에크Friedrich Hayek의 개념이 영감을 받은 신경가소성neuroplasticity 개념을 정교화했고 1950년대의 연결주의 인공신경망에도 이론적 근거를 제공했던 도널드 헵Donald O. Hebb과 어떻게 공명하는가를 밝힌 바 있다. 즉 이들에 따르면 "사회는 시장을 통해 조정되는 분산된 정보 네트워크에서 생겨난다"는 하이에크의 가정, 뇌의 기능을 확률론적으로 사고함으로써 뇌를 "특정한 데이터 조각이 아니라 과정, 즉 신경망 아키텍처의 저장고"로 보았던 헵의 이론, 그리고 이들을 인용하며 퍼셉트론을 "문제에 대한 기술적 해결책(어떻게 패턴인식을 자동화하는가)이 아니라 오히려 알려지지 않은 실체에 대한 질문을 제기하고 이를 학습하는 방식"(같은 책, 188, 141, 225)으로서 고안했던 프랭크 로젠블랫은 최적화와 회복탄력성의 기술적-경제적-생명정치적 매트릭스를 예비했다. 즉 이 매트릭스는 "어떻게 하면 뇌와 사회를 극도의 변동성에 회복탄력적으로 만들 수 있을지, 그리고 무엇이 인간에게 있어 트라우마라는 이름을 붙일 수 있을지에 대한 문제"에 직면하여 "트라우마를 한편으로는 정보 순환의 문제로, 다른 한편으로는 네트워크가 "학습"할 수 있는 기회로 재인식하는 것"(Halpern 2022, 337)을 추구하는 실천을 통해 구축되어 왔다. 그리고 우리는 그 매트릭스의 작동 방식을 파생 금융상품이 지배하는 금융시장은 물론 2008년 금융위기와 그 이후의 시장의 대응, 행성적 규모에서 스마트함을 부과해 온 도시계획, 물류, 컴퓨팅의 인프라구조, 그리고 코로나19 위기에 직면하여 과학, 기술, 정책, 보건, 미디어의 결연으로 추구된 회복탄력성을 통해 보아 왔다. 핼펀의 이 글은 21세기에 목격해 온 이와 같은 복합위기의 양상들을 기계와 시장의 통합, 나아가 스마트함을 축으로 한 분산된 영역들의 결연이라는 관점에서 파악할 수 있는 지적인 성찰의 기회를 제공한다. 그 성찰을 통해 우리는 오늘날 기계학습과 인공신경망을 컴퓨터과학의 진보에 기원을 둔 선형적 서사의 대단원이 아니라, 우발성과 적응성을 목표하는 사회기술적, 제도적, 물질적 결합체의 형성과 변모에 대한 담론, 상상력 및 실천의 결과로 읽을 수 있다.

옮긴이 김지훈

지능의 금융화

기계와 시장의 통합에 관하여

> 많은 수의 작은 사건들의 측면에서 노이즈는 종종 적은 수의 큰 사건들보다 더 강력한 인과적 요인이다. 노이즈는 금융 시장에서의 거래를 가능케 하며, 따라서 우리로 하여금 금융 자산의 가격을 관찰할 수 있도록 해준다 … 우리는 주로 아무것도 모른 채 행동할 수밖에 없다.
> — 피셔 블랙(Black 1986)

1986년, 동시대 금융의 창설자 중 한 명인 피셔 블랙Fischer Black은 다소 놀라운 발표를 한다. 나쁜 데이터, 불완전한 정보, 잘못된 결정, 과도한 데이터, 가짜 뉴스, 이 모든 것들이 차익거래 — 누군가 두 다른 지역에서의 환율(혹은 동일한 스택1의 가격) 사이의 약간의 차이로 이득을 보게 될 때 발생하는 수익과 같이 리스크가 없다고 여겨지는 투자들 — 를 가능하게 한다는 것이었다. 유명한 논문인 「노이즈 거래」Noise Trading에서, 그는 우리가 잘못된 정보와 정보 과부하를

---

1. * stack. 자본 시장에서 스택이란 투자 자금에 필요한 다양한 자금 조달 또는 자본 계층을 말한다.

통해 거래를 하고 수익을 얻는다고 상정했다. 네트워크로 연결된 수많은 '작은' 사건들이 대규모의 계획된 사건들보다 훨씬 강력하다고 가정할 때, 여기서 시장의 시각은 데카르트적 지배의 시각이나 충분한 정보를 가진 의사 결정자의 시각이 아니다. 노이즈가 곧 가치를 위한 인프라 구조이다.

밈 기반 투기, 대체불가능 토큰 NFT, 그리고 민주화된 옵션거래의 시대에 이런 주장은 상식으로 보일 수도 있다. 심지어는 자연스러워 보이기도 한다. 어쨌든 작은 개나 거의 파산한 쇼핑몰 기반 게임 소판매업체에 대한 농담으로서 이름이 부여된 암호화폐가 실질적으로 어떤 가치가, 하물며 수십억 달러의 가치가 있다고 진심으로 생각하는 사람이 있는가?[2] 물론 그렇게 생각하는 사람들이 있다. 과거 몇 년 동안, 막대한 재산과 주요 자금이 단지 그런 내기를 바탕으로 붕괴하고 상승했다. 돌이켜보면, 모든 사람이 '가치' 투자에 대해 완벽한 명확성을 가지고 있는 것처럼 보였지만, 동시에 아무도 그렇지 않았다. 1990년대 후

---

2. * 2013년 IBM 출신의 빌리 마커스와 잭슨 파머가 만들고 비트코인 커뮤니티의 한 사용자 닉네임을 따라 이름을 붙인 블록체인 기반 암호화폐 도지코인(Dogecoin), 그리고 2021년 주가 폭등 사태와 연루된 비디오게임 유통업체 게임스탑(Gamestop)에서 영감을 받아 탄생한 게임스탑 밈코인(GME)을 각각 가리킨다.

반 연방 준비제도이사회 의장 앨런 그린스펀Alan Greenspan이 닷컴열풍에 대해 했던 말을 인용하자면, '비합리적 과열'irrational exuberance이 이를 묘사하는 용어일 수 있을 듯하다. 하지만 그린스펀은 한 가지 중요한 지점에서는 틀렸는지도 모른다. 비합리적 과열은 시장 실패의 기호가 아니라 시장 성공의 기호라는 점 말이다.

마빈 민스키Marvin Minsky의 학생이자, 혁명적인 거래 도구인 블랙-숄즈 옵션 가격결정 모델Black-Scholes Options Pricing Model을 창안하기도 했던 블랙에게, '비합리성'은 예외가 아니라 규범, 바로 현대 시장을 위한 토대다. 블랙이 주장하기를 노이즈는 한데 모여 네트워크로 연결된 수많은 작은 행위들에 대한 것으로, 이들이 집적될 때 큰 규모의 단일한 사건이나 심지어는 계획된 사건보다도 가격과 시장에 더 막대한 영향을 미친다. 노이즈는 실제로 처리할 수 없을 만큼 너무 많은 데이터를 가진 시스템 내에 있는 인간 주관성의 결과다. 또한 노이즈는 우연치 않게도 수학적 커뮤니케이션 이론의 언어이다. 우리가 함께 네트워크로 연결되어 있고 완벽히 규제되거나 지도될 수 없는 자기조직적인 시스템의 틀 안에서 집단적 결정을 내린다는 생각은 오늘날 어디에나 있고 스마트폰의 거래 어플과 소셜 네트워크에 통합되어 있다. 더구나 행동 과학자부터 테크 사업가, 그리고 정치 전략가에 이르기까지 많은 이들이 인간의 판단에 결함이 있다는 것, 그리고 그런 결함은 문제가 아니라 소셜 네트워크와 인공지능의 개척자라는 것을 믿게 되었다.

블랙이 그의 동료인 마이런 숄즈Myron Scholes와 함께 창안했던 옵션 가격결정 모델은 금융 경제학자들에게 있어 좀 더 광범위한 한 가지 문제를 예시한다. 밀턴 프리드먼Milton Friedman의 말을 바꿔 말하자면, 그 문제란 이론 혹은 모델이 "카메라가 아닌 엔진"이라는 것이다.[3] 이 진술을 독해하는 한 가지 방식은 모델이 세계를 재현하는represent 것이 아니라 세계를 만든다make는 것이다. 모델이 시장을 만든다. 금융에서 모델은 파생상품derivative 가격 방정식이나 고속 거래를 위한 알고리듬과 같은 도구들이다. 이런

---

3. * 이 부분과 관련된 프리드먼의 정확한 표현은 케임브리지학파의 시초로 수요 공급 법칙 및 한계효용 개념을 정립한 앨프리드 마셜(Alfred Marshall)에 대한 다음의 평가다. "마셜은 세계의 사진적 복제가 아니라 세계를 분석하는 '엔진'을 구축했다"(He sought to construct an "engine" to analyze it, not a photographic reproduction of it. Friedman 1966, 35). 오히려 이 표현은 프리드먼 등의 시카고 학파에서 제안했던 금융 모델이 2차 세계대전 후 기업과 시장을 포함한 경제적 세계를 실질적으로 구축한 방식에 대한 탁월한 연구인 과학사회학자 도널드 맥켄지의 다음 책 제목을 참조했다. *An Engine, Not a Camera : How Financial Models Shape Markets*(Mackenzie 2006). 원문에는 이 책의 전체 서지가 누락되어 있지만, 이후 각주를 보면 저자가 이 책을 여러 번 인용함을 알 수 있다.

기술들에는 데이터 수집, 가격 비교, 베팅, 판매, 적기 베팅에 대한 가정들은 내장되어 있으나, 정보가 정확하다거나 '참'인지에 대한 가정, 혹은 시장을 전체적으로 매핑하거나 보여줄 수 있는지에 대한 가정들은 없다. 이런 이론들은 도구이며, 또한 사람들이 전체적인 시장이나 자산에 대한 모든 것을 알 필요 없이도 가격상 차이를 차익거래하게 함으로써 시장을 창출하도록 만든다.

도나 해러웨이Donna Haraway의 용어를 사용하자면, 이런 금융 모델들은 "신의 속임수"[4]다. 이 금융 모델들은 불확실하고, 복잡하고, 거대한 시장에 대해 전지全知와 통제를 수행한다. 또한 이 모델들은 시장이 규제될 수도 계획될 수도 없다는 이데올로기를 체화한다. 이런 도구들은 시장이 국가나 다른 조직의 계획 없이도 가치의 할당에 대한 최선의 결정을 내린다는 가상을 자연화하고 실행한다. 하지만 동시대의 노이즈 가득한 거래를 위한 이 인프라 구조는 자연스러운 것도 불가피한 것도 아니다. 이는 신자유주의 이론, 심리학, 인공지능의 교차 지점에서 제작된 것이다. 오늘날 우리가 상상의 부로 향하는 경로로서 기기를

---

4. 해러웨이가 잘 알려진 논문 「상황적 지식 — 페미니즘에서의 과학의 문제와 부분적 관점의 특권」(Haraway 1988)에서 사용한 표현으로 보편적 진리가 '무에서 유'(everything from nowhere)를 관찰할 수 있는 실체 없는 과학자들에 의해 생성된 것처럼 보이는 방식을 말한다.

밀어 올리고 클릭한다면, 우리는 어떻게 해서 우리가 그렇게도 생각 없이 그리고 무의식적으로 금융과 기술의 명령을 받아들이게 되었는지를 질문해야만 한다.

네트워크화된 지능

인간의 판단이 결함이 있고 (혹은 오염되어 있고) 시장은 규제될 수도 완전히 예측되고 계획될 수도 없다는 생각은 금융거래소의 자동화와 컴퓨터화에 있어서 오랫동안 핵심적이었다. 20세기 중반 동안 거래량 증가로 인해 사무원들은 거래 기록 테이프에 뒤처지게 되었으며, 이들은 종종 특정 시간대의 특정 가격 및 거래를 누락하거나 입력에 실패하기도 했다. 인간의 오류와 느림은 가격을 배정하는 데 있어 옹호될 수 없고 '불투명한' 것으로, 혹은 임의적인 것으로 이해되기 시작했다(Kennedy 2017).

뉴욕 증권거래소의 경우에도 노동 문제가 있었다. 관리자들은 노동, 특히 저임금의 사무 노동을 관리하고 감시할 방법을 필요로 했다. 결과적으로, 1960년대에 컴퓨터화된 거래 데스크가 뉴욕 증권거래소에 도입되었다. 이 컴퓨터화된 시스템은 알고리듬적인 것, 또한 규칙에 얽매인 것으로 이해됐다. 관계자들은 컴퓨팅이 증권업을 규제로부터 구제할 것이라고 생각했다. 컴퓨터가 알고리듬적으로 규칙을 따른다면, 감독하거나 규제할 필요가 없을 것이라는 생각이었다(같은 글).

알고리듬의 합리성과 자기-규제에 대한 이런 신념은, 인간의 지능을 기계적이고 네트워크화된 것으로 재해석한 좀 더 오래된 신자유주의 전통에서 비롯되었다. 오스트리아 태생의 경제학자 프리드리히 하이에크가 쓴 1945년의 글에 따르면,

> 합리적 경제 질서에 관한 문제의 특수한 성격은, 우리가 활용해야 하는 상황들에 관한 지식이 결코 집중되거나 통합된 형태로 존재하는 것이 아니라, 모든 별개의 개인들이 소유한 불완전하면서도 종종 모순적인 지식의 분산된 조각들로만 존재한다는 사실에 의해서 정확히 결정된다. 따라서 사회의 경제문제는 단순히 '주어진'given — 만약 '주어진'이라는 말이 '데이터'가 설정한 문제를 신중하게 해결하는 단일한 정신에 주어진다는 의미로 받아들여진다면 — 자원을 할당하는 방법에 관한 문제가 아니다. 오히려 그 경제문제는 오로지 이 개인들만이 알고 있는 상대적 중요성을 가진 목적들을 성취하기 위하여, 사회의 구성원 누구에게나 알려진 자원의 가장 좋은 용도를 보장하는 방법에 관한 문

제이다. 혹은 좀 더 간단히 말하자면, 경제문제는 누구에게도 전체적으로 주어지지 않는 지식의 활용에 대한 문제이다. (Hayek 1945, 519~520)

하이에크는 인간이 주관적이고, 이성을 잃었으며, 주의력과 인지적 능력에 있어 근본적으로 제한적이라고 믿었다. 시장에 대한 하이에크의 개념 핵심에는 세계를 완전히 표상represent하거나 이해할 수 있는 어떠한 단일한 주체, 정신, 혹은 중심적 권위도 없다는 생각이 있었다. 그는 "경제적 계산이 시작되는 '데이터'는 단일한 정신에 '주어진' 전체 사회를 위한 것이 결코 아니다…그리고 그렇게 주어질 수도 없다"(같은 글)라고 주장했다. 대신 시장만이 대규모로 학습할 수 있으며, 분산된 자원과 정보를 가능한 한 최선의 방법으로 조정할 수 있도록 적절히 진화할 수 있다.

하이에크는 자신이 파시즘과 공산주의의 부상으로 이어진 민주주의 포퓰리즘의 실패라고 생각했던 것에 반응하면서 중앙 집중화된 계획이나 국가를 부인했다. 대신 그는 인간의 행위성과 시장 양자에 대한 다른 모델에 의지했다. 첫째, 하이에크는 시장이 공급과 수요의 일치에 대한 것이 아니라 정보의 조정에 대한 것이라 상정했다.[5] 둘째,

---

5. 필립 미로프스키와 같은 역사가들이 말했듯, 이는 동시대적 정보경제 관

학습과 "지식의 사용"에 대한 하이에크의 모델은 네트워크화된 지능이 시장에 체화되어 있다는 생각에 근거했다. 이 시장은 개별 인간들의 이해 범위 너머와 바깥에서 지식의 창조를 가능하게 한다.6 이것은 개체군populations에 근거한 지능이다.

환경적 지능이라는 하이에크의 생각은 신경망 모델의 발명자이자 "함께 연결된 세포들[뉴런들]은 함께 발화한다"는 이론으로 알려진 캐나다의 심리학자 도널드 O. 헵Donald O. Hebb의 연구로부터 직접 이어받은 것이다. 1949년에 헵은 『행동의 조직』Organization of Behavior이라는 책을 출간했는데, 이 텍스트는 뇌가 세계에 대한 지식을 뉴런들의 복잡한 네트워크 또는 '개체군'에 저장한다는 생각을 대중화했다. 헵의 연구는 기능적 신경가소성이라는 새로운 개념을 제시한 것으로 오늘날 유명한데, 이 개념은 부상을 당했거나, 팔다리를 잃었거나, 눈이 보이지 않거나, 폭발에 근접해 귀가 들리지 않게 된 군인 및 여타 사람들과 함께 작업하면서 발전됐다. 헵은 이 개인들이 자신의 감각적

념을 향한 중대한 첫걸음이었다. Mirowski 2002; Mirowski 2006.
6. "전체가 하나의 시장으로서 작용할 수 있는 것은, 그 구성원들이 장 전체를 조사하기 때문인 것이 아니라, 그들의 제한된 개별적 시각 장이 충분히 중첩되어 많은 매개자들을 통해 관련 정보가 모두에게 소통되기 때문이다"(Hayek 1945, 526).

질서에 변화를 겪는 동안 팔다리나 감각의 손실이 훈련을 통해 보상된다는 점에 주목했다. 따라서 그는 뉴런들이 트라우마에 적응하고 새로운 능력을 창출하기 위해 스스로를 재배선rewire할지도 모른다는 생각을 하기 시작했다.

뉴런의 재배선은 주의력의 문제일 뿐 아니라 기억의 문제이기도 했다. 헵은 뇌가 대상의 기록inscription 또는 정확한 표상을 저장하는 것이 아니라 오히려 뉴런 발화의 패턴들을 저장한다고 이론화했다. 예를 들어 아기가 고양이를 볼 때, 특정 집단의 뉴런이 발화한다. 아기가 더 많은 고양이를 볼수록, 특정한 일군의 자극이 더 많이 이 동물과 결부되며, '고양이'가 지각장에 들어오게 될 때 좀 더 동일한 뉴런 집합이 발화할 것이다. 이런 생각이 동시대의 신경망 학습이라는 생각의 기반이다. 또한 이는 하이에크에게 영감을 주었는데, 그는 1956년 『감각의 질서』*The Sensory Order*라는 책에서 인간의 인지를 상상하기 위한 핵심 모델을 제공하는 것으로 헵을 명시적으로 인용했다. 하이에크는 자유주의적 주체라는 바로 그 이념을 다시 제작하기 위해서 뇌가 네트워크로 구성되어 있다는 생각을 사용했다. 하이에크의 주체는 이성적인 객관성을 지닌 주체가 아니라, 오히려 제한된 정보를 가지고 있고 객관적 결정을 내릴 능력이 없는 주관적 주체였다.

하이에크가 냉전 시기 제시했던 알고리듬적이고, 반복 가능하고, 연산적인 의사결정이라는 개념은 18세기의 민주적 혁명 이래로 특권을 부여받았던 의식적이고, 정서적이고, 정보에 기반한 의사결정 모델이 아니었다(Erickson et al. 2015). 그는 인간의 행위성과 선택을, 정보에 기반한 기술관료적 지침이나 오랫동안 자주성sovereignty 개념과 연결되어 왔던 이성적 의사결정을 실행할 수 있는 자유로 재개념화하지 않았다. 오히려 하이에크는 행위성을 시장이나 네트워크의 일부가 될 수 있는 자유로 재공식화했다. 그는 시장 조성과 정부에 대한 집합적 혹은 사회적 모델에 토대를 둔 경제이론 혹은 정치 이론이 다수보다는 소수의 정책 입안자와 정부 관료의 이성과 객관성을 특권화하고 개인들의 행동 능력을 억누르는 데 있어 결함이 있다는 점을 분명히 했다. 따라서 자유는 이성적이고 객관적인 의사결정의 결과기 이니라 국가에 의한 강압으로부터의 자유, 혹은 선택된 경제 활동과 시장으로부터의 배제라고 하이에크는 설명했다. 자유에 대한 이런 해석은 시민권 및 적극적 우대 정책affirmative action과 관련된 동시대의 정치에 있어 진지한 함의를 지닌다.(Hayek 1960 [하이에크 2023])

기계들

신자유주의 이론은 시장 그 자체가 이성이나 일종의 자주성을 소유할 가능성을 상정했다. 이 이성은 인간의 행위들을 계획 없이, 그리고 아마도 정치 없이도 더 큰 집단에 네트워크로 연결하는 것에서 구축된다. 전후 기간 동안 커뮤니케이션 과학과 컴퓨팅이 인간 마음의 모델을 채택한 것처럼, 많은 인문과학, 사회과학, 자연과학들은 시장, 기계, 인간의 마음을 이해하려는 노력의 측면에서 컴퓨팅과 관련된 커뮤니케이션과 정보 모델에 의존하게 되었다. 게임 이론에 내재되어 있는 것과 같은 세계 모델들은 자유주의적인 인간 이성과 분리된 합리성에 대하여 부상하고 있던 생각들을 반영했다. 정치적이고 경제적인 시스템을 포함하여 시스템을 관리하는 것은 정보 처리와 분석의 문제로서 이해되기 시작했다.(Halpern and Mitchell 2023)

1956년, 일련의 컴퓨터 과학자, 심리학자, 그리고 여타 과학자들은 학습의 기계적 형식을 개발하려는 프로젝트에 착수했다. 1955년 다트머스 대학의 한 워크숍을 위한 제안서에서 존 맥카시John McCarthy는 이 새로운 개념에 '인공지능'이라는 이름을 붙였다. 마빈 민스키, 내서니얼 로체스터Nathaniel Rochester, 워런 맥컬러Warren McCulloch, 로스 애쉬비Ross Ashby, 클로드 섀넌Claude Shannon을 포함한 많은 참가자들이 기호적symbolic이고 언어적인 과정에 초점을 맞췄다면, 한 모델은 뉴런에 초점을 맞췄다. 심리학자인 프랭크 로젠블랫Frank Rosenblatt은 비인간 동물의 학습이든 아니면 인간이나 컴퓨터의 학습이든 간에 학습은 인간 뇌의 기본 구조를 시행하는 인공적이고 인지적인 장치에서 모델링될 수 있다고 제안했다(Rosenblatt 1962).

다트머스 프로그램에 제출됐던 초기 논문에서 로젠블랫은 '퍼셉트론'perceptron이라는 생각을 상세히 제시하며 자신의 동료들과 거리를 두었다. 그가 주장하길, 이런 과학자들은 "지각과 기억 같은 기능들이 실제로 뇌에 의해 어떻게 수행되는지보다는, 이런 기능들이 모종의 결정론적 시스템에 의해 어떻게 성취될 수 있는가의 문제에 주로 관심"을 가졌다. 그가 논하길, 이런 접근법은 규모의 문제와 생물학적 체계의 창발적 속성을 근본적으로 무시했다. 대신 로젠블랫은 그가 헵과 하이에크의 공으로 돌렸던 네트워크화된 인지 및 신경망 이론을 자신의 접근법을 위한 토대로 삼았다(같은 책, 5). 로젠블랫에 따르면, 뉴런들은 인지적 입력을 분류하는 네트워크 내에 존재하는 순전한 스위치 혹은 노드이며, 지능은 오로지 개체군의 수준에서만, 그리고 뉴런들 간의 상호작용의 패턴을 통해서만 창발한다.

헵 스타일의 네트워크 이론에 근거하고 있는 동시대의 신경망은 동일한 원리에서 작동한다. 신경망 내에서 동일한 자극에 반복적으로 노출된 네트워크의 집단은 함께 발화하도록 훈련되며, 각각의 노출은 그 네트워크들이 함께 발화해 객체를 '인식'recognize할 통계적 가능성을 증가시킨다. 이때 지도supervised '학습'에서 네트워크는 자신의 결과물과 원래의 입력을 비교함으로써 교정될 수 있다. 이것의 주요한 특성은 입력이 존재론적으로 정의되거나 표상될 필요가 없다는 점이다. 이는 일련의 네트워크화된 기계들이 고양이가 '무엇'인지 설명해야 할 일이 없이도 고양이를 식별할 수 있게 된다는 것을 의미한다. 오직 제휴의 패턴들을 통해서만 감각적 반응이 창발한다.

그러므로 학습의 열쇠는 "자극의 대규모 샘플"에 노출되는 것이었다. 로젠블랫이 강조했듯 이는 "기호적 논리가 아닌 확률 이론의 관점에서" 학습의 본성에 접근하는 것을 뜻했다(Rosenblatt 1962, 386~408). 퍼셉트론 모델은 마치 시장과 같은 기계 시스템이 개별 주체가 지각할 수 없는 것을 지각할 수 있을 것이라 제안한다(Rosenblatt 1958). 각각의 인간 개인이 그들이 노출되는 외부 자극의 특정한 집합에 국한되어 있는 반면, 컴퓨터 퍼셉트론은 이와 대조적으로 그저 한 개인뿐만이 아니라 오히려 인간 개인들로 이루어진 거대한 인구population의 판단과 경험의 결과인 데이터를 이용할 수 있다(같은 글, 19~20).

심리학에서의 전임자들과 마찬가지로, 로젠블랫과 하이에크 모두에게 학습이라는 관념은 시스템이 비의식적으로 혹은 자동적으로 변화하고 적응할 수 있다는 생각을 전달하는 것이었다. 이런 모델에 담긴 핵심적 생각은, 한 문제의 부분들에서 행해지는 작은 작동들이 그 부분들의 합보다 더 큰 집단으로 뭉쳐져 표상이 아닌 행위를 통해서 문제들을 해결할 수 있다는 것이었다. 하이에크와 로젠블랫 모두 이런 생각을 커뮤니케이션을 열역학의 관점에서 상정하는 정보 이론, 특히 사이버네틱스로부터 끌어들인다. 이 이론에 따르면, 다른 규모들에서 시스템은 오직 확률적으로만 그 시스템의 부분들과 관계된다. 따라서 개별 구성요소들을 계산하는 것은 전체 시스템의 행위를 표상하거나 예측할 수 없다.[7]

'표상'에 대한 이러한 부인은 더 큰 데이터 집합을 향한 욕망, 그리고 적어도 이론적으로는 데이터에 의해 추동될 신경망의 비지도학습 unsupervised learning을 향한 욕망을 지속적으로 부채질해 왔다. 하이에크 그 자신이 점차 (인간의) 의식 없이도 계산될 수 있는 데이터가 풍부한 세계라는 가

---

7. 하이에크의 사유에 있는 비의식적 성장과 진화라는 관념을 생산하는 데 있어 사이버네틱스와 시스템 이론이 미친 영향을 보기 위해서는 다음의 문헌을 참고하라. Lewis 2016; Oliva 2016.

상을 지지했다면, 로젠블랫의 퍼셉트론은 이 이론이 함축하고 있는 인간 주체성, 생리학, 심리학 및 경제의 재구성과 재조직을 기술적으로 표명한 것이었다.[8] 그 가상 및 이론 모두는 정부를 통해서가 아니라 인구의 규모에서 이루어지는 기술적 의사결정이 포퓰리즘의 위험이나 인간 판단의 오류를 완화해줄 수 있다는 믿음의 결과였다. 결과적으로 새천년의 전환기에 신경망은 마음의 내부에서부터 전자거래 플랫폼과 글로벌 시장의 행성적 네트워크에 이르기까지 규모를 변경할 수 있는 네트워크화된 의사결정이라는 생각(및 이데올로기)의 화신이 되었다.

파생

전통적으로 자산이나 주식을 매수할 수 있는 옵션의 가격이 얼마여야 하는지 결정하는 일은 거래자들에게 어려운 일이었지만, 1970년대까지의 가정은 주식을 매수할

---

8. 그는 분명히 알프레드 노스 화이트헤드의 말을 인용하길 좋아했다. "우리가 무엇을 하고 있는지 생각하는 습관을 길러야 한다는 것은…심히 잘못된 뻔한 말이다. 정반대의 경우도 마찬가지다. 문명은 우리가 생각하지 않고도 수행할 수 있는 중요한 활동(operation)의 수를 확장함으로써 진보한다." Moore 2016. 나는 하이에크, 민주주의, 정보를 둘러싼 논쟁들 대부분에 대한 무어의 훌륭한 논의에 큰 빚을 지고 있다. 이 인용문은 Hayek 1945에서 발췌한 것이다.

수 있는 옵션의 가치는 반드시 그 기반이 되는 주식 자체의 기대 수익률과 관련이 있을 것이며, 이는 다시 주식을 발행하는 회사의 건전성과 수익성의 함수function가 된다는 것이었다.[9] 이런 이해는 가치의 객관적 측정을 전제할 뿐만 아니라 모델 자체가 세계 어딘가의 바깥에 실재하는 무언가를 표상하거나 추상한다고 전제한다.

1973년, 블랙과 그의 동료 마이런 숄즈, 로버트 머튼 Robert Merton은 옵션 가격을 미래와 연계하는 새로운 방식을 제공하기 위해 블랙-숄즈 옵션 가격결정 모델을 소개했다.[10] 금융의 역사에서 이 모델을 고유하게 만들었던 것은 이 모델이 옵션의 가격을 옵션 만기일에 있음직한 기반 자산의 가치에 대한 어떠한 예상으로부터도 분리시켰다는 것이다. 오히려 블랙과 숄즈에게 핵심적인 가치는 주식

---

9. 19세기와 20세기 초 가격결정 옵션을 위한 모델에 대한 설명으로는 다음을 참조. MacKenzie 2006, 37~88.
10. 파생금융 가격결정 모델의 공식화한 것으로 가장 많이 알려진 세 명은 인공지능의 선구자 마빈 민스키의 지도를 받은 응용수학자 블랙, 유진 파마(Eugene Fama) 아래에서 박사학위를 받고 MIT에 합류하게 된 시카고대학교 출신의 캐나다계 미국인 경제학자 마이런 숄즈, 그리고 MIT에서 훈련받은 또 다른 경제학자인 로버트 머튼이다. 이들은 함께 블랙-숄즈-머튼 파생금융 가격결정 모델을 개발했다. 글로벌 금융화의 책임이 이 세 인물에게 단독으로 있다고 보기는 어렵지만, 이들의 역사는 지정학적-환경적 변화를 다루기 위해 새로운 연산 기법들이 제작된 상황을 보여주는 거울 역할을 한다. 다음을 참조. Szpiro 2011, 116~117.

의 예상 변동성volatility이었고, 이는 시간이 지남에 따라 가격이 오르내리는 것을 의미했다. 주식의 예상 변동성은 그 주식을 발행하는 회사의 추정된 수익성의 함수가 아니라 대신 투자시장 전체의 함수였다.[11] 다른 말로 하면, 이 가격 결정 모델은 기반 자산의 '실제' 가치가 아니라 주식이 시장 전체와 맺는 관계에 관심이 있었다.

숄즈와 블랙은 1960년대 후반 투자 회사들을 위해 컨설팅을 하면서 같이 작업하기 시작했는데, 이 회사들은 컴퓨터를 현대 포트폴리오 이론에 적용하고 차익거래를 자동화하는 것에 관여했다.[12] 숄즈와 블랙은 옵션가격 방정식을 도전적으로 제시했던 글인 「옵션 가격결정과 기업의 부채」를 다음과 같이 시작한다. "만약 시장에서 옵션 가격

---

11. 1975년에 블랙은 이렇게 말했다. "나의 초기 변동성 추정치는 주가와 배당금에 대한 10년간의 일일 데이터를 기반으로 하면, 최근의 데이터에 더 많은 가중치를 부여한다. 매월 나는 추정치를 업데이트한다. 대략적으로 말해서, 지난달의 추정치는 5분의 4의 가중치를, 가장 최근 달의 실제 변동성은 5분의 1의 가중치를 갖게 된다. 나는 또한 주식에 대한 옵션 가격의 수준이 제안하는 바와 같이, 주식의 변동성 변화, 주가가 움직이는 방향, 변동성에 대한 '시장의 추정치'도 어느 정도 활용한다"(Black 1975b, 5, MacKenzie 2006, 321, 주석 18에서 재인용).
12. '포트폴리오'는 추정된 위험도가 다르고 특정 수준의 전반적인 위험에 대해 수익을 극대화하는 것을 목표로 하는 여러 투자 상품들의 집합을 말한다. '차익거래'는 서로 다른 두 위치의 환율 또는 동일한 스택의 가격 차이를 이용하여 얻을 수 있는 수익과 같이 위험이 없는 것으로 추정된 투자를 가리킨다.

이 정확하게 결정된다면, 롱/숏(단기/장기) 포지션의 포트폴리오를 만듦으로써 수익을 확실히 하기는 불가능할 것이다." 다른 말로 하면, 사람들이 수익을 얻기 때문에 옵션 가격은 정확하게 결정될 수 없으며, 따라서 잘못된 가격 결정 — 즉, 불완전한 정보 전송 — 은 시장의 작동에 필수적이어야 한다. 이는 또한 (예를 들어 기반 자산의 실제 가치를 결정하려고 시도함으로써) 하나의 옵션에 할당된 위험을 결정하는 데 있어서 원칙적으로는 거래자가 "합리적"일 수 없음을 뜻했다. 결과적으로, 합리적인 거래자의 통찰은 자산 가격을 결정하는 데 있어서보다 주식의 변동성을 측정하는 데 있어서 더 중요할 수도 있었다.

블랙-숄즈 옵션 가격결정 모델은 당대의 신경망 이론과 신자유주의 경제이론에 내재해 있던 가정을 미래에 베팅하는 금융 도구로까지 효과적으로 확장시켰다. 이들은 주식이 그 기반에 깔린 어떤 경제적 현실의 대리체proxy나 표상이라기보다는, 물속의 무작위적이고 열역학적인 입자들의 움직임처럼 행동한다고 추론했다. 시장은 노이즈로 가득하며, 그 안의 거래자를 포함하는 행위자들은 담보의 가격과 기반 자산의 "실물"real 가치가 맺는 관계를 알지 못하며 알 수도 없다. 하지만 행위자들이 자신들의 지식의 한계를 인식한다면, 이들은 자신들이 알 수 있는 것에 집중할 수 있다. 즉, 하나의 주식 가격이 시간에 따라 어떻게 변동하는지, 그리고 이런 변동이 다른 주식 가격의 변동과 어떻게 연계되는가에 대한 것이다. 블랙과 숄즈는 시장이 모든 주식은 독립적으로 움직인다고, 또한 엔트로피와 엔탈피enthalpy 같은 정보의 측정값이 주식의 가격들이 서로에게 "신호를 보내는" 방식에도 적용될 수 있으리라고 가정했다. 이들의 혁신은 옵션의 가격을 매기기 위해서는 자산의 현재 가격과 가격의 변화를 취하고 주가의 완전한 분포를 계산하기만 하면 된다고 상정한 것이었다.[13]

논문의 출간 이후 몇 주 이내에, 수많은 기업들이 그런 가격결정 방정식을 위한 소프트웨어를 제공하게 되었다.[14] 이런 현상은 부분적으로는 그 모델이 방정식을 알고리듬적 실행에 적합하게 만든 방식으로 커뮤니케이션과 정보이론을 계산과 결합시킨 사실의 결과였다. 사람들이 블랙과 숄즈를 따라 더 복잡한 파생금융 도구들을 만들면서 컴퓨터는 가격 변동성에 대한 데이터를 획득하고 옵션가격을 계산하는 데 있어 필수적인 것이 되었다. 오늘날의 산업계 전체, 그리고 금융시장은 수학적인 커뮤니케이션 이

---

13. 머튼은 연속적 시간 개념을 추가해 가격 곡선을 매끄럽게 하기 위한 파생 방정식을 생각해냈다. 마지막 방정식은 본질적으로 정규 곡선과 브라운 운동을 병합한 것이다. Das 2006, 194~195.
14. MacKenzie 2006, 60~67.

론에서와 같이 엔트로피와 변동을 문자 그대로 측정하게 된 이런 혁신과 노이즈에 대한 그 혁신의 새로운 이해, 즉 시장에는 거짓이거나 자의적인 많은 신호들이 존재한다는 가정에서 태어났다. 그 결과 파생금융 시장은 지난 25년 동안 매년 약 25%씩 대규모로 성장하여 현재는 세계 GDP의 20배를 넘어섰다(Schaus 2018, 도표 18).

이런 금융계의 혁신 뒤에는 철저히 억압된 지정학적 역사 또한 존재한다. 파생금융 가격결정 방정식은 브레턴우즈 체제의 종말, 시민권, 탈식민화, OPEC 석유 위기의 뒤를 이어 등장했으며, 이들은 당시 일어났던 주요한 전 지구적 변화 중 일부일 뿐이다. 따라서 블랙-숄즈 모델은 정치, 통화, 그리고 상품시장에 있어서의 극단적 변동성을 길들이거나 모면하려는 시도로서 여겨질 수 있다. 헤지펀드hedge funds 같은 새로운 금융 기술 및 제도는 말 그대로 베팅을 '대비하기'hedge 위해, 즉 위험이 재분배되고, 탈중심화되고, 네트워크화되는 것을 보장하기 위해 만들어졌다. 파생금융 가격결정 도구는 특히 1970년대 OPEC 석유 및 석유 달러 위기 같은 사건에서 비롯된 변동성과 인플레이션을 다루기 위해 등장했다. 단기 베팅, 신용 스왑 및 선물 시장과 같은 파생금융 기술을 통해, 위험한 베팅은 좀 더 안전한 베팅과 결합되는 동시에 여러 지역과 시간에 걸쳐 분산되었다. 기업, 정부, 금융업자는 외관상 알기 어렵고, 이름 붙이기도 어려우며, 수량화하기도 힘든 위험에 직면하여 이런 불확실성 관리 기법들에 몰려들었다.[15] 예측의 불가능성, 인간의 의사결정의 주관적 본성, 그리고 전 지구적인 미디어 시스템의 전자 네트워킹 모두는 당대의 정치-경제적 투쟁을 회피하는 동시에 미래에 대한 베팅의 새로운 형태들을 위한 인프라 구조가 되었다.

모델과 기계들

신자유주의 경제학은 계획되고 완벽히 통제가능한 정치적 (그리고 잠재적으로는 전체주의적인) 질서라는 생각에 맞서기 위해 종종 세계를 자기조직화하는 적응력 있는 시스템으로 이론화한다. 이 이데올로기 내에서 시장은 신성한 혹은 생물학적 결정론에 가까운, 우연과 창발을 위한 역량을 띠게 된다. 결코 의식이나 계획을 통해서는 아니지만 말이다. 진화는 개별 인간의 의지적인 행동이나 합리적 결정에 반하는 것으로 상상된다. 즉 진화는 시장(이나 기

---

15. 주목할 만한 점은 글로벌 경제의 금융화를 개시했던 블랙-숄즈 파생금융 가격결정 방정식이 1973년에 도입되었다는 점이다. 이런 연결고리와 보험 및 도시 계획 분야에 대한 탁월한 요약으로는 다음을 참조. Grove 2018.

계)를 통한 네트워크화된 학습의 결과다(Ramey 2015). 인간 주체성과 지능의 이러한 네트워크화된 '본성'은 역사적 책임accountability이나 구조에 반하는 주장으로 기능할 수 있다. 만약 인간이 주관적이라면, (지금은 서로 동일한 것이 된) 사회 구조들이나 시장을 그 누구도 객관적으로 지각할 수 없을 것이다. 따라서 역사적 혹은 구조적 부정의는 의식적 계획을 통해서는 표상되거나 다루어질 수 없다. 시장의 행위를 통해서는 그렇게 할 수 있지만 말이다. 선택이나 결정을 조작하려는 의도적이거나 의식적인 노력이 자유와 지능에 대한 침해를 함의하며, 이는 곧 의도적인 계획이 시장의 '학습'하고 진화할 수 있는 능력을 막는 장애물임을 뜻한다.

시민권의 역사적 맥락과 인종적, 성적, 퀴어적 형태의 정의 및 형평성equity에 대한 요구에서 등장한 국가 개입이나 계획(예를 들면 적극적 우대조치)에 대한 부정은 신경망과 금융 도구의 모습에서 자연화되어 왔다. 우리는 기계와 시장이 서로를 당기는 이런 세계 모델에 맞게 조정되어 왔다. 하지만 이런 모델은 우리 서로가 맺는 관계와 우리와 세계와의 관계를 재제작할 수 있는 잠재력 역시 갖고 있을지도 모른다. 문화 이론가 랜디 마틴Randy Martin이 주장했듯, 알고리듬 금융과 파생 금융은 생산 및 재생산의 사회적인 과정과 분리되기보다는 오히려 부채와 불안정성의 점점 증가하는 상호 관련성, 세계화, 사회화를 실제로 보여준다. 이질적인 행위와 객체들을 재할당된 위험들의 단일한 집합체로 묶어 거래함으로써, 새로운 시장 기계는 우리로 하여금 서로에게 더 많은 부채를 지게 만들었다. 따라서 신자유주의 경제학의 엄격한 시장 논리에 적합하지 않은 새로운 방식으로 이러한 상호 부채를 어떻게 활성화할 수 있을지에 대한 정치적, 윤리적 질문이 제기된다 (Martin 2014).

미래는 우리의 기계들이 마침내 가시화한 것, 그리고 아마도 항상 그곳에 있었던 것, 즉 외관상 자연스럽다고 여겨지는 사유와 지각들의 사회-정치적인 본성을 인식하는 데 있다. 모든 시장 붕괴와 서브프라임 모기지 사태는 사회적 구성성, 그리고 시장이 자연 혹은 신성의 힘이라는 우리의 믿음을 유지시키기 위해 그것이 취하는 — 미적, 정치적, 경제적 — 작업을 드러낸다. 또한 미디어와 불가피성의 서사를 통해 미적으로 매끄럽게 처리되지 않는다면, 이런 사건들은 우리의 기계들이 어떻게 그렇게 많은 사람들을 불안정성 속에 한데 연결시켰는지를 인식할 수 있도록 한다. 이런 국면들의 잠재적인 정치는 아직 실현되지는 않았지만, 미국의 점령Occupy 운동이나 좀 더 최근으로는 2019년 흑인의 생명은 소중하다Black Lives Matter 운동이나 칠레의 긴축 반대 시위와 같은 시민권, 인종적 형평성, 그리고 환경 정의를 위한 운동들에서 이런 노력들이 있었다. 모든 컴퓨터 시스템이 프로그래밍 되어 있고 따라서 계획된 것이라면, 우리는 세계를 생각하고 지각하는 방식의 의도적이고 따라서 변형 가능한 본성에 맞서 싸워야만 한다.

:: 참고문헌

Black, Fischer. 1986. "Noise." *The Journal of Finance* 41(3) : 529~543.

Das, Satyajit. 2006. *Traders, Guns, and Money : Knowns and Unknowns in the Dazzling World of Derivatives*. Edinburgh : Financial Times Prentice Hall.

Erickson, Paul et al. 2015. *How Reason Almost Lost Its Mind : The Strange Career of Cold War Rationality*. Chicago : University of Chicago Press.

Friedman, Milton. 1966. "The Methodology of Positive Economics." In *Essays in Positive Economics*, 3~43. Chicago, IL : University of Chicago Press.

Grove, Kevin. 2018. *Resilience*. New York : Routledge.

Halpern, Orit and Robert Mitchell. 2023. *The Smartness Mandate*. Cambridge, MA : MIT Press.

Halpern, Orit, Jesse LeCavalier, Nerea Calvillo, and Wolfgang Pietsch. 2013. "Test-bed Urbanism." *Public Culture* 25(2) : 274~275.

Halpern, Orit. 2014. *Beautiful Data : A History of Vision and Reason since 1945*. Durham, NC : Duke University Press.

_____. 2022. "The Future Will Not Be Calculated : Neural Nets, Neoliberalism, and Reactionary Politics." *Critical Inquiry* 48(2). https://www.journals.uchicago.edu/doi/full/10.1086/717313.

Haraway, Donna. 1988. "Situated Knowledges : The Science Question in Feminism and the Privilege of Partial Perspective." *Feminist Studies* 14(3) : 575~599.

Hayek, Friedrich. 1945. "The Use of Knowledge in Society." *The American Economic Review* 35(September).

_____. 1960. *The Constitution of Liberty*. 2011 ed. Chicago : University of Chicago Press. [『자유헌정론』. 최지희 역. 자유기업원, 2023].

Kennedy, Devin. 2017. "The Machine in the Market : Computers and the Infrastructure of Price at the New York Stock Exchange, 1965-1975." *Social*

Studies of Science 47(6) : 888~909.

Lewis, Paul. 2016. "The Emergence of 'Emergence' in the Work of F. A. Hayek : A Historical Analysis." *History of Political Economy* 48(1) : 141~168.

MacKenzie, Donald. 2006. *An Engine, Not a Camera : How Financial Models Shape Markets*. Cambridge, MA : MIT Press.

Martin, Randy. 2014. "What Difference do Derivatives Make? From the Technical to the Political Conjuncture." *Culture Unbound* 6 : 189~210.

Mirowski, Philip. 2002. *Machine Dreams : Economics Becomes a Cyborg Science*. Cambridge : Cambridge University Press.

_____. 2006. "Twelve Theses Concerning the History of Postwar Neoclassical Price Theory." *History of Political Economy* 38 : 343~379.

Moore, Alfred. 2016. "Hayek, Conspiracy, and Democracy." *Critical Review* 28(1) : 24~47.

Oliva, Gabriel. 2016. "The Road to Servomechanisms : The Influence of Cybernetics on Hayek from the Sensory Order to the Social Order." *Research in the History of Economic Thought and Methodology* 34A : 161~198.

Ramey, Joshua. 2015. "Neoliberalism as a Political Theology of Chance : The Politics of Divination." *Palgrave Communications*. https://doi.org/10.1057/palcomms.2015.15

Rosenblatt, Frank. 1958. "The Perceptron : A Probabilistic Model for Information Storage and Organization in the Brain." *Psychological Review* 65(6) : 288~289.

_____. 1962. *Principles of Neurodynamics : Perceptrons and the Theory of Brain Mechanisms*. Washington, D.C. : Spartan Books.

Schaus, Michael. 2018. "Narrative and Value : Authorship in the Story of Money." In *Proceedings of RSD7, Relating Systems Thinking and Design 7*, Oct. 23 - 26, Turin, Italy. https://www.researchgate.net/figure/GROWTH-OF-GLOBAL-DERIVATIVE-MARKET-SINCE-1998-Globally-the-notional-value-of-all_fig12_328411995.

Szpiro, George G. 2011. *Pricing the Future : Finance, Physics, and the 300 Year Journey to the Black-Scholes Equation*. Kindle ed. New York : Basic Books.

5장　지능형 도시와 그 불만
　　 ─ 스마트시티와 도시정동의 딜레마

문규민

1. 스마트시티, 정동적 관점에서

스마트폰이 스마트기술이 적용된 핸드폰을 말하듯이, 스마트시티는 스마트기술을 통해 구성된 도시를 말할 것이다. 말장난 같지만 이는 스마트시티의 본질을 드러낸다. 스마트폰은 단지 기성의 핸드폰 기기에 스마트기술을 추가하거나 적용한 것이 아니라 설계와 생산의 초기 단계부터 스마트기술을 통해 만들어지듯이, 스마트시티 또한 빅데이터, 인공지능, 클라우드 사물인터넷 등의 정보통신기술Information and Communication Technology, ICT을 통해 총체적으로 또는 부분적으로 도시 공간을 구성 또는 재구성하려는 기획인 것이다. 스마트시티가 단순히 도시 공간에 ICT를 '얹는' 정도가 아니라, 그 공간의 기술적인 (재)구성을 의미한다면, 그러한 구성은 도시적 삶urban life을 크게 바꾸어 놓을 것이다.[1] 도시적 삶의 실질적인 변화라는 측면 외에도, 스마트시티는 세계적으로 국가적 차원에서 공격적으로 추진되고 있는 정책이라는 점에서도 무시할 수 없는 중요성

---

1. 근래의 한국과는 달리, 유럽이나 북미에서는 초보적인 ICT를 활용하여 시민생활을 개선하거나 에너지 소모를 줄이는 프로젝트들도 스마트시티 프로젝트로 불리고 있다. 따라서 엄밀히 말해 ICT를 통해서 도시 공간이 부분적으로 (재)구성하는 것을 목표로 하는 기획도 스마트시티 계획이라고 해야 할 것이다.

을 가진다.[2] 한국에서도 최근 대통령의 언급에서 알 수 있듯이, 스마트시티는 "혁신의 플랫폼"이자 "4차 산업혁명의 요람"으로 간주되고 있다(문재인정부 디지털 기록관 2019). 이처럼 스마트시티는 그 자체로 도시적 삶에 심대한 영향을 미칠 것이 확실하다는 점, 또한 세계적으로 각 국가의 역량이 집중되는 거대한 정책적 기획이라는 점에서 지속적으로 재검토될 필요가 있다.

스마트시티에 대해 분야를 불문하고 길지 않은 시간에 매우 다양한 영역에서 매우 많은 연구가 쏟아져 나오고 있다. 도시에 대해 연구하면서 스마트시티에 대해 이야기하지 않는다는 것은 직무유기처럼 느껴질 정도다. "스마트시티에 대한 논의는 도시학계의 관련 논의를 용광로처럼 빨아들이고 있다"(박준·유승호 2017, 129). 상당수의 연구가 스마트시티를 당연하게 달성되어야 할 목표로 설정하고 공학적 효율성이나 정책적 효과 등에 집중하는 와중에 스마트시티의 기획에 대한 비판적인 분석과 평가 또한 시도되고 있다.[3] 국내에서도 최근 들어 스마트시티에 대한 비판

---

2. 스마트시티 관련 산업의 규모는 2020년에는 4,080억 달러에 이를 것으로 전망되며, IBM, GE 등의 기업들도 이 시장에 뛰어들어 경쟁을 시작한 지 오래다. 세계적으로는 2025년까지 88개 이상의 스마트시티가 조성될 예전이다. 특히 인도와 중국의 경우 정부의 강력한 주도 아래 각기 100개, 193개의 스마트시티 건설을 계획하고 있다. 이러한 국내외 스마트시티 추진 현황에 대해서는 박준·유승호 2017, 129~130 참조.

적 접근이 이루어지고 있지만, 성공시켜야 할 국가정책의 관점에서 스마트시티에 접근하는 연구들과 비교해볼 때 많이 모자라다는 인상을 지울 수 없다(박준·유승호 2017; 도승연 2017; 박배균 2020).[4]

스마트시티 연구에서 나타나는 공학적, 정책적 접근과 개념적, 비판적인 접근 사이의 극단적인 비대칭성은 스마트시티에 대한 더 다각화되고 새로운 접근의 필요성을 시사한다. 이러한 배경에서 이 글에서는 이제까지의 연구에서 잘 다루어지지 않은 **정동**affect의 측면에서 스마트시티에 접근해보고자 한다. 기존의 스마트시티에 대한 검토는 대부분 ICT의 구현과 관련된 공학적, 기술적 측면, 또는 ICT를 활용한 도시거버넌스urban governance의 측면, 도시의 지속가능성sustainability과 도시계획의 측면 등에서 이루어지고 있다. 그런데 이런 측면들에 집중할 때, 스마트시티에서의 삶이 도시민들에게 어떻게 느껴지는지는 시야에서 사라져버린다. 어떻게 스마트시티를 건설하고 운영할 것인가how to build and run smart cities라는 문제의식 하에서는 **스마트시티**

---

3. 대표적으로 도승연 2017이 사례로 들 듯이, Kitchin and Dodge 2011과 Townsend 2013 등의 비판적 연구가 있다. Holland 2008 또한 스마트시티의 개념의 무분별한 사용을 비판적으로 검토한 적이 있다.
4. 이외에 『공간과 사회』 제27권 1호의 특집 '스마트시티의 비판적 이해'에 실린 논문들을 참조할 것.

에서 산다는 것은 어떤 것인가what it is like to live in smart cities의 측면은 간과되기 쉬운 것이다. 스마트시티는 도시민들이 느끼는 느낌, 도시적 삶에서 유래하는 정동이라는 문제, 곧 **도시정동**urban affect의 문제를 제대로 다룰 수 있는가?5 도시정동은 그 자체로 중요한 주제일 뿐 아니라, 나중에 살펴보겠지만 스마트시티라는 기획의 목적을 구성하는 행복감, 웰빙 등과 긴밀하게 연결되기에 반드시 다루어져야 할 부분이라고 생각된다. 이 글에서는 이러한 정동의 관점에서 스마트시티에 접근하고자 한다.6

이 글에서는 먼저 스마트시티의 목적이 삶의 질의 개선이며, 따라서 스마트시티의 기획은 도시정동의 문제에 필연적으로 개입할 수밖에 없다는 점을 보일 것이다. 다음으로 최근 활발히 전개되고 있는 정동에 대한 논의를 참조

---

5. 도시정동은 도시 생활에서 비롯하는 모든 정동 현상을 의미한다. 따라서 도시적 삶에서 느끼는 행복감, 만족감, 정서적 안정감, 기쁨 등은 긍정적 도시정동이 되는 반면, 우울, 불안, 불쾌, 스트레스, 슬픔 등은 부정적인 도시정동이 될 것이다. 도시정동은 정동의 하위개념이지만, 본 논문에서 다루어지는 정동은 대부분의 겨우 도시에 거주하는 도시민의 정동을 말하는 것이므로 이 글에서는 '정동'과 '도시정동'을 호환 가능한 것으로 사용하도록 하겠다.
6. 국내에서 도시와 정동을 연결시킨 연구는 그리 많지 않다. 신현준 2016; 김준수 2018; 신진숙 2019; 2020 등이 있고, 그중 신진숙의 도시정동에 대한 연구가 돋보인다. 그러나 스마트시티에서 정동의 문제를 다루는 연구는 찾기 힘들다.

하여 문제시되는 정동이란 무엇인지를 분석할 것이다. 이러한 분석에 따르면, 스마트시티는 도시정동과 관련하여 딜레마에 처하게 된다. 스마트시티가 데이터의 수집, 처리 기술에 의존하는 이상, 그리고 정동이 본질적으로 신체적인 현상인 이상, 이러한 딜레마를 피하기는 어려워 보인다. 이러한 딜레마는 현재 스마트시티의 기획이 간과하고 있는 지점들을 드러내 준다.

2. 도시문제로서의 정동

스마트시티의 목적 : 도시적 삶의 질

스마트시티에 대한 단일한 정의는 찾기 힘들다.[7] 그러나 여러 상이한 개념들 사이에서도 공통된 것은 **ICT의 적극적 활용을 통한 각종 도시문제의 해결**이다. 스마트시티에 대한 대부분의 개념화에서 발견되는 것은 스마트시티가 각종 ICT를 적합하게 활용하여 도시관리의 효율성을 높이고, 도시환경을 개선하는 프로젝트라는 것이다(4차산업

---

[7]. 스마트시티와 유사 개념들의 비교에 대해서는 박준·유승호 2017, 133이 표1을 통해 잘 정리해 두었다. 그리고 CenterforCities 2014에서는 스마트시티에 대한 정의 방식의 유형을 볼 수 있다. Center for Cities 2014(TTA 2018, 6~8에서 재인용)에서는 스마트시티의 정의는 물론 각국의 정의들을 살펴볼 수 있다.

혁명위원회 2018, 1). 이전의 유비쿼터스시티Ubiquitous City 또는 디지털시티Digital City 등과 스마트시티를 비교해 보아도, 도시문제들을 기술적으로 해결한다는 점은 바뀌지 않는다(중소벤처 기업부·TIPA·NICE평가정보 2018, 10). ICT를 활용한 도시문제 해결이라는 본질에 있어서는 변함이 없는 것이다.

ICT를 활용하여 어떤 도시문제를 어떻게 해결할 수 있을까? 스마트시티에 대한 소개에서 단골 사례로 제시되는 것이 바로 교통제어와 재난방지 시스템이다. 현재 도로를 비롯한 도시에 곳곳에서 찾아볼 수 있는 CCTV와 각종 센서는 본래 교통상황에 대한 데이터를 대량으로 수집하여 처리함으로써 교통정보를 공유하고 효율적인 교통계획을 수립하기 위한 것이다. 또한 각종 범죄와 재난에 대비하는 통합적 방재 시스템 또한 대표적인 스마트시티의 시스템이다. 국내의 사례로는 서울의 TOPIS 송도와 파주의 신도시 통합 운영센터를 들 수 있다(Yoon 2011). 이외에도 ICT의 활용이 수도, 전기, 가스 등 도시에너지의 효율적 분배와 원격진료시스템 등으로 확장될 수 있다는 점을 쉽게 상상하기는 어렵지 않다. 스마트시티에 대한 묘사에서 어떤 도시문제들이 얼마나 심각한지, 그리고 그러한 문제들이 어떤 기술을 통해 얼마만큼 개선될 수 있는지를 알아보는 것은 그리 어렵지 않다(박준·유승호 2017, 137~139).

스마트시티가 도시문제의 해결을 위한 것이라면, 도시문제의 해결은 무엇을 위한 것일까? 그것은 도시민들이 느끼는 **삶의 질**quality of life을 향상시키는 것이다. 공식적으로 제안된 스마트시티의 정의를 살펴보면 도시문제의 해결 외에도 많은 지속가능성, 생태친화성 등 이질적인 개념이 포함되어 있는 것을 알 수 있다. 가령 최봉문은 "최적화된 환경"과 더불어 "모두가 행복한 사회"를 지향하는 것으로 정의한다(최봉문 2011, 984). 국제적으로도 삶의 질은 스마트시티의 목적으로 받아들여지고 있다. 유럽연합EU은 스마트시티를 "시민의 삶의 질 개선 및 도시의 지속가능성을 높이는 도시"로 정의하고 있고, 영국의 버밍햄시의 경우 "시민이 안전하고 행복하게 느끼는 도시"로, 국제전기통신연합ITU은 공통적으로 "시민의 삶의 질"의 향상을 스마트시티의 지향점으로 정의하고 있다. 국제표준회기구 ISO도 스마트시티를 "도시와 관련된 사람에게 삶의 질을 변화시키기" 위한 것으로 정의하고 있다(TTA 2018, 8). 도시문제의 해결은 도시민들이 향유하는 삶의 질적 향상, 즉 도시적 삶의 질의 향상을 위한 것이다.

물론 스마트시티 정책들이 추진되는 실제 양상을 보면, 스마트시티에서 말해지는 '삶의 질'이란 많은 경우 단순한 레토릭 이상의 의미를 지니지 않는 것처럼 보이기도 한다. 그러나 스마트시티의 기획에서 삶의 질이 가지는 지위는 레토릭 이상이다. 삶의 질을 레토릭으로 보기에는 그것이 스마트시티의 '정의'와 관련하여 너무나 보편적으로 공유되고 있다. 물론 스마트시티 계획이 실제로는 삶의 질을 신경 쓰지 않고 편의의 극대화만을 추구하는 식으로 추진되고 있을 수 있으나, 이런 경우는 삶의 질 향상이라는 목적이 현실적으로는 무시되거나 혹은 목적-수단이 맞지 않는 사례로 보는 것이 타당하다. 실제로 삶의 질이 간과되고 있다는 이유로 스마트시티의 목적이 삶의 질이 아니라고 할 수는 없다. 이러저러한 도시문제들은 물론 중요하지만, 그런 문제들의 해결이 궁극적으로 도시민들이 체험하는 삶의 질의 향상으로 이어지지 않는다면 굳이 그 해결을 도모할 이유를 찾기 어렵다. 삶의 질은 스마트시티의 궁극적 목적이며, 궁극적 목적이 될 수 있고, 궁극적 목적이 되어야만 한다.

결국 스마트시티의 목적은 다음처럼 정리될 수 있다: 스마트시티는 ICT의 전면적이고 총체적인 활용을 통해 각종 도시문제를 효율적으로 관리, 해결함으로써 도시적 삶의 질을 향상시키고자 하는 기획이다. 도시적 삶의 질의 향상은 스마트시티의 목적에, ICT를 통한 도시문제의 해결은 그 목적의 실현을 위한 수단이 되는 것이다.

도시적 삶의 질과 도시정동

스마트시티의 개념을 위와 같이 이해할 경우, 목적과 수단 사이의 불일치가 일어나게 된다. 도시적 삶의 질이 상대적으로 주관적인 측면을 포함하는 반면, 도시문제나 그 기술적 해결은 객관적으로 측정되는 것이다. 『브리태니커 사전』에서는 삶의 질을 "개인이 건강하며, 편안하고, 생애의 사건들에 참여나 향유하는 정도"로 정의한다. 더 널리 인용되는 세계보건기구WHO의 정의에 따르면 삶의 질은 "살아가는 문화와 가치 체계의 맥락에서의, 그리고 목표, 기대, 기준과 고려와 관계된 삶에서의 위치에 대한 개인의 지각"이다. 삶의 질에 대해 보편적으로 통용되는 개념 정의는 아직 없다. 그럼에도 불구하고 대부분이 동의하는 지점은 삶의 질이 주관적인 측면을 포함한다는 것이다. 이런 주관적 측면이야말로 정량적 측정이 가능한 국내총생산GDP이나 생활 수준standard of living과 삶의 질을 차별화해준다. 삶의 질의 주관성을 분명하게 보여주는 것이 바로 삶의 질의 지표로서 **웰빙**well-being 또는 **행복**happiness이 들어간다는 점이다. 행복은 삶의 질과 거의 호환가능한 개념으로 사용될 정도로 삶의 질에 결정적인 요소다. 실제로 스마트시티의 대표 사례로 꼽히는 두바이의 경우, 행복지수를 스마트도시의 지표로 삼고 있다(Smart Dubai 2019). 그런데 이 행복은 높은 소득수준에 비례하지 않는다는 점이 지적되었고, 그래서 생활 수준의 측정을 행복의 지표로 삼아서는 안 된다는 의견이 지배적이다(Gregory et al. 2009 ; Layard 2006). 문제는 이와 같은 주관적인 행복과 객관적인 지표의 불일치가 스마트시티의 목적과 수단 사이에서도 반복될 수 있다는 점이다. ICT 활용을 통한 도시문제 해결이 시민들이 느끼는 삶의 질을 향상시킬 수 있을까? 소득이나 생활 수준과 같은 객관적인 지표가 삶의 질을 제대로 포착하는데 충분하지 않듯이, 교통, 방재, 범죄예방, 환경 등의 도시문제가 해결된다고 하더라도, 그것만으로 시민들의 삶의 질이 높아지리라는 보증은 없다. 삶의 질이 생활의 편의나 효율성과는 다른 측면을 포함하는 이상, 기술적 차원에서 도시문제를 관리하고 해결하는 것은 도시적 삶의 질을 높이는 데 있어서 필요조건의 일부가 될 수 있을지라도 충분조건은 되기 힘들다.[8]

웰빙이나 행복 등으로 대표되는 삶의 질의 주관적 측

---

8. "삶의 질은 오랫동안 정책의 명시적 또는 암묵적인 목표였으나, 적절한 정의와 측정은 어려웠다. 학제와 규모에 걸쳐 다양한 '객관적' 그리고 '주관적' 지표들, 그리고 주관적 웰빙 조사에 대한 최근의 작업과 행복의 심리학은 새로워진 관심에 박차를 가하고 있다"(Costanza et al. 2008, 11).

면이란 정확히 무엇일까? 그것은 다름 아닌 시민들의 정서emotion일 것이다. 정서를 빼놓고는 삶의 질을 유의미하게 생각조차 할 수 없다. 삶의 질은 말 그대로 삶의 양적인 측면이 아니라 질적인 측면이고, 여기서 질이라는 것은 주체에게 '느껴지는' 바를 말한다. 삶의 질의 주관적 측면이 정서라는 점은 삶의 질과 관련하여 웰빙을 연구하는 이들이 정서적 웰빙에 주목하여 다양한 정서 경험을 조사하고 있다는 사실을 통해서도 드러난다(Kahneman and Deaton 2010). 카너먼이 말하듯이 "삶의 질이 쾌락과 고통의 균형이나, 주관적인 삶의 만족도 평가로 환원될 수 없"을 것이지만, 그럼에도 불구하고 "쾌락 경험, 그리고 웰빙에 대한 주관적인 의식의 성취가 여전히 이야기의 핵심이다"(카너먼·디너·슈바르츠 2020, 10).

도시적 삶의 질을 향상하는 데 걸림돌이 되는 것이 그것의 주관성이라면, 그리고 삶의 질의 좌우하는 주관성이 다름 아닌 정서라면, 정서를 좌우하는 것은 무엇일까? 여기서 주목할 필요가 있는 것이 바로 정동이다. 정서, 느낌, 정동은 밀접하게 관련되지만 또한 구분되기도 한다. 특히 현대의 정동에 대한 논의에 있어서 정동은 의식적 정서 아래에서 작동하는 정서의 결정 요인들 중 하나로 간주된다. 그러므로 도시적 삶의 질이 본질적으로 정서에 연루된다면, 관건이 되는 것은 도시민들의 정동, 즉 **도시정동**urban affect일 것이다. 그렇다면 도시정동, 아니 정동이란 정확히 무엇인가?

정동에 대하여

정동적 전회affective turn라는 말이 나올 정도로 최근의 인문사회과학적 논의에서 정동은 크게 중시되고 있다.[9] 정서와 느낌, 정동 사이의 구분이 그리 명확하지 않기에 통상적인 논의에서 혼용되는 경향이 있다.[10] 그러나 근래의 논의는 그것들의 호환가능성보다는 차이에 주목하고 있다. 여러 구별이 제시되었으나, 여기서는 스피노자-들뢰즈적 노선에서 정동에 대한 논의를 비교적 명료하게 정리했다고 여겨지는 앤더슨Ben Anderson의 분석을 참조하고자 한다 (Anderson 2006, 735~737; Anderson and Holden 2008, 145).

앤더슨에 따르면 정동은 신체가 수행할 수 있는 바를 구성하는 비인격적인impersonal 운동이다. 느낌은 이런 인격

---

9. 현대 철학에서 논의되는 정동의 개념과 정동적 전회에 대해서는 그레그·시그워스 2016를 볼 것. 국내의 논의로는 『문화/과학』 2016년 여름호 제86호 '특집 : 정동과 이데올로기'에 실린 논문들 참조. 특히 정동 이론을 선도한 마수미(Brian Massumi)의 정동 이론에 대한 비판은 최원 2016을 참조할 것.
10. 'Affect'의 번역과 개념에 대한 정리는 Thrift 2004, 175~182를 참조.

들 내부 또는 사이에서 나타나는 정동의 표현이고, 정서는 그런 느낌들에 대해 인격적으로 부여하는 질적 규정qualification이다. 이러한 구분은 정동, 느낌, 정서가 가진 본질을 명확하게 드러낸다. 정동은 몸의 움직임이라는 점에서 신체적이지만, 나도 남도 인격적 수준에서는 지각할 수 없다는 측면에서 비인격적이다. 그 자체로는 자각되지 않는 신체 변화들, 가령 미세하게 굳은 얼굴과 구부정한 어깨, 각종 분비샘에서의 호르몬 분비, 내장근육의 수축, 혈류의 속도와 압력의 변화, 심지어 뇌 중추의 활성화 등을 정동의 사례로 들 수 있을 것이다. 반면에 느낌은 겉으로 드러나는 몸의 변화라는 점에서 표현적이며, 내가 자각할 수 있거나 혹은 내가 모르더라도 남은 지각할 수 있다는 점에서 대인적interpersonal이다. 대표적으로 낯이 붉어지는 느낌, 열을 받는 느낌, 찌뿌둥한 느낌, 처지는 느낌 등을 들 수 있을 것이다. 마지막으로 정서는 그런 느낌들에 대해 어떠하다고 확인한다identify는 점에서 규정적이며, 그 확인이 나라는 인격이 자각한 바에 준하여 이루어진다는 점에서 인격적이다. 나는 낯이 붉어지는 느낌을 부끄러움으로, 열을 받는 느낌을 분노로, 찌뿌둥한 느낌을 지루함으로, 처지는 느낌을 우울함으로 확인하고 규정한다.

이러한 분석에 따르면 정동, 느낌, 정서의 관계는 다음과 같다. 먼저 정동과 느낌, 정서 중 가장 근원적인 것은 정동이다. 정동이 느껴지고, 그렇게 느껴진 느낌이 규정됨으로써 정서가 형성되는 것이다. 인과적으로는 물론 논리적으로도 정동이 가장 앞선다. 그리고 신체와 정신을 양극으로 하는 스펙트럼을 상상한다면 정동은 그 자체가 신체의 운동으로 정의되므로 가장 신체적인 반면, 정서는 느낌에 대한 정신적 자각과 규정으로 정의되므로 가장 정신적이고, 느낌은 그 중간에 있는 것으로 생각할 수 있다. 또한 주관과 객관을 두 축으로 둘 경우, 정동은 객관적으로 지각 가능한 신체의 운동이라는 점에서 가장 객관적이며, 정서는 주체의 자각과 규정이라는 점에서 가장 주관적이고, 느낌은 객관과 주관의 사이에 있게 될 것이다. 사회와 개인을 양 끝으로 하는 연속선에서는, 정동은 비인격적, 신체적 차원에서 여러 사회적 관계와 영향에 노출되어 있다는 측면에서 가장 사회적일 것이고, 정서는 그런 관계와 영향으로부터 다소 자율적인 개인의 규정이라는 측면에서 가장 개인적이며, 느낌은 완전히 사회적이지도 완전히 개인적이지도 않은 무엇이 될 것이다.

앤더슨의 분석은 물질적 신체의 객관성이 어떻게 정신적 정서의 주관성으로 이행하는지를 보여주며, 특히 왜 유물론자들이 정동에 주목하는지를 잘 설명해준다. 정동이 정서에 우위를 가진다는 위와 같은 분석은 정신에 대한 신체의 우위, 주관에 대한 객관의 우위, 개인에 대한 사회의 우위를 지지한다는 점에서 본성상 유물론적이다. 정서와 같은 주관적이고 현상학적인 차원에 대한 설명은 객관적이고 물질적인 현실에 집중하는 유물론에 있어 약점일 수밖에 없었는데, 정동 이론은 바로 그런 차원을 설명을 가능하게 한다.

그런데 신체적이고 비인격적이라는 정동의 본성이 그것의 **사회적 재현**social representation과 관련해서는 인식론적인 문제를 일으킨다. 느낌은 정의상 나 또는 남에게 지각 가능한 신체적 표현이고, 정서 또한 언어적이거나 비언어적 방식으로 표현된다. 따라서 느낌은 사회적으로 재현이 가능하다. 그러나 정동의 경우 나나 남에게 지각되지 않고, 정의상 언어적, 비언어적으로 표현되기 전의 무엇이기 때문에 사회적 차원의 재현이 어렵다. 즉 정동은 사회적 관계에 의해 결정되는 신체 변화라는 점에서는 필연적으로 사회적이지만, 그 신체 변화가 정작 인격적으로 알려지지는 않는다는 점에서는 사회적으로 재현되기 어려운 것이다. 정동은 그 파생물인 느낌이나 정서를 통해 그 일부가 간접적으로 사회적으로 재현된다고 할 수 있지만, 본성상 사회적 재현을 초과한다. **비재현주의 이론**non-representational theory에서 정동에 주목하는 이유가 여기에 있다(Thrift 2007). 정동은 사회적 차원의 재현방식들, 즉 통용되는 언어나 담론, 기호나 이미지와 같은 표상 이전의 비재현적·비언어적·비기호적인 차원에 내재하고 있으며, 따라서 만약에 정동에 대해 알고 싶다면, 사회적 재현의 차원을 넘어서 비인격적인 신체 변화와 그 표현의 차원에 개입해야 한다.

스마트시티의 기획에 있어 목적과 수단 사이에 간극이 있다면, 그리고 그 간극을 발생시키는 것이 삶의 질에 포함된 정서고, 그 정서를 좌우하는 것이 도시정동이라면, 스마트시티의 기획이 도시정동에 대해 취할 수 있는 전략은 두 가지밖에 없을 것이다. 하나는 도시정동의 문제를 스마트시티의 기획과 무관한 것으로 배제하는 것이다. 즉 스마트시티를 **정동-배제적인**affect-exclusive 것으로 정의하는 것이다. 정동-배제적 해결은 스마트시티의 기획이 도시정동의 문제에 연루될 가능성 자체를 부정하는 것으로, 정동에 의해 좌우되는 느낌과 정서 또한 스마트시티의 기획에서 배제될 것이고 스마트시티는 기존의 도시문제들에만 집중하는 보수적인 기술적, 공학적 기획이 될 것이다. 다른 선택은 **정동-포함적인**affect-inclusive 해결이라고 할 수 있다. 이는 도시정동의 향상을 스마트시티가 해결해야 할 도시문제로서 적극적으로 수용하는 것으로, 스마트시티의 해결과제 목록에 긍정적 도시정동의 향상을 포함시키는 것을 의미한다. 앞서 보았듯이, 스마트시티의 목적이 도시적 삶의 질 향상이며 삶의 질이 웰빙, 행복과 같은 긍정 정서의 요소를 포함한다면, 그리고 정서를 좌우하는 것이 근본적으로 정동이라면, 도시적 삶의 질을 높이는 것은 오직 긍정적인 도시정동이 향상될 때에만 가능할 것이다.[11] 그런데 스마트시티의 기획은 정말 도시정동의 문제를 제대로 다룰 수 있을까? 그렇지는 않은 것 같다. 도시정동의 문제 때문에 스마트시티에 일종의 딜레마에 빠지게 된다.

3. 도시정동의 딜레마

---

11. 정동-배제적 접근은 스마트시티뿐 아니라 기술적 접근을 취하는 도시정책들 대부분에서 나타나는 일반적 경향이고, 따라서 정동의 문제는 굳이 스마트시티와 관련하여 논하기에는 너무 일반적 현상이라고 생각할 수 있다. 그러나 정동이 유독 스마트시티와 관련하여 문제가 되는 이유는, 정동이 제대로 다루어지지 못할 경우 스마트시티라는 기획 자체가 고유성을 잃고 기술적으로 세련된 도시계획 이상이 되지 못하기 때문이다. 물론 스마트시티를 그런 도시계획 정도로 받아들이고 있는 이들에게는 정동소외가 별 문제가 아닐 수 있다. 그러나 스마트시티가 이제까지 있었던 것과는 질적으로 다른 도시정책이며, 궁극적으로는 삶의 질까지 스마트하게 관리되어야 한다고 생각하는 이들에게는 삶의 질과 직결된 정동이 도외시되는 것은 큰 문제가 아닐 수 없다.

정동 소외의 문제

 일견 정동-배제적 해결은 필연적인 것처럼 보인다. 도시정동이 이처럼 사회적 재현으로부터 물러나 있다면 그것을 어떻게 알 수 있을 것인지가 불분명해진다. 정동의 비재현성은 그에 대한 인식과 개입의 가능성을 원천적으로 차단하는 것 같다. 이러한 어려움을 고려한다면 스마트시티에서 도시정동을 배제하려는 대응도 이해가 되지 않는 것은 아니다. 도시정동은 애당초 스마트시티가 해결하기에는 너무나 파악하기 어렵고 모호해 보이고, 그래서 스마트시티는 기존 도시문제의 해결에 집중하는 것이 나을 것이다.

 정동-배제적 해결의 문제점은 명백하다. 근본적인 문제는 이러한 해결이 스마트시티의 본래의 기획 의도를 왜곡할 수 있다는 것이다. 만약 도시정동이 스마트시티가 해결해야 할 도시문제가 아니라면 그것에 개입할 이유가 없을 것이고, 따라서 느낌이나 정서에 대해 개입할 가능성도 같이 없어질 것이다. 그러나 이렇게 느낌과 정서의 차원의 제거한 상태에서 과연 도시민들의 행복이나 웰빙을 어떻게 유의미하게 말할 수 있을지 알 수 없다. 행복이나 웰빙을 유의미하게 말할 수 없는 기획이 어떻게 시민들의 삶의 질을 향상시킬 수 있는지도 알 수가 없다. '행복한 도시 만들기'에서 '행복감'이 빠지게 되는 셈인데, 이런 기획이 과연 성공할 수 있을지 의심스럽다.

주어진 도시문제들을 효율적으로 해결하다 보면 자연스럽게 삶의 질도 향상될 것이라 생각할 수도 있지만, 이는 너무 순진할 뿐만 아니라 도시민들의 정서적 삶이 황폐화될 가능성을 고려하지 않는다는 점에서 위험하기까지 하다. 도시문제가 해결된 도시는 효율적이고 자동화되었으며 '큰 문제가 없다'는 의미에서 '살기 좋은' 도시일 수는 있겠지만, 그 안에 '좋은 삶'이 있을지는 미지수다. 자동화와 기술적 첨단화는 시민들이 스스로의 삶에 대한 주도권이나 통제권을 상실한다는 감각으로 이어질 수 있으며, 또 기술적인 인프라구조에 적응하는 과정에서 지속적으로 불안감과 스트레스를 받을 수도 있다. 앞서 말했듯 도시적 삶의 질은 그 개념상 주관적이고 질적인 측면, 즉 '그 도시에 산다는 것은 어떤 것인가'의 측면을 포함하는데, 정동에 대한 고려가 배제된 도시에 산다는 것이 좋지 않은 정도가 아니라 나쁠 가능성도 있는 것이다. 객관적 차원에서 도시문제의 기술적 해결에 집중하는 것은 도시적 삶의 질의 향상을 보증해주지 않는다. 그것은 오히려 도시적 삶의 질적 저하로 이어질 수도 있다.

실제로 이런 가능성을 시사하는 연구들이 있다. 스마

트시티에서의 웰빙 또는 행복에 대한 연구는 굉장히 희소한데, 그중에서도 본 논문의 맥락에서는 린춘페이 외(Lin et al. 2019)와 유추안평 외(Yu et al. 2020)의 연구를 참조할 수 있다.[12] 전자의 경우 스마트시티의 기술적 환경이 주관적 웰빙에 긍정적인 영향을 준다고 보고하고 있다. 반면에 후자는 스마트시티와 정서적 웰빙의 관계가 그렇게 단순하지 않음을 보여준다. 편의와 유용성 등은 정서적 웰빙에 긍정적인 영향을 주지만, 반대로 편의나 유용성을 위한 스마트 공공 서비스나 인프라구조는 오히려 부정적인 영향을 준다는 것이다. 그렇다면 웰빙에 대한 영향을 고려하지 않고 도시문제 해결을 위한 인프라구조를 확충할 경우 시민들의 삶에 스트레스를 줌으로써 오히려 그들의 정서적 웰빙을 해치고 따라서 삶의 질을 저하시킬 가능성이 있다. 스마트시티의 건설에서 "편의와 스트레스 사이의 트레이드-오프에서 균형을 잡아야 할 필요"가 있는 것이다(Yu et al. 2020, 116038).

이처럼 도시정동과 그 파생물들을 도외시함에 따라 도시적 삶의 질이 불안정하게 되는 문제를 **정동 소외**affect alien-

---

12. 엄밀히 말해 두 연구는 하나는 주관적 웰빙(Subjective Well-being, SWB)에 대한 것이고 다른 것은 정서적 웰빙(Emotional Well-being, EWB)에 대한 것이라는 점에서 단순 비교는 어려우나, 웰빙에 대해 찾을 수 있는 몇 안 되는 연구들이기에 현재 맥락에서는 비교가 부득이하다.

ation라 부를 수 있을 것이다. 정동 소외란 거칠게 말해 스마트시티가 시민들의 정동을 고려하지 않음으로써 도시적 삶과 정동이 따로 놀게 되는 현상이라고 할 수 있다. 이는 마치 화목한 가정을 만들겠다고 해놓고 정작 가족 구성원들의 행복감은 고려조차 되지 않는 것과 마찬가지라고 할 수 있다.

이와 같은 정동 소외는 스마트시티가 애당초 무엇을 위한 것인지를 심각하게 재고하게 만든다. 앞서 보았듯이, 삶의 질은 그 자체로 행복이나 웰빙과 관련되는 것으로 이미 정서적 개념이다. 정동을 배제하는 것은 스마트시티를 삶의 질 향상을 위한 기획일 수 없게 만든다. 물론 다루기 곤란한 삶의 질이라는 개념을 빼고 스마트시티를 재정의할 수도 있겠지만, 그렇다면 현재 스마트시티가 가진 매력은 감소할 것이다. 도시적 삶의 질의 향상이라는 전망이 제기된 스마트시티는 ICT가 좀 더 많은 생활영역에 들어온다는 점 외에는 이전의 도시계획과 차별점을 가질 수 없을 것이고, 그래서 도시의 자동화에서 고도의 효율성을 추구하는 기획 이상이 될 수 없다. 그것은 어쩌면 도시에서의 삶이 더 복잡해지고 따라잡기 힘들게 됨을 의미할 수도 있다. 어느 쪽이든, 정동 소외는 스마트시티를 의미 있게 유지하고 싶어 하는 입장에서는 받아들이기가 곤란하다.

아무리 스마트하고 편하고 효율적이라 한들, 도시민들의 행복을 책임지지 못한다면, 애당초 그런 도시를 만들 필요가 있을까?

신체 감시의 문제

정동-포함적 해결은 어떨까? 도시정동의 향상을 스마트시티가 해결해야 할 도시문제들 중 하나로 간주한다면, 정동 소외를 피하면서 삶의 질 향상을 도모할 수 있지 않을까? 스마트시티는 도시문제의 해결에 있어 ICT를 전면적으로 활용하려는 기획이고, 최근의 ICT의 발전은 눈부시다. 비록 도시정동에 인식적으로 접근하는 것이 어렵다고 하더라도 ICT의 활용을 통해 이런 장애를 돌파할 기술적 가능성은 충분하다. 그렇다면 현재 다른 도시문제들을 해결하려는 방식대로 도시정동의 문제에 접근할 수 있지 않을까? 가령 교통 문제를 해결하기 위해 센서와 CCTV를 통해 교통상황에 대한 데이터를 실시간으로 수집하고 처리함으로써 최적의 교통상황을 예측하고 구현하려 하는 것처럼, 도시 구성원들의 정동에 대한 데이터를 통해 그들의 정동과 느낌, 정서, 나아가 행복이나 웰빙의 문제들에 대해서도 유사한 해결을 시도할 수 있지 않을까? 도시의 지속가능한 운영을 어렵게 만드는 그 많은 난제에 대해 기술적 해결을 도모할 수 있다면, 도시정동의 문제는 왜 안 되겠는가?

이러한 정동-포함적 해결 또한 몇 가지 문제에 봉착한다. 우선 이론적인 문제가 있다. 아직 그에 대한 개입과 관리를 말할 정도로 정동과 느낌 정서의 역학은 확실하게 알려지지 않았다. 앞서 최근의 인문사회과학에서 이루어지는 논의에 근거하여 정동에 대한 분석을 소개했지만, 정동-포함적 해결은 그 이상을 요구한다. 도시정동의 향상을 위해 요구되는 것은 정동에 대한 생물학이나 신경과학이다. 그러나 기억, 지각, 주의, 의사결정과 같은 인지적 주제들에 비해 정동은 상대적으로 연구된 역사가 짧기에 아직 밝혀내야 할 것이 많이 남아 있다. 정동에 대한 '표준 이론'이라는 것이라고 할 만한 것은 아직 주어지지 않았다. 이 분야를 이끌어온 연구자들 또한 갱신되고 있는 최근의 연구에 영향을 받기며 결국 자신이 오랫동안 고수했던 입장을 거듭 수정하고 있다.[13] 기술적인 해결을 운운하기도 전에, 이미 정동에 대한 이론적인 이해가 확보되지 않았다는 문제가 있다.

---

13. 정서에 대한 과학 연구를 총괄한 문헌으로는 카너먼·디너·슈바르츠 2020. 정서에 대한 전통적인 입장은 애크먼 2020를 볼 것. 이에 대한 면밀한 비판은 배럿 2018의 3장을 참조.

설사 과학적 문제가 해결되고 도시정동을 기술적으로 관리할 수 있더라도, 이러한 개입이 심각한 규범적 문제를 야기하리라는 것은 명백하다. 규범적 문제는 도시정동의 향상을 위해 ICT가 적용되는 상황에서 발생한다. 것이다. 도시정동의 향상에 ICT를 적용하려 할 때 가장 기본이 되는 것은 정동에 대한 데이터를 수집하는 것일 것이다. 그런데 정동에 대한 데이터는 무엇일까? 앞서 정동은 정의상 당사자에게도 잘 지각되지 않는 신체의 운동이라고 했다. 그러므로 정동에 대한 데이터는 곧 미시적인 신체의 변화에 대한 데이터일 수밖에 없다. 다시 말해, 시민들의 신체 데이터를 수집해야만 하는 것이다. 그것도 시민들 스스로도 지각할 수 없을 정도의 내밀한 신체 상태에 대한 데이터를 대량으로 수집하여 분석해야 할 것이다. 정동이 아니라 느낌에 대한 데이터도 마찬가지다. 느낌 또한 대인적으로 드러나는 신체적 표현이고, 따라서 느낌에 대한 데이터도 개념상 대인적 차원에서 확인 가능한 신체 데이터일 수밖에 없다. 정서의 경우, 느낌에 대한 의식적 차원의 질적 규정이라는 점에서 가장 주관적이기에, 언어로 표현되지 않는 이상 데이터 수집은 어려울 것이다. 결국 정동과 유관하며 현실적으로 수집 가능한 데이터는 시민들 신체 데이터일 수밖에 없는 것이다. 그런데 이는 시민들의 신체 데이터를 마치 교통상황에 대한 데이터를 수집하듯이 수집해도 되느냐는 문제를 제기한다. 이는 시민들의 스스로의 신체에 대한 권리에 심각하게 침해하게 된다. 이처럼 도시정동의 기술적 해결을 위해 시민들의 의사와 무관하게 그들의 신체 데이터를 수집하게 되는 문제를 **신체 감시**body surveillance의 문제라고 할 수 있을 것이다.

정동-포함적 해결이 어떻게 신체 감시 문제를 일으키는지를 이해하기 위해서는 스마트시티의 설계에 제안되었거나 실제로 활용되고 있는 **정동 계산**affective computing에 대해 알아볼 필요가 있다. 정동 계산이란 정서 탐지emotion detection와 관련된 계산 기술 전반을 아우르는 개념이라고 할 수 있다. 최근 주목받고 있는 소위 '정서 인공지능'emotional AI 또한 여기에 포함된다.[14] 정동 계산 또한 데이터 과학의 일종이므로, 정서 데이터 수집이 가장 기초가 된다고 할 수 있다. 파르비치Luisa Farbizi가 제시한 정서 수집기emotion collector의 분류가 여기서 유용하다(Farbizi 2014, 7). 파르비치는 정서 수집기를 개인 모바일 앱 기반 탈착형 기기wearable based on personal application과 상호작용적 노상 설비interactive street

---

14. 정동 계산의 기본 개념과 이론, 연구에 대해서는 Picard 1997와 Picard and Klein 2002, 그리고 MIT 미디어랩의 피카드의 연구그룹을 참조: MIT Media lab. n.d. 정동 계산과 관련된 윤리 문제에 대해서는 Reynolds and Picard 2004와 Bullington 2005, 98를 참조.

furniture로 나눈다. 모바일 앱 기반 탈착형 기기는 시계나 액세서리처럼 착용 가능한 기기들로 사용자의 정서에 대한 데이터를 스마트폰 앱으로 전송한다. 반면 상호작용적 노상 설비로 분류되는 방식은 곳곳에 설치된 카메라 또는 센서를 통해 안면인식은 물론 자세, 행동 패턴 등과 관련된 데이터를 수집하는 것이다.

우선 문제가 되는 것은 표준 이론의 부재다. 수집된 데이터를 처리하여 시민들의 정서 상태를 실시간으로 읽어낸다고 한들 그것이 정확하다는 것을 어떻게 알 수 있을까? 가령 어떤 근거에서 얼굴에서 정서로 이행할 수 있을까? 안면인식의 정확성이 과연 정서에 대한 신빙성 있는 데이터가 된다고 할 수 있을까? 이 때문인지 최근 정동 계산 특히 안면인식 기술을 통한 정서 읽기가 잘 통하지 않는다는 보고가 나오고 있다. 특히 최근 중국의 사례는 아직은 정동 계산 기술의 상용화가 시기상조라는 점을 보여준다. 실제로 안면인식에 의존하는 정동 계산은 위양성 문제에 시달려 왔다(Bullington 2005, 96). 쉽게 말해 슬픈 얼굴을 한다고 해서 반드시 실제로 슬픈 것은 아니고, 기쁜 얼굴을 한다고 해서 반드시 기쁜 것도 아니라는 것이다. 얼굴의 표정이 신빙성 있는 지표가 되지 못한다면, 얼굴의 특징을 정확하게 추출하고 식별한다 한들 정동을 읽어내

는 데는 별 소용이 없을 것이다.[15]

무엇보다 두 수집 방식 모두 심각한 윤리적 문제에 봉착하게 된다. 그것은 신체 프라이버시의 침해와 관련된 문제이다.[16] 탈착형 기기를 통해 정동 관련 데이터를 수집한다는 것은 나의 물리적인 행동 패턴은 물론 사회적인 행동 패턴들이 일일이 앱으로 기록되고 전송되어 정동 계산에 사용된다는 것을 의미한다. 나아가 앱 기반 탈착형 기기가 더 직접적인 정동 데이터, 즉 체온, 심박수, 피부전도율, 표정, 목소리의 톤 등의 **생체인식 데이터**biometric data를 수집하는 데도 그대로 응용될 수 있다는 점을 고려하면, 이러한 데이터 수집방식의 문제는 분명하다. 실제로 이런 기술들은 현재 진지하게 제안되고 있다(Jabbari et al. 2019). 상호작용적 노상 설비 또한 마찬가지다. 외부의 카메라를 통해 정동 데이터를 수집하는 것은 모바일 앱 기반 탈착형 기기보나는 널 산섭적이라는 점에서 강점을 가지지만, 그 또한 이미 CCTV와 관련된 논의에서 분명히 알 수 있듯이 언

---

15. 실제로 정서 AI가 그리 잘 작동하지 않는다는 보고가 많다. 예를 들어 Kushner 2019 참조.
16. 실제로 프라이버시 침해와 관련해서는 이미 북미와 EU를 중심으로 한 데이터 보호(data protection) 관련 논문들이 많이 나온 바 있다. 본 논문의 맥락에서는 프라이버시 침해 중에서도 생체인식 기술과 관련된 것이 중요할 것이다. 이와 관련된 일반적인 논의를 위해서는 전명근·문기영 2005 그리고 박주상 2007을 참조.

제나 프라이버시 침해나 집단적 감시와 관련된 규범적 문제에 고질적으로 휘말릴 수밖에 없다. 실제로 정동 계산을 위해 활용되는 감시 기술들은 생체인식 감시 기술^{biometric surveillance}로 불린다. 안면 인식 기술이 본래 테러나 범죄를 방지하기 위해 개발된 것이라는 사실을 상기한다면, 정동 계산을 위해 수집된 데이터가 개개인에 대한 감시와 추적, 사찰 등에 활용될 위험도 무시할 수 없는 것이다.[17]

이 같은 상황은 정동, 느낌, 정서의 특징을 그대로 반영하고 있다. 도시정동을 관리하려는 최근의 기획은 정동 데이터를 소통되는 언어나 통용되는 이미지, 기호들로부터 수집하려 하지 않는다. 정동 계산은 대부분 신체인식 데이터에 의존하고 있는데, 이는 정동이 그 자체로는 사회적으로 재현되지 않기 때문이다. 다른 한편 스마트시티 시민들

---

17. 파르비치가 실제로 사용한 것은 라티아(Neal Lathia)와 그 동료들이 만든 EmotionSense라는 탈부착 기기다. EmotionSense가 정서에 대한 데이터로 삼은 것은 사용자의 행동유형과 주변 소음이었다. 그뿐만 아니라 EmotionSense는 사용자의 사회적 행동도 측정했는데, 문자와 통화 횟수, 스마트폰의 스크린 상태와 SNS 등 사회적 매체 사용까지 데이터로 사용했다. 비록 실험을 위해 일곱 명의 지원자들에 대해 제한적으로 시도되었지만 이런 수집방식은 그 자체로 심각한 개인 데이터의 유출일 수밖에 없다. 그러나 사용자들은 너무 간접적이고 쓸모가 없어서 EmotionSense를 제대로 사용하지 않았고, 결국 파르비치는 탈부착형 기기 대신 다른 방식으로 정서 데이터를 수집하는 것으로 실험 설계를 바꿀 수밖에 없었다. Farvizi 2014, 21~22.

의 정동에 대한 데이터는 안면인식 기술을 통해 얼굴이라는 신체 표면으로부터 수집된다. 이것은 정동이 본질적으로 신체의 변화이자 신체적으로 표현되는 것이라는 사실을 전제하는 것이다. 나 스스로 알아차리기 힘들지만 카메라에 찍혀서 분석되는 나의 어렴풋한 표정이란, 그 자체로 정동에 대한 하나의 사례이다. 스마트시티가 도시정동을 증진하기 위해 얼굴이라는 신체 데이터에 의존한다는 사실은 정동이 본질적으로 비재현적이며 신체적임을 시사하는 것이다.

신체 감시의 문제를 피하면서도 정동 데이터를 수집하는 일이 가능하지 않을까? 실제로 이런 기술들이 제안된 바 있다. 가장 흔한 것이 바로 SNS 사용 데이터를 정동 데이터로 활용하는 것이다. 이미 트위터의 업데이트 포스팅이나 또는 해시태그를 대상으로 텍스트 분석을 함으로써 대중이 정서를 추론하는 연구가 진행된 바 있다(Bollen et al. 2011; De Choudhury et al. 2012). 모바일 기기 사용 또한 정서 데이터로 활용될 수 있다(Nielek and Wierzbicki 2010). 예컨대 스마트폰 화면 접촉은 사용자의 흥분 상태와 기본 정서들basic emotions을 반영하는 것으로 나타났으며(Gao et al. 2012; Kim and Choi 2012), 녹음된 음성 또한 사용자의 정서, 기분, 스트레스 수준을 드러낸다(Scherer et al. 2003). SMS

나 블루투스 앱 사용 패턴은 기분의 각성 정도와 관련된다 (LiKamWa et al. 2013). 이런 연구들을 참조하면 신체 인식 데이터를 직접 수집하지 않고 정서 데이터를 얻을 수도 있을 것처럼 보인다.

그러나 이와 같은 방식은 도시 전체에 전면적으로 적용될 수 없다는 점에서 한계가 명백하다. SNS 사용이 도시정동 데이터가 될 수 없다는 것은 분명한데, 왜냐하면 도시민들 모두가 트위터리안이나 페이스부커는 아니며 그럴 수도 없기 때문이다. SNS를 사용하는 것은 도시민들 중 상당히 젊은 계층의 일부에 국한되며, 따라서 SNS 사용 데이터 또한 그들의 정서만을 보여줄 뿐이다. SNS 사용 데이터는 양적으로뿐만 아니라 시간적으로도 제한적이다. 도시민들이 24시간 내내 트위터, 페이스북을 하는 게 아닌 이상 SNS의 사용은 특정 시간대로 어느 정도 정해져 있고, 따라서 그 시간에 국한된 데이터만을 얻을 수 있을 뿐이다. 이처럼 양적, 시간적 제약이 분명하기에 SNS 사용 데이터는 한 도시에 거주하는 도시민들 전체의 정동을 파악하기에는 부실할 수밖에 없다. 모바일 기기 사용 데이터의 활용 또한 유사한 문제에 봉착한다. 모바일 기기 사용 패턴은 이미 도시민의 삶과 능숙하게 일상적으로 사용하는 이들의 정서는 잘 반영하겠지만 반대로 그렇지 못한 이들, 특히 노년층과 어린이, 장애인들의 정서는 제대로 반영하지 못할 것이다.

모바일 기기의 사용이 매우 일상화되어 있기 때문에, 모바일 사용 데이터의 수집은 사실상 도시민의 일거수일투족을 감시하거나 또는 감청하겠다는 것과 다를 바 없어진다. 이런 방식은 생체인식 데이터들을 뽑아내진 않겠지만, 음성, 접촉, 블루투스 사용 내역을 수집한다는 것은 신체 감시와 별반 다르지 않은 것이다. 생체인식 데이터를 직접 뽑아내는 방식을 깊은 신체 감시deep body surveillance라고 한다면, 모바일 기기 사용 데이터를 수집하는 방식은 얕은 신체 감시shallow body surveillance라고 할 수 있다. 깊건 얕건, 신체 상태를 데이터로 수집한다는 점에서 둘은 동일하다. 모바일 기기 사용을 통한 정서 데이터 수집은 결과적으로 신체 감시를 피할 수 없는 것이다.

이는 정동-포함적 해결을 채택할 경우 신체 감시의 문제를 피하기가 어렵다는 점을 보여준다. 여기서 요점은 도시민들의 생체인식 데이터를 수집하고 처리함으로써 그들의 정서를 읽어낼 수 있느냐가 아니라, 애당초 그들의 생체인식 데이터를 수집해도 되느냐가 문제인 것이다. 실제로 현재 영국과 일본에서는 정서 AI를 통해 도시민들의 긍정적 정서의 증진시키려는 기획이 진행되고 있는데,

이런 기획들이 가진 윤리적 문제가 명확하여 이런 기획을 진행하는 엔지니어들 스스로가 정서 AI에 대한 공론장에서의 논의를 촉구하고 있는 실정이다(University of Edinburgh CDCS 2020). 이렇듯 스마트시티를 구성하는 ICT의 핵심이 데이터 수집과 처리이고 정동 데이터가 정의상 신체인식 데이터라면, 도시정동의 문제를 적극적으로 해결하려 할 때 발생하는 신체 감시의 문제는 피하기 힘들 것이다.

도시정동의 딜레마

도시정동과 관련하여 스마트시티는 딜레마에 처하게 되는 것 같다. 만약 정동-배제적 해결을 택한다면, 도시정동이 간과되면서 도시민들의 삶의 질 향상이라는 스마트시티의 목적도 같이 위태로워지게 된다. 이것이 정동 소외의 문제다. 그렇다고 정동-포함적 해결을 택한다면, 도시민들의 정동 데이터를 수집하면서 생체인식 데이터의 프라이버시가 위험에 처하게 된다. 이것이 신체 감시의 문제다. 결국 스마트시티는 도시정동의 향상을 포기하면 정동 소외의 문제에 봉착하고, 도시정동의 향상을 추구하면 신체 감시의 문제에 봉착하게 되는 딜레마에 처하게 되는 것이다.

도시정동의 딜레마는 근본적으로 스마트시티의 목적

과 수단 양쪽 모두에서 발생한다. 딜레마의 한 뿔인 정동 소외의 문제는 스마트시티의 목적과 관련된다. 스마트시티의 목적은 대부분 도시적 삶의 질의 향상으로 설정되어 있다. 도시적 삶의 질의 향상은 긍정적인 도시정동에 본질적으로 의존하고 있는 것이다. 따라서 스마트시티가 도시적 삶의 질의 향상을 목적으로 한다는 점이 도시정동을 스마트시티의 과제에서 배제할 수 없도록, 즉 정동-배제적 해결을 가능하지 않게 만든다. 이렇게 스마트시티의 목적상 배제해서는 안 되는 것을 배제할 때 일어나는 문제가 정동 소외다. 딜레마의 다른 뿔인 신체 감시의 문제는 스마트시티가 도시문제의 해결을 위해 ICT에 의존한다는 점으로부터 따라 나온다. 도시정동의 향상을 위해 가장 기초가 되는 작업은 도시민들의 정동 데이터를 실시간으로 수집하는 것이다. 여기서 정동의 신체성이 문제가 된다. 도시민들의 정동 데이터를 실시간으로 수집하는 행위가 그들의 신체 상태를 감시하는 행위가 되어버리는 것이다. 스마트시티가 도시문제의 해결을 위해 데이터 수집과 처리 기술을 수단으로 삼는다는 사실이 정동에 대한 기술적 개입이 신체 감시의 형태를 띨 수밖에 없도록 만드는 것이다. 도시정동의 딜레마는 스마트시티를 추진하면서 일어날 수 있는 우연한 문제들 중 하나가 아니다. 그것은 스마트시티의 목적과 수단 양쪽과 긴밀하게 결부되어 발생하는 문제다.

4. 지능형 도시 속에서 벌어지는 정동의 정치

이 글은 정동이라는 현상을 통해 스마트시티라는 기획에 접근해 보았다. 스마트시티는 ICT의 전면적이고 총체적으로 활용하여 각종 도시문제의 해결하려는 기획으로 이해된다. 하지만 그러한 도시문제의 해결이 무엇을 위한 것인지를 다시 물어 보면, 스마트시티의 기술적 기반이 아니라 그 기반 위에서 살아가야 할 도시민들의 삶이 부각된다. 삶의 질은 개념적으로 주관적이고 정서적인 측면을 내포하고 있고, 이에 따라 그러한 정서적인 측면을 결정하는 근원적인 차원으로서의 정동에 주목할 필요가 있다. 문제는 이 도시정동이 스마트시티의 수단과 목적 양쪽으로 문제를 일으키는 것처럼 보인다는 것이다. 도시정동을 향상시키려 하지 않는다면 행복이나 웰빙을 말하기 어려워지는 정동 소외 문제가 발생하고, 그것을 증진하려 할 경우 정동이 발생하는 신체 데이터를 수집해야 한다는 신체 감시의 문제가 일어나는 것이다.

도시정동의 딜레마는 스마트시티에서의 **정동 정치**politics of affect라는 또 다른 문제를 제기한다. 여기서 정동 정치란 정동을 둘러싼 정치적 현상이라는 일반적인 의미 외에 정동을 개개인이 해결해야 할 사적이고 심리적인 상태가 아니라 마치 에너지나 치안, 생활시설처럼 도시민들이 공동으로 풀어 나가야 할 정치적 사안으로 파악하는 것을 포함한다. 도시정동의 딜레마가 일어나는 근본적인 이유는 도시적 삶의 질 향상이라는 목적에 내재한 주관성과 ICT라는 수단이 가진 객관성이 충돌하기 때문이다. 그렇다면 스마트시티가 도시문제를 해결하는 데 단순히 ICT의 활용에만 집중해서는 수단과 목적 사이의 간극을 해소하기 힘들 것이다. 말하자면 스마트시티가 스마트해지는 것만으로는 이런 도시정동의 문제에 제대로 대응할 수 없는 것이다. 결국 어떻게 긍정적인 도시정동을 증진시킬 것인지의 문제는 기술적인 문제기보다는 도시민들의 참여를 요구하는 정치적인 문제에 가깝다. 도시정동의 딜레마는 스마트시티가 도시적 삶의 질의 향상이라는 그 자체 목적에 진정으로 충실하고자 한다면 순전히 스마트함에만 의존할 수는 없으며, 정동 정치를 통해 보완되어야 함을 보여준다. 스마트시티가 도시적 삶의 질을 추구하는 이상, 그리고 도시적 삶의 질은 기술적으로 해결되기 힘든 문제인 이상, 스마트시티는 본질적으로 탈정치적인 기획일 수 없는 것이다.

물론 도시에서의 정동을 정치적 해결이 필요한 도시문제로 본다는 것이 정확히 무엇인지, 특히 스마트시티에서 어떤 정동 정치가 필요한지, 나아가 ICT는 그러한 정동 정치에서 어떤 역할을 할 수 있을지 등 여러 가지 관련된 문제들이 있다.[18] 또한 스마트시티 기획이 정동과 맺는 관계에 대한 원칙적인 수준의 고찰을 넘어서 스마트시티에서 실제로 일어나는 다양한 정동의 역동과 정동 정치의 현황까지 다루어야 할 필요가 있다. 글을 열면서 언급했듯이 스마트시티를 정동적인 주제와 함께 다룬 연구는 국내외로 희소하다. 스마트시티에서의 일어나는 정동의 역동, 그리고 현실의 정동 정치에 대한 연구는 대표적인 스마트시티로 여겨지는 도시들에 대한 구체적인 사례분석을 통해 보완되어야 할 필요가 있다.

---

18. 정동 정치에 대한 현대의 논의는 마수미 2018를 볼 것. 정동 정치의 다양한 전개들에 대해서는 Nigel 2004, 182~187을 볼 것. 그리고 같은 책의 10장도 참조.

:: 참고문헌

4차산업혁명위원회. 2018. 『도시혁신 및 미래성장동력 창출을 위한 스마트시티 추진전략』.

그레그, 멜리사·시그워스, 그레고리, 편저. 2016. 『정동 이론』. 최성희·김지영·박혜정 역. 갈무리.

김준수. 2018. 「한국의 발전주의 도시화와 '국가-자연' 관계의 재조정 — 감응의 통치를 통해 바라본 도시 비둘기」. 『공간과 사회』 28(1) : 55~100.

도승연. 2017. 「푸코(Foucault)의 '문제화' 방식으로 스마트시티를 사유하기」. 『공간과 사회』 59 : 15~38.

마수미, 브라이언. 2018. 『정동정치』. 조성훈 역. 갈무리.

문재인정부 디지털 기록관. 2019년 2월 13일. 「[전국경제투어⑥ 부산] 혁신의 플랫폼, 함께 만드는 스마트시티 혁신전략 보고회」. 『문재인정부 디지털 기록관』. http://presidentmoon.org/tl/speech?id=20170510S00251.

박배균. 2020. 「스마트 도시론의 급진적 재구성 — 르페브르의 '도시혁명'론을 바탕으로」. 『공간과 사회』 30(2) : 141~171.

박수상. 2007. 「유비쿼터스 기술을 활용한 범죄예방 활동」. 『한국콘텐츠학회논문지』 7(1) : 169~175.

박준·유승호. 2017. 「스마트시티의 함의에 대한 비판적 이해 — 정보통신기술, 거버넌스, 지속가능성, 도시개발 측면을 중심으로」. 『공간과 사회』 27(1) : 128~155.

배럿, 리사 펠드먼. 2018. 『감정은 어떻게 만들어지는가?』. 최호영 역. 생각연구소.

신진숙. 2019. 「조선산업을 통해 본 산업도시의 정동 정치 — 정동적 도시론을 중심으로」. 『대한지리학회지』 54(2) : 177~198.

_____. 2020. 「철원의 문화적 재현을 통해 본 접경도시의 정동적 지형학」. 『통일인문학』 82 : 231~276.

신현준. 2016.「아시아 도시의 대안적 공간화 실천을 위한 서설(序說) — 정동, 공간, 정치」.『사이間SAI』21 : 287~325.

애크먼, 폴. 2020.『표정의 심리학』. 허우성·허주형 역. 바다출판사.

전명근·문기영. 2005.「생체정보 이용과 프라이버시 보호」.『情報保護學會誌』15(6) : 11~18.

중소벤처기업부·TIPA·NICE평가정보. 2018.『중소기업 전략기술로드맵 — 스마트시티』.

최봉문. 2011.「'스마트' 용어의 적용사례 분석을 통한 '스마트시티'의 개념 정립을 위한 연구」.『한국콘텐츠학회논문지』11(12) : 943~994.

최원. 2016.「'정동 이론' 비판 — 알튀세르의 이데올로기론과의 쟁점을 중심으로」.『문화과학』86 : 82~112.

카너먼, 대니얼·에드 디너·노르베르트 슈바르츠. 2020.『행복의 과학』. 임종기 역. 아카넷.

Anderson, B. 2006. "Becoming and being hopeful : towards a theory of affect", *Environment and Planning D : Society and Space*, 24 : 733~752.

Anderson, B. and Holden, A. 2008. "Affective Urbanism and the Event of Hope", *Space and Culture*, 11(2) : 142~159.

Bollen, J., Mao, H. and Pepe, A. 2011. "Modeling public mood and emotion : Twitter sentiment and socio-economic phenomena". *Proceedings of the Fifth International AAAI Conference on Weblogs and Social Media*, 5(1), https://ojs.aaai.org/index.php/ICWSM/article/view/14171.

Bullington, J. 2005. " 'Affective' computing and emotion recognition systems : the future of biometric surveillance?", *Proceedings of the 2nd annual conference on Information security curriculum development*, 95–99.

Center for Cities. May 29, 2014. "Smart Cities 01 : What is a Smart City?" Center for Cities. https://www.centreforcities.org/reader/smart-cities/what-is-a-smart-city/.

_____. 2014. *What is a Smart City?* https://www.centreforcities.org/reader/smart-cities/what-is-a-smart-city/.

Costanza, R, Fisher, B., Ali, S., Beer, C., Bond, L., Boumans, R., Danigelis, N.L., Dickinson, J., Elliott, C., Farley, J., Gayer, D.E., Glenn, L.M., Hudspeth, T.R., Mahoney, D.F., McCahill, L., McIntosh, B, Reed, B., Rizvi,

A.T., Rizzo, D.M., Simpatico, T., Snapp, R., Mainguy, G. 2008. "An Integrative Approach to Quality of Life Measurement, Research, and Policy", *S.A.P.I.EN.S.* 1(1), https://journals.openedition.org/sapiens/169

DataCulture&Society. n.d. *Large Grant Win Will Facilitate Research on Emotional AI in Smart Cities at the University of Edinburgh*, https://www.cdcs.ed.ac.uk/news/large-grant-win-will-facilitate-research-emotional-ai-smart-cities?fbclid=IwAR08BXpETTB38Ww5SxBBk6K2xxGcgtxqUVsjadMV0Fmx-YSu4gdriBCTwuA

De Choudhury, M. Counts, S., and Gamon, M. 2012. "Not all moods are created equal! exploring human emotional states in social media". *Proceedings of the International AAAI Conference on Web and Social Media*, 6(1), https://ojs.aaai.org/index.php/ICWSM/article/view/14279

Farvizi, L. 2014. *City Mood*, Master Thesis, Malmö University.

Gao, Y., Bianchi-Berthouze, N., and Meng, H. 2012. "What does touch tell us about emotions in touchscreen based gameplay?" *ACM Transactions on Computer-Human Interaction*, 31, https://doi.org/10.1145/2395131.2395138

Gregory, D., Johnston, R., Pratt, G., Watts, M., and Whatmore, S. eds. 2009. "Quality of Life". *Dictionary of Human Geography (5th ed.)*. Oxford : Wiley-Blackwell.

Holland, R. 2008. "Will the real smart city please stand up? : Intelligent, progressive or entrepreneurial?". *City*, 12(3) : 303~320.

Jabbari J.A., Man, O.M., Shrisankaraan, V.S., and Trevan, J. 2019. *International Conference on Smart Infrastructure and Construction (ICSIC)*, 571~576.

Kahneman, D. and Deaton, A. 2010. "High income improves evaluation of life but not emotional well-being", *Proceedings of the National Academy of Sciences*, 107(38) : 16489~16493.

Kim, H. and Choi, Y. 2012. "Exploring emotional preference for smartphone applications". *IEEE Consumer Communications and Networking Conference (CCNC)*, 245~249.

Kitchin, R. and Dodge, M. 2011. *Code/Space : Software and Everyday Life*. Cambridge, MA : MIT Press.

Kushner, L. 2019. *A Smart City Is Rarely Smart Enough to Account for People's*

Feelings, https://www.bloomberg.com/news/articles/2019-05-14/in-san-francisco-a-smart-city-copes-with-emotions?fbclid=IwAR3P4kT3QrHnWDDz4EfB6xjljq9FMSYXXrK7yvBmp4f4spjIcW3pdIy2Mgo

_____. May 15, 2019. "A Smart City Is Rarely Smart Enough to Account for People's Feelings." Bloomberg. https://www.bloomberg.com/articles/2019-05-14/in-san-francisco-a-smart-city-copes-with-emotions?fbclid=IwAR3P4kT3QrHnWDDz4EfB6xjljq9FMSYXXrK7yvBmp4f4spjIcW3pdIy2Mgo.

Layard, R. 2006. *Happiness: Lessons from a New Science*. London : Penguin.

LiKamWa, R, Liu, Y., Lane, N.D., and Zhong, L. 2013. "Moodscope : Building a mood sensor from smartphone usage patterns". *Proceeding of the 11th annual international conference on Mobile systems, applications, and services*. 389–402. https://doi.org/10.1145/2462456.2464449

Lin, C., Zhao, G., Yu, C., Wu, Y.J. 2019. "Smart City Development and Residents' Well-Being" *Sustainability*, 11(3) : 676. https://doi.org/10.3390/su11030676

MIT Media Lab. n.d. "Advancing Human Wellbeing by Developing New Ways to Communicate, Understand, and Respond to Emotion." MIT Media Lab. https://www.media.mit.edu/groups/affective-computing/overview/

Nielek, R. and Wierzbicki, A. 2010. "Emotion aware mobile application". *In : Pan JS., Chen SM., Nguyen N.T. (eds) Computational Collective Intelligence. Technologies and Applications. ICCCI 2010. Lecture Notes in Computer Science*, 6422. Springer, Berlin, Heidelberg. https://doi.org/10.1007/978-3-642-16732-4_14

Nussbaum, M. and Sen, A. eds. 1993. *The Quality of Life*, Oxford : Clarendon Press.

Picard, R. 1997. *Affective computing*. Cambridge, MA : MIT Press.

Picard, R. and Klein, J. 2002. "Computers that recognize and respond to user emotion : Theoretical and practical implications", *Interacting with Computers*, 14 : 141~169.

Reynolds, C. and Picard, R. 2004. *Affective sensors, privacy, and ethical contracts. Conference on Human Factors in Computing Systems*, 1103~1106.

Scherer, K., Johnstone, T. and Klasmeyer, G. 2003. "Vocal expression of emotion". *Handbook of affective sciences*, 433–456.

SmarDubai. 2019. *HAPPINESS AGENDA*, https://www.smartdubai.ae/initiatives/happiness-agenda

_____. n.d. "Dubai Happiness Strategy." Smart Dubai. https://www.smartdubai.ae/initiatives/happiness-agenda.

Smartcity. 2020. *Smart Cities Still Have A Long Way To Go Before Using Emotional AI*, https://www.smartcity.press/emotional-ai

Thrift, N. 2007. *Non-representational Thepry : Space, politics, affect*, London and New York : Routledge

Townsend, A.M. 2013. *Smart Cities : Big Data, Civic Hackers, and the Quest for a New Utopia*. New York : W. W. Norton & Company.

TTA. 2018. 『4차 산업혁명 핵심 융합사례 ― 스마트시티 개념과 표준화 현황』.

University of Edinburgh CDCS. January 22, 2020. "Large Grant Win Will Facilitate Research on Emotional AI in Smart Cities at the University of Edinburgh." University of Edinburgh CDCS. https://www.cdcs.ed.ac.uk/news/large-grant-win-will-facilitate-research-emotional-ai-smart-cities?fbclid=IwAR08BXpETTB38Ww5SxBBk6K2xxGcgtxqUVsjadMVOFmx-YSu4gdriBCTwuA.

Yoon, J. 2011. "Cisco to spend $47 mil. on Songdo", *The Korea Times*, https://www.koreatimes.co.kr/www/tech/2020/07/129_90217.html

Yu, C., Ye, B., Lin, C., and Wu, Y.J. 2020. "Can Smart City Development Promote Residents' Emotional Well-Being? Evidence From China", *IEEE Access*, 8 : 116024~116040.

6장 도시의 무인매장과 '스마트' 인구

홍남희

1. 무인매장과 도시

코로나19 이래 한국 도시공간의 두드러진 변화 중 하나는 바로 사람이 상주하지 않는 '무인매장'의 증가일 것이다. 무인매장은 상점 주인이나 직원 없이 고객이 직접 키오스크로 결제를 하는 무인결제 시스템과 절도 방지를 위한 CCTV를 포함해 최신 기술이 배치된 소규모 상업 공간으로 한국 도시의 '24/7 운영 체제'를 확산하고 자동화와 무인화라는 기술 유토피아의 이상을 실현하는 장이 되고 있다. 특히 한국에서 무인매장은 코로나19 당시 국가 주도의 기술 방역 체제를 거치면서 확대되어 왔다. 대형마트나 소규모 무인매장에서 카카오톡이나 네이버를 통한 신원 인증, 감시 카메라와 신용카드 이용 내역을 통한 동선의 추적 등을 특징으로 하는 'K-방역' 체계를 경험하며 누적된 비대면 무인매장 경험은 코로나19 종식 이후 다양한 업종으로 확장되고 있다.

한국의 무인매장 수는 2023년 3월 기준 6,323개로, 이중 아이스크림 점포의 수가 2018년 267개, 2021년 1,405개, 2023년 2,011개로 해마다 증가하며 가장 많은 비중을 차지하고 있다(오효정 2024).[1] 햄버거, 커피 등의 글로벌 프

---

[1] 소방청에 의하면 2023년 3월 기준 국내 무인점포 수는 6323개로 그중

랜차이즈 전문점에서부터 애견용품, 문구류 등 단일 품목 중심의 소규모 무인매장은 한국 도시의 '골목 상권'을 형성해 가고 있으며, 무인매장 증가세와 더불어 국내 키오스크 시장 규모 또한 2015년 20억 원에서 220억 원으로 11배나 증가한 것으로 나타난다(이다원 2021). CU, GS25, 세븐일레븐, 이마트24 등 대형 편의점 업체들 또한 24시간 무인으로 운영하는 무인점포와 낮에는 사람이 상주하고 밤에만 무인으로 운영하는 하이브리드 점포 운영을 늘리며 24/7 체제를 정립해 가고 그간 운영이 어려웠던 특수 입지까지 운영을 확장하고 있다(이지영 2025).

이 같은 무인매장 증가는 지치지 않는 기계를 통해 휴식 없는 운영과 자동화, 무인화를 달성해 인건비를 절감하는 등으로 이윤을 극대화하려는 자본주의 도시의 열망을 드러낸다. 이는 상품과 사람, 자본과 정보 등의 모빌리티를 가속화하는 '사회적 가속화'social acceleration 과정(Rosa 2003)의 일환으로 시간과 공간에 대한 감각을 변화시키고 도시민의 인간성을 재구축한다. 무인매장은 도시민의 일상적 편의성convenience을 확장한다는 이유로 스마트함의 의

아이스크림 점포가 2011개로 가장 많은 31.8%를 차지했으며, 뒤이어 세탁소(1975개), 스터디카페(967개), 사진관(708개), 밀키트(662개) 등의 순이었다. 최근에는 애견용품 무인점포 수가 급증하고 있는 것으로 나타났다(오효정 2024).

무smartness mandate(Halpern and Mitchell 2023)를 이행하는 '스마트' 시민이 되기를 요청한다.

김용찬(2020, 97)은 "인공지능, 사물인터넷, 디지털 기술, 네트워크 기술, 소셜 기술 등"의 기술적 토대 변화로 인해 도시가 "거대한 미디어로 변모"하고 있다고 진단한다. 무인매장은 기술을 통해 도시의 소통 방식과 문화를 재구성하는 미디어이자 다양한 데이터가 수집, 축적되는 플랫폼이며, 물류와 인구, 자본, 사물이 순환하고 배치되며 총체적으로 관리되는 '로지스틱스' 체제의 일환이다(김수철 2021). 무인매장은 한국 도시의 '골목 상권'을 변화시키는 한국적 특수성이기도 하지만 동시에 미디어이자 플랫폼, 로지스틱스의 열망이 교차하는 글로벌 기술-자본 체제에서 독해될 수 있다.

아마존Amazon 사례를 살펴보면 이를 더 쉽게 이해할 수 있다. 아마존은 상품의 온라인 판매로 시작하여 미국 전역을 포함한 전지구적인 물류 유통 시스템을 구성해 왔으며, 인공지능을 포함한 최신의 기술을 로지스틱스 분야 혁신과 도시 플랫폼화에 적용해 왔다. 한 예로 아마존은 미국의 대표적인 유통 마켓인 홀푸드Whole Foods를 인수하여 자체 기술을 통한 다양한 도시 및 인구 실험을 진행해 왔으며 도시 전경 및 소비문화, 노동 양식 등에서 큰 변화를 야기해 왔다. 특히 '아마존고'amazon go라는 이름의 컨비니언스 스토어를 2017년 시애틀에서 시범 운영하기 시작해 미국 대도시와 런던 등지로 확장해 갔는데, 이 매장은 고객이 모바일 앱을 이용해 매장에 입장한 후 구매하려는 물건을 '그냥 들고 나오는'Just walk out, 현금이 없고cashless 계산원이 없는cashierless, 따라서 결제를 위한 대기 줄이 없는 체크아웃 프리 콘셉트의 매장이다(Golden 2020).

 여기서 중요한 것은 기술에 능숙한tech-savvy 스마트 시민의 역할이다. 플랫폼 기업이 꿈꾸는 기술 유토피아 실험실인 도시공간에서 시민들은 각자의 능력치를 최대로 끌어 올려 스마트 시민으로서 자신의 역할을 잘 수행해야 한다. 여기서 인간의 신체는 생체 정보와 모빌리티 등의 다양한 정보를 "실존의 차원에서 입력하고 출력"하는 "이미 매체적 장치인 기술적 대상"이자 디지털 공간을 "생성하는 기술적 환경"(김은주 2022, 95)이다. 이는 글로벌 기술-자본 체제에서 개개인이 자신의 신체를 스마트 시민으로 재구성해야 한다는 의미와 함께 다양한 저항과 역설이 구성되는 지점으로서 신체를 독해하게 한다. 예를 들어, 대다수 시민들이 새로운 도시의 미디어화, 플랫폼화에 적응하기 위해 어떤 '스마트함의 의무'를 가져야 하는지, 동시에 기술-자본 체제가 어떤 신체를 우대하고 어떤 신체를 비가시화하는지를 살펴볼 필요가 있다. 소비자 편의성과 경영자의 비용 절감이라는 담론은 플랫폼과 기술을 통한 도시 문제의 효율적 해결에 초점을 두고 이에 협조하는 다양한 시민들을 상정한다. 이는 기업의 이윤 극대화를 위한 시스템과 표준화에서 다양하고 이질적인 신체를 탈락시키는 것을 전제한다.

이러한 맥락에서 이 글은 무인매장을 미디어-플랫폼-로지스틱스의 관점이 중첩되는 공간이자 다양한 신체와 인구가 기술과 교차하는 기술 배치체^{assemablage}로 바라본다. 배치체의 개념은 기술이 단독적인 요소가 아니라 다양한 물리적, 사회문화적, 정치적, 경제적 요소들과의 결합으로 만들어진 복합적 구조임을 시사한다(Deleuze & Gattari 1980[2001]). 다시 말해, 기술 장치와 사람, 사회적·정치적 구조, 정책, 데이터 등의 여러 요소가 결합된 시스템으로서 기술은 이들 요소와 결합하여 작동하는 복합적이고 역동적인 형태로 나타난다. 무인매장은 플랫폼과 미디어, 기술, 물류, 인간, 자본이 연합한 배치체로 구성되며 도시공간의 문제(라고 여겨지는 것)에 대한 해결을 이유로 기술과 플랫폼의 추가적 도입을 긍정하는 플랫폼 도시성을 심화시킨다. 이 과정은 해당 시기 주요한 시대정신을 도시공간에 집적시켜 그에 기반한 인간-(비)인간의 상호작용과 소통, 관계의 방식, 주체성의 양식을 새롭게 구성하게 한다. 그렇다면 구체적으로 무인매장은 기술 배치체로서 어떠한 요소들의 결합으로 구성되고 있는가. 도시문제 혹은 누구의 문제 해결을 위해 기술과 플랫폼이 도입되고 있을까. 인간은 새로운 기술과 공간과 어떠한 관계를 맺고 있을까. 여기서 구성되는 '스마트' 시민이란 누구인가. 이 글은 이러한 질문들에 답하기 위한 탐색적 시도의 일환이다.

2. 가속 도시와 실시간성

도시의 기술화는 근대 이후 자본주의가 추구하는 자본의 효율성과 이윤 극대화를 위한 가속화 경향에서 이유를 찾을 수 있다. 로사Hartmunt Rosa는 사회적 가속화 개념을 (1) 기술 가속화, (2) 사회변화의 가속화, (3) 삶의 속도의 가속화로 제시한다. 문병호(2008, 35)는 1차 산업혁명기의 증기기선, 기차 등의 속도 기계, 2차 산업혁명기의 전기화학혁명으로 전기적 속도로의 상승, 3차 산업혁명인 정보혁명에 의한 전자적 속도로의 변화 등으로 가속화를 기술에 의한 사회속도의 변화로 설명한다. 이는 속도와 같은 '시간' 체제의 변화를 나타내는 동시에 공간의 의미 변화와 사회가 요구하는 인간성의 변화 또한 수반한다.

기술 가속화technological acceleration는 가속화의 가장 명백하고 두드러진 형태로 "운송, 커뮤니케이션, 생산의 의도적, 목적 지향적 과정들의 가속화"(Rosa 2003)를 특징으로 한다. 로사에 의하면 이는 대중의 시간 감각에 영향을 미치는 것은 물론 역사, 정체성, 혹은 관계가 사라진 '비장소'로서의 공간 관념을 구성한다. 다시 말해 가속화 사회는 시간 관념의 변화를 극적으로 야기하면서 새로운 주체성을 구성하는 동시에 자본주의적 지향에 충실한 목적지향적, 기능주의적 공간으로 공간의 역할을 축소시킨다. 김학선(2020)은 한국사회가 가속화 사회로서 겪고 있던 시간 부족감을 1980년대 시간 테크놀로지를 통해 살피는데, 여기서 시간 테크놀로지란 시간을 "한정된 자원으로 인식하고 효율적 이용과 관리를 통해 절약, 단축, 축적"하고자 하는 "과학적, 경제적, 정치적, 사회적 방법을 총칭"(같은 글, 167)한다. 그는 1980년대 야간통행금지제도의 해제와 힘께 24시간을 자유롭게 이용할 수 있게 되면서 일상 시간이 국가, 사회, 개인의 발전을 위한 '자원'으로 인식되기 시작했다고 진단한다. 또한 자동화 담론과 자동화 기술의 유행으로 기술을 통한 '테크노피아'의 이상향이 구성되었다고 본다. 시간을 단축하고 24시간의 자유를 이용해 노동 및 학습시간을 연장하는 방안이 고안되는 등의 사례는 무인매장과 같이 도시의 밤 시간을 자동화를 통해 활용하고자 하는 방식에서 확인할 수 있는, 꽤 오랜 열망의 산물이라고 볼 수 있다. 또한 로사는 인간의 지각이 시간보다 공간에 대한 자연적 우선권을 가져왔으나, 세계화와 기술 발전으로 공간은 사실상 '축소'되고 방향 감각의 중요성이 상실되고 있다고 본다. 무인매장은 기술을 통해 상점의 역할을 물건 구매 및 결제, 24시간 운영 등의 기능적 공간으로 한정하면서 '비장소'로서의 특징을 구성하는 한편 상점의 사회적 기능을 축소시킨다. 결제와 감시는 기계로 대체되고 매장에서 구매 목적의 행위가 아닌 것은 불필요한 잉여이자 비정상적인 행위로 식별된다.

로사가 언급한 두 번째 범주의 현상은 사회변화의 가속화acceleration of social change로 다양한 사회문화적 차원에서의 변화 속도가 가속화되면서 더 이상 유효하지 않은 과거와 아직 유효하지 않은 미래 사이에서 상대적 안정성을 가진 현재라는 시간 범위가 상당히 축소되는 것을 말한다(Rosa 2003). 이러한 시간 관념의 변화는 오늘날 도시공간의 '실시간성'realtimeness 지향과 연관된다. 실시간성은 과거-현재-미래로 이어지는 시간의 연속적 인식론을 24/7 운영 체제, 효율성과 성과, 최적화optimization의 논리에 바탕을 둔 인식론으로 재구성한다. 이러한 인식론은 일상생활의 페이스와 템포, 스케줄링의 실시간 연산을 추구하며 이를 도시 관리와 거버넌스에 적용하는 것으로 나아간다. 정보통신기술에 의해 가능해진 실시간성의 구현은 과거와 현재에서 유래한 모빌리티와 생체 데이터를 통해 가까운 미래의 위기를 예측하고 대응하는 예측적 치안predictive policing 체제를 구축한다(Kitchin 2018, 22). 이에 따라 실시간성의 주장은 어떤 변수나 위험에 대한 '실시간 대응'의 가능성이며, 기계를 통해 도시 시스템을 자동화, 무인화하여 24시간 7일 내내 실시간 대응할 수 있는 가능성을 제시하는 기술 유토피아 담론으로 진행된다.

세 번째로 로사가 제시한 삶의 속도의 가속acceleration of the pace of life은 앞의 두 가지 가속화와 대비되는 것으로 여겨지기도 한다. 로사는 기술 가속이 (재)생산, 소통, 전송 등의 일상적 과정과 행동에 필요한 시간의 감소를 지향하여 자유 시간을 증가시기고 삶의 속도를 늦추는 결과로 나타나야 하지만, 실제로는 시간이 점점 희박해지는 역설적인 결과로 나타나고 있다는 점에서 설명이 필요한 현상이라고 본다(Rosa 2003, 22). 근대화와 궤를 같이한 가속화 과정이 오히려 사람들에게 시간 압박과 스트레스를 경험하게 했으며, 디지털 혁명과 글로벌화는 이러한 흐름의 또 다른 국면을 제공하고 있다는 것이다(같은 글, 25).

이러한 가속화는 자본의 끊임없는 이윤 추구와 사회 및 기술 변화에서 기인하는 것으로 자본가는 쉬거나 멈추었다가는 자기의 위치를 확보할 수 없고, 개인은 가속화 사회에서 장시간 휴식을 취하는 것이 시대에 뒤떨어질 수 있다고 느낀다. 생산적, 일상적 삶의 과정을 가속화하기 위해 새로운 형태의 기술 가속화가 요구되고, 기술 가속화는 사회 자체의 가속화와 삶의 속도의 가속화를 유발하면서 이러한 '가속 사이클'은 폐쇄적이고 자체적으로 추진된다(같은 글, 27).

한국 도시공간은 이러한 사회적 가속화의 대표적인 사례로 1970년대부터 "본격화한 한국도시집적의 가속화에 따른 도시변동"(김영정 1987, 57)을 보여주는 동시에, 중앙집권적이고 강제적인 자동화 과정을 통해 에스컬레이터, 엘리베이터, 자동문 버스 등 다양한 이동체계의 자동화와 더불어 도시공간에서 빠른 이동에 적합한 신체성을 구성해왔다(김한상 2015). 김한상(같은 글, 242~243)은 이러한 자동화 기술 담론이 대체로 독자를 경영진 입장으로 상정하며 기업화하는 체계의 일부로 작동했다고 본다. 자동화로 인해 증폭하는 삶의 불안감과 기계와 신체의 충돌 사고와 같은 안전사고 기사들은 과거 안내원 노동자들이 하던 노동을 승객들이 스스로 수행하게 하면서 시민 스스로 자신의 안전을 지키는 존재가 되도록 훈육하는 장치로 작동했다. 또 1980년대 패스트푸드 음식점이 유행하면서 제시된 '셀프서비스 시스템'이 소비자에게 '효율성과 신속성'을 제시하는 동시에 "일정한 행위규범을 부과하고 이에 따르기를 기대"(같은 글, 245)하는 식으로 행위규범을 구성해 왔다. 이러한 논의는 키오스크와 감시 카메라가 배치된, 주인과 직원이 없는 무인의 상점공간을 이용하는 고객들이 스스로 기술과 무인결제에 적응하여 무인매장을 둘러싼 신新 기술체제에 잘 적응해야 필요한 물건 및 서비스를 구매할 수 있는 동시대 상황과 유사하다.

이와 같은 논의는 가속화 사회의 특징과 가속화 사회가 요구하는 새로운 주체성에 개인이 적응해야 하는 의무를 설명한다. 또한 기술-자본 체제의 속도 지향성과 그로 인한 공간, 시간 감각 및 경험 변화 등을 설명한다. 무인매상은 노시빈과 노시의 시산 제제를 실시산성에 기반한 24/7 운영 체제로 재편하고 물류, 자본, 인구의 모빌리티를 끊김 없이seamlessly 순환시킨다. 이는 지속적으로 실시간성을 구현하는 기술 개발로 이어지고 시민의 일상을 플랫폼 중심의 스마트 체제로 강제 편입시킨다. 이와 같이 무인매장은 오늘날의 기술-자본 체제 혹은 플랫폼 자본주의의 핵심 공간으로 부상한다.

3. 플랫폼 도시성과 로지스틱스 미디어로서의 아마존고

플랫폼 도시성platform urbanism 논의들은 디지털 플랫폼이 도시공간과 사회적 관계를 재구성하는 방식에 대한 논의를 기반으로 도시계획과 도시 인프라 구축, 경제 및 사회문화적 상호작용 등이 플랫폼 기술과 어떻게 결합, 연결되는지 탐색해 왔다. 또한 도시의 현재적 문제 해결을 위한 방법으로 플랫폼과 기술을 내세운다(김용찬 2020). 기술 중심의 도시 개발 및 도시의 기술화 현상은 꽤 역사가 오래된 것으로 샤론 주킨(Zukin 2020)은 19세기 후반과 20세기 초반 이래로 기술이 도시공간에서 근대성과 관련한 문화적 전망을 구성하고 통치 체제를 형성해 왔다고 진단했다. 특히 2010년 무렵부터 금융 및 미디어 중심의 대도시가 국가 기술 경제의 최전선에 오르면서 기술 중심의 도시화가 진전되어 왔다. 플랫폼 도시성에 대한 논의들은 이러한 도시의 기술화 현상을 중심으로 디지털 플랫폼이 주거, 노동, 이동, 소비 등 도시 여러 영역의 주요 행위자로 부상하고 있다는 점을 포착해 왔다(Sadowski 2020, 448). 디지털 플랫폼은 공공 서비스 및 정부와의 관계, 도시 거버넌스 및 일상생활의 데이터화를 진전시키는 데 주도적인 역할을 수행하고 있다(Kitchin 2018; Sadowski 2020; Zukin 2020).

도시 기술화의 대표적이고도 잘 알려진 사례는 바로 '스마트 시티'일 것이다. 타운센트(Townsend 2013)에 의하면 스마트 시티는 알고리즘 데이터 처리와 센서 기술 등을 도시의 인프라 및 일상적 건축 환경에 결합하는 플랫폼 도시성의 일환으로 수동적 조작을 "센서, 소프트웨어, 디지털 네트워크, 원격 제어" 등을 중심으로 '자동화'하는 것을 포함해 효율성, 예측, 조기 경고, 감시하는 눈 등으로 특징지어진다. 미디어이자 플랫폼, 로지스틱스의 교차 지점으로서의 무인매장은 주로 국가 주도의 민관 합작 기술 개발과 기술의 도시 적용을 핵심으로 하는 스마트 시티 프로젝트의 역사적 과정에서 점차 시장 혹은 소비자 지향적인 도시 서비스의 관점으로 대체 혹은 이행되는 과정을 보여준다. 키친(Kitchin 2018)은 1990년대 네트워크 기술 발전으로 도시 체제의 네트워크화 및 연산화, 2000년대 스마트 도시화와 디지틸화에 의한 실시간 관리, 신자유주의 프로젝트 등의 진전으로 도시 문제에 대한 시장 주도적 솔루션이 우선시되어 왔다고 주장한다. 이는 서로 대체되거나 경쟁하는 것이 아니라 서로 다른 공간에서 동시에 작동한다(Sadowski 2020, 2).

다시 말해 오늘의 플랫폼 도시성은 기술 가속화의 대표 사례이자 국가 주도의 도시 개발과 기술 배치가 민간

기업과 자영업자에게 일부 및 전부 이양되는 신자유주의 프로젝트의 일환인 셈이다. 실제로 아마존과 같은 글로벌 기업이 개발시키는 최첨단 기술이 적용된 물류 체제, 즉 로지스틱스 체제는 도시공간의 미디어화와 플랫폼화를 구성하면서 커뮤니케이션 체계와 문화를 변화시킨다. 따라서 김수철(2021)은 이러한 '로지스틱스 체제'를 통해 사안을 바라볼 필요성을 제안한다. 로지스틱스는 "운송, 커뮤니케이션 기술이자 장치"로 "하나의 디바이스나 소프트웨어, 경영 조직(회계) 기술이나 특정 지식체계를 넘어서 사물과 사람 혹은 인간적인 것과 비인간적인 것들의 이동과 관계를 조정, 통제, 관리할 수 있는 강력한 지식/권력 체계"로 이해될 수 있다(김수철 2021, 94~95). 즉 '물류'의 의미를 넘어 합리성, 효율성 추구라는 로지스틱스의 가치가 사회 전반을 지배하며, 물류의 유통, 나아가 상품과 자본의 빠른 순환은 최종 소비자가 거주하는 도시공간에서 소비를 독려하는 다양한 기술을 통해 조성되는 문화와 일상의 재편 과정과 연관된다. 이는 주체성을 자본주의 가속도시에 걸맞게 형성하는 과정을 동반하며, 이러한 로지스틱스 논의는 새로운 "관리, 통제, 지배의 문제"로 이해된다(김수철 2021, 101).

아마존이 미국 전역에 물류 창고를 배치하고, 드론 배

송을 포함한 배송의 혁신을 주도하며, 공장에 로봇과 인공지능 기술을 배치하여 노동력을 재훈련, 재배치하는 과정은 플랫폼 자본주의가 군사적 병참 체계에서 비롯한 물류 배치 및 운송 체제, 나아가 커뮤니케이션과 미디어 체계와 결부됨을 명백히 드러낸다. 서론에서 언급한 아마존고의 경우도 다양한 신 기술을 도입해 현금이 없고 캐셔가 없는, 결제를 위해 대기를 할 필요가 없는 '체크아웃 프리' 매장의 콘셉트로 선전했는데, 이는 아마존을 다시금 물류와 유통, 운송, 우주 탐사까지 진행하는 로지스틱스 관점에서 이해하게 한다.

이러한 전지구적인 로지스틱스 체제와 플랫폼 도시성 구현을 위해 도입되는 기술은 오랫동안 자리 잡아온 개개인의 구매 습관과 매장에서의 관습적 행위를 변화시키고자 한다. 아마존고의 홍보 영상을 보면, 이 매장에서의 물건 구매 행위는 기존의, 혹은 다른 매장에서의 구매 행위 및 관습과 다른 모양을 띤다. 보통의 매장에서라면 '절도'로 의심받을 만한 행위들, 예를 들어 상품을 선반에서 집어 가방에 바로 넣거나, 계산대를 거치지 않고$^{\text{check out free}}$ 매장 밖으로 나가는 행위$^{\text{just walk out}}$ 등이 아마존고에서는 '정상적'인 행위로 수용된다(Amazon 2016). 앱을 켜거나 손바닥 스캔을 통해 매장에 들어가서 원하는 물건을 골라 그냥 나오는 구매 행위는 도시공간에서의 대기, 시간 지연, 멈춤과 같은 '끊김'이 발생하지 않도록 다양하고 촘촘하게 인간의 신체를 추적하는 것으로 가능해진다.

이러한 아마존고가 재구성하는 새로운 소비 패턴과 행위는 '저스트 워크 아웃'Just Walk Out으로 이름 붙여진 각종 테크놀로지들로 인해 구성된다. 아마존 측에 의하면 컴퓨터 비전, 딥러닝 기술, 다양하게 배치된 지능형 카메라 등의 저스트 워크 아웃 기술은 모든 소매 환경에서 누가 무엇을 가져갔는지 정확하게 판단할 수 있고, 조명이나 매장 형태, 쇼핑객 집단의 변화 등을 포함하여 모든 환경에서 정확성을 보장하도록 수백만 개의 현실적인 쇼핑 시나리오를 모방하는 합성 데이터셋을 구축하여 실현 가능해진다. 이는 고객의 이동과 물건을 집거나 내려놓는 행위 등을 모두 세세하게 기록, 관리하는 감시의 장인 셈이다(Huberman 2021).

아마존고가 달성하고자 했던 무인화와 자동화의 도시 실험은 사실상 1천 명에 달하는 인도 노동자들에 의해 수행되었다는 점에서 'AI 워싱'의 사례로 비판받기도 했다. 주식시장에서의 자본 유입을 위해 완전한 '자동화' 기술이 가능하다고 홍보하고 있다는 것이다(곽재민 2024). 인도의 아마존팀이 판매를 다량 검토하거나 쇼핑객을 실시간 모니터링하면서 관리한다는 등의 폭로는 기술의 자동화가 사실상 인간에 의존적일 수밖에 없으며, 우리가 자동화를 인간의 개입이 전혀 없는, 기계만으로 움직이는 상태로 전제하고 있음을 역설적으로 드러낸다.[2] 인간의 개입이 끊임없이 부여되어야 작동하는 자동화 시스템은 매장 고객들의 다양한 행위를 카메라로 감시하고 센서로 감지하는 감시 시스템과 상호 연결되어 있다. 그럼에도 '인간 없는' 노동을 표방하고, 인간의 노동을 '유령 노동화'하면서 기술에 의한 무인화, 자동화를 미래로 제시하는 아마존의 방식에 최근 다양한 비판이 제기되고 있다. 실제로 아마존고가 제시하는 현금 없는 매장의 콘셉트는 현금에 의존할 수밖에 없는 특정한 도시민들을 차별하고 배제한다는 점에서 비판에 직면했으며, 샌프란시스코시, 뉴저지주, 필라델피아주에서는 '현금 없는' 매장의 영업이 법으로 금지되기도 했다. 또한 아마존이 개셔 식원을 고용해야 할 만한 충분

---

2. 보도에 의하면 아마존고의 Just Walk Out은 인도의 아마존팀에서 해당 판매 1,000건 중 700건 가량을 검토하는 등 인간 노동자에 의해 검토되었던 것으로 드러났다. 이에 아마존은 "Just Walk Out 기술이 인도에서 쇼핑객을 실시간으로 지켜보는 인간 검토자에 의존한다는 것은 오해이며 부정확"하다고 언급하면서 많은 다른 AI 시스템과 마찬가지로 지속적인 개선을 위해 직원이 녹화된 비디오 클립을 검토해 시스템의 작동 기준을 확인하면서 알고리즘을 지속적으로 개선하는 방법 등으로 운영된다고 반박했다. Lin-Fisher 2024.

한 여유가 있음에도 그렇지 않고 있다는 점에서 비판받기도 했다(Ioannou 2019).

아마존고의 사례는 기술을 통해 전체 도시의 상업 시스템을 표준화하고 인간 노동력 없이도 구현이 가능한 플랫폼 도시의 기술 유토피아적 지향을 보여준다. 아마존고의 '편의성' 담론은 고객 행동의 잉여를 활용하는 새로운 형태의 자본 축적 이데올로기로(Huberman 2021) 특정 기업을 넘어 전지구적 도시 무인화의 공간적, 문화적, 경제적 효과를 생산한다. 무인화는 기술 사용을 어려워하는 인구집단을 배제, 차별하는 결과를 낳고 있음에도 기술로 구현되는 이상적인 지향으로 추진된다. 폴라코와 배케스(Polacco & Backes 2018)는 아마존고의 실험이 현장의 캐셔 직원 축소와 보안 인력 증가, 나아가 사설 보안 업체와의 협력 등의 인력 재배치를 포함한다고 본다. 또 사람 간 상호작용과 사회적 공간, 신뢰trust의 의미가 기계와의 거래, 물류와 사람에 대한 트래킹 등으로 변화하고 있다고 분석했다. 실제 현장에서는 대인 간 거래를 선호하거나 세대 간 적응의 차이를 보이는 것으로 나타났는데, 예를 들어 월마트의 '스캔앤고'와 같은 무인결제 시스템 또한 이용법에 능숙하지 못한 고객들로 인해 전면 도입은 실패하였고, 아마존고 또한 매장을 철수하는 사례도 증가하고 있다. 제이콥스

(Jacobs 1961[2024], 70)는 미국 대도시의 문제를 진단하며 도시공간의 소규모 상점들의 존재가 거리의 '안전'을 지키는 여러 개의 '보는 눈'을 만들어 내는 효과를 갖는다고 보았는데, 도시공간에서 상점은 여러 사람들의 신체가 뒤섞이고 다양한 상호작용이 발생하는 사회문화적 공간이자 상호감시와 '안전'을 확보하는 역할을 수행한다. 이러한 관점에서 무인매장의 실험은 상점을 물건을 사고파는 기능적 역할에 한정하여 바라본다는 한계를 갖는다.

아마존고의 직접 운영 철수 사례를 실패로 진단하기는 어렵다. 아마존은 직접 운영보다는 이러한 기술을 로컬 사업자 등 제3자에게 판매하여 수익화를 시도하는 전략으로 전환하겠다고 밝혔기 때문이다(Amazon 2024). 이는 점차 소규모 매장에 무인화와 자동화 기술이 도입되는 상황을 예상하게 한다. 대도시 중심의 아마존고 운영 방식은 미국 로컬은 물론 다양한 국가의 소규모 상점을 구성하는 인프라로 확장되고 있다. 아마존고 사례는 인건비와 임대료 부담, 절도로 인한 상품 손실과 결제 오류로 인한 손해라는 '위기'이자 '재앙'을 기술로 해결할 수 있다는 '솔루션주의'를 표방한다. 또 한국 무인매장을 중심으로 빈번한 절도 사건의 예방을 위한 추가적인 기술 도입의 방안과도 연결된다.

4. 도시 연산주의와 스마트 시민

핼펀과 귀넬(Halpern and Günel 2017)은 플랫폼 도시성이 기술을 단순히 새롭게 응용하는 것이 아니라 "재앙의 개념과 불가분의 관계"에 있다고 진단한다. 기술은 역사적 기반과 맥락화된 복잡성에서 분리되어 "미래 재난의 연기 그리고 도시의 연산 합리성 논리를 통해 구현"되며 "실천과 담론을 통해 재앙의 역사적, 맥락적 특수성을 제거"하는 과정이다. '재앙' 혹은 '위기' 담론은 다양한 데이터의 전방위적인 수집을 정당화하고 위기관리에 대한 개별화된 접근으로 기술이 활용되게끔 한다. 빅 데이터를 도시 거버넌스에 활용하는 방식은 도시를 연산 가능한computable 대상으로 바라보고 도시를 사람이나 사건, 현상 등의 더 큰 맥락과 분리된 독립된 단위로 추상화하는 결과를 낳기도 한다. 이는 도시의 상대성, 복잡성을 무시하고 개인의 행동을 원자화시키는 것으로 귀결되는 '초개인주의'hyperindividualism의 양상을 띤다. 이러한 전제하에 플랫폼은 도시 시스템을 명확하고 마찰 없는 매끄러운 공간으로 만들기 위한 열망을 실현한다(Weber and Zook 2017). 톨버트(Tolbert 2023)는 아마존고의 사례를 100여 년 전 미국 도시 멤피스에서 시작된 피글리 위글리Piggly Wiggly 매장의 셀프

서비스 문화 도입으로 거슬러 올라간다. 소규모 매장, 감시 시스템과 셀프 계산, 자본 집약적 실험이자 고객의 이용 문화 분석의 장으로서 피글리 위글리의 사례를 통해 오늘날 아마존고의 도시 실험을 역사적으로 이해하게 한다. 소비자는 개별화된 주체로 도시 실험에 적응해 셀프서비스 문화를 체화해야 하는 새로운 임무를 부여받는다. '스마트' 시민이란 이러한 기술 사회와 셀프 문화와 같은 "변화하는 환경에 유연하게 적응하면서 생산성을 유지할 수 있는", "사회 재생산의 동력"인 셈이다(조미혜 2022, 50).

그러나 기술을 통한 자동화와 무인화는 늘 붕괴 위험에 노출되어 있다. 네트워크 오작동, 소프트웨어 충돌, 해킹 등의 상황을 포함하여 자동화는 잦은 실패를 생산하며 무인화는 지속적으로 인간의 개입을 요구한다. CCTV를 통한 감시 시스템은 상황의 전체적 조망과 긴급상황에 대한 실시간 자동 대응이라는 약속과 달리 '지연된' 대응과 인간의 개입을 지속적으로 필요로 한다(Kitchin 2018). 즉 도시는 연산적 방법론을 통한 자동화, 무인화를 통해 완전하게 추상화될 수 없으며 완벽하게 실시간성을 구현할 수 없다. 도시는 다양한 사람과 사물들이 관계를 맺고 살아가는 비연산적인 삶의 방식들을 포함하며, 이는 플랫폼 자본주의가 구현하고자 하는 연산 최적화 내러티브에 균열을 낸다(Halpern and Mitchell 2023). 기술-자본 체제가 기대하는 '스마트함'이란 도시의 "다양한 소외 집단들의 생활 세계에서는" 나타나지도 않으며 기술은 현장에서 종종 "예기치 않게, 예상보다 더, 혹은 전혀" 수행되지 않기도 한다(Qadri and D'Ignazio 2022). 셀프 문화와 기술의 도입은 인구 집단별 적응의 차이를 유발하고 공간에서 사회적 상호작용을 필요로 하는 이들의 욕구를 무시하며 다양한 돌발 상황에 대한 적용을 어렵게 한다. 또, 운영 체제에서의 기술 실패를 포함해 다양한 기계적 결함, 기술이 가져올 미래에 대한 조직화된 저항, 규제 필요성에 대한 사회적 요구, 이용자들의 거부 등의 결함과 오류, 마찰, 저항의 순간들이 발생한다. 따라서 이러한 경험과 상호작용을 구체적으로 살펴볼 필요가 있다(Barns 2018).

결제 오류, 물건의 잘못된 식별, 바코드 인식 실패나 입력 오류, 감시 카메라의 오작동 등 다양한 기술적 실패와 특정 인구 집단의 부적응, 혹은 추상화된 기술 공간에 대한 저항적 실천 등으로 플랫폼 도시성은 항시적인 도전에 노출된다. 나아가 그래햄(Graham 2020)은 플랫폼이 단순히 추상적인 기술이 아니라 각국의 도시공간을 전유하면서 도시의 젠트리피케이션을 유도하며 지역의 규제나 지역 노동자 고용 등의 책무는 회피하는 식으로 물질적인 영향력을 미치고 있음을 지적한다. 또한 플랫폼 기업에 의해 지리적 상상이 변형되고 이를 규제 기관이나 이용자, 노동자들이 내면화하고 있다고 비판한다.

그렇다면 무인매장은 어떠한 플랫폼 도시성을 반영하고 있으며, 어떠한 '스마트' 인구를 전제하는가. 사람들은 어떻게 기술을 경험하고 기술에 반응하며 기술과 상호작용하는가. 기술은 어떻게 자동화를 구현하고 어떠한 순간에 자동화에 실패하고 있는가. 이 글은 무인매장을 둘러싸고 벌어지는 인간-(비)인간 상호작용 방식을 보면서 가속도시에서 '스마트' 시민이 구성되는 방식을 탐색하고자 한다.

5. 스마트함의 의무와 기술적 당혹

한국의 무인매장은 코로나19의 산물이다. 무인매장은 코로나19를 계기로 비대면 일상이 지속되면서 자영업자의 인건비 부담을 경감시키고 24시간 운영을 통해 이윤을 극대화할 수 있는 획기적인 대안으로 모색되었다. 한편으로 기존 소비 행위와 다른 새로운 소비 규범을 만들어 내는 공간으로서 도시민의 적응을 필요로 한다. 특히 무인매장은 결제를 포함해 구매 행위를 소비자 스스로 해야 한다는

'셀프서비스' 문화를 확산시키며 동시에 그것이 기술을 통해 이루어지게 함으로써 기술 사회에 인구를 적응시키고자 한다.

핼펀과 미첼(Halpern and Mitchell 2023, 116)은 서구 근대에서 진화해온 인구에 대한 인식과 개념을 통해 스마트 도시 담론에서 요구하는 스마트함의 의무smartness mandate를 이해한다. 인구는 스마트함의 행위자이자 스마트함을 가능하게 하는 미디어로 이해되며, 누군가는 더 성공적으로 적응하고 누군가는 실패하는 차이를 가진 서로 다른 개인이다. 이들은 생물학적 차이, 습관, 지식, 선호의 차이를 가진 개인이다. 기술 혁신 사회에서는 기술에 능숙한 생산적 주체의 끊임없는 적응이 요구되며 가속 테크놀로지에 적응하지 못한 사람들은 소외, 배제되어 심지어 도시 필수 시설까지 이용하지 못하는 상황에 직면하게 된다. 이러한 가속화는 멈추지 않고 계속되므로 일시적으로 적응했다 하더라도 탈락자는 계속해서 나오기 마련이다(문병호 2008, 170).

기술에 대한 적응은 사소한 물건 구매나 서비스 이용의 대가를 지불하는 일상적 소비 행위에서도 필수적인 것이 되고 있다. 햄버거, 커피 등 다양한 업종이 키오스크 결제로 전환하면서 매장에 사람이 없는 무인화가 진행되고 있는데, 이러한 도시공간의 변화를 체감하지만 이에 적응하지 못해 우울감을 호소하는 사례가 흔하게 확인된다. 유명 유튜버 박막례 할머니는 오랜만에 맥도널드를 찾아 햄버거를 주문하려다가 키오스크 주문과 결제에 당혹감을 표현한다. "막례는 가고 싶어도 못 가는 식당"이라는 제목의 영상에서 키오스크 주문의 증가는 기술에 익숙지 않은 노인 세대에게 매우 낯선 것이자 도시에서의 소외감과 두려움까지 느끼게 한다(박막례 할머니 Korea_Grandma 2019).

'햄버거 사러 갔던 엄마가 울었다'는 내용의 소셜 미디어 글 또한 유사한 맥락에서 노인의 기술 소외가 일상화되고 있음을 보여준다. 실제로 아마존고의 사례에서도 노인층은 키오스크 무인결제를 이용하는 경향이 낮은 것으로 나타났다(Polacco & Backes 2018). 대다수 기술 및 미디어 연구에서도 노인은 '디지털 약자', '디지털 소외계층'으로 명명되며, 해결책으로 이들의 '디지털 리터러시'를 증진시키거나 사회의 '디지털 격차'를 해소하는 방안에 대한 논의가 이루어지고 있다. 이러한 연구들은 기술 적응의 문제가 노인 개개인의 우울감이나 자아통제감에 부정적 영향을 주어 노년기 삶의 질을 떨어뜨리는 요소임을 강조한다(김민지 2022; 박영진 외 2024). 기술 가속화로 인한 사회변화의 가속화는 노인층이 끊임없이 새로운 기술에 적응해야 할 '스마트함'을 요구할 뿐 아니라 이에 뒤떨어지는 경우 도시의 일상생활에 많은 제약과 어려움을 겪게 됨을 보여준다.

터치스크린 방식의 무인 단말기(키오스크)에 익숙하지 않은 어머니가 음식 주문에 실패한 사연이 온라인에서 많은 공감을 불러일으키고 있다. 지난 7일 한 네티즌은 트위터에 "엄마가 햄버거 먹고 싶어서 집 앞 패스트푸드점에 가서 주문하려는데 키오스크를 잘 못 다뤄서 20분 동안 헤매다 그냥 집에 돌아왔다고, 화난다고 전화했다. 말하시다가 엄마가 울었다. '엄마 이제 끝났다'고 울었다"고 적었다. 그는 "해당 가게 직원에 대한 원망은 아니다. 엄마도 당시 직원들이 너무 바빠 보여서 말을 못 걸었다고 하셨다"면서 "저는 다만 키오스크의 접근성 폭이 너무 좁다고 생각한다"고 자신의 생각을 밝혔다. 해당 사연은 12일 낮 1만 4,000건 이상 리트윗됐다. (임효진 2021)

키오스크 중심의 무인화가 이루어지고 있는 한국의 도시 맥락에서 고령층은 '디지털 장벽'에 막혀 생활필수품까지 구매하지 못하는 상황에 직면하고 스스로 도태되었다고 느끼거나 기계와의 관계에 분노를 느끼기도 한다. 손대기 어려운 '키오스크 공포'에 직면한 고령 인구의 기술 소외는 정책 차원에서 고령자 대상 키오스크 교육 등을 통해 "당당하게 주문하는" 노인을 이상적인 '스마트' 시민으로 구성한다(임홍열 2022). 그러나 키오스크는 기기마다 다른 특징을 갖고 때마다 적응이 필요하게 한다.

장애를 가진 경우에도 키오스크는 '디지털 소외'를 경험하게 하는 일상적 기계다. 키오스크는 시각 장애인에게는 '유리 벽'이거나 휠체어를 탄 경우에는 높은 위치에 있어 주문을 할 수 없는 '그림의 떡'이다. 청각 장애인의 경우 기존 대면 상황에서 겪게 되는 소통의 어려움이 완화된다고 평가되기도 하지만 대체로 장애의 경우를 고려하지 않은 키오스크가 더 많아 장애인 단체를 포함해 '키오스크 접근권'을 확장하기 위한 정책적 개입이 시도되고 있다. 점자 키오스크, 음성인식 키오스크 등 다양한 방식으로 배리어 프리$^{barrier\ free}$ 키오스크가 개발되고 있지만 성인 남성 인구를 표준으로 삼는 키오스크의 높이, 글자 크기, 시각 중심의 주문 양식 등은 다양한 인구 집단을 도시의 필수적인 일상생활에서 배제하고 있다. 실제로 장애인차별금지법에 따라 면적 50제곱미터 이상 매장에서는 새로운 키오스크 도입시 배리어 프리 기기 도입이 의무화되는데, 이러한 상황에 대해 많은 자영업자들이 잘 모르고 있을 뿐만 아니라 알고 있다고 해도 일반 키오스크에 비해 가격이 비싸 "인건비를 아끼려고 키오스크를 도입하려다 오히려 고민에 빠졌다"는 하소연도 등장한다(유덕기 2025). 이는 자영업자가 많은 한국 사회의 특수성, 인건비 부담을 줄이고 적은 투자 비용으로 안정적 수입을 확보하려는 목적의 무인매장이 매우 한정된 '정상 인구'를 대상으로 한다는 점을 보여준다.

이러한 사례들은 새로운 기술에 능숙하지 못해 기계와의 관계에서 경험하는 당혹감이 개인 차원에 국한되지 않음을 드러낸다. 빠른 속도로 물건을 고르고 결제까지 하고 매장을 나가는, 그야말로 끊김 없는 빠른 도시의 '흐름'이 전제하는 '정상성'에서 배제되는 인구 또한 다양하게 존재하고 있다는 점을 보여주는 것이다. 자동화와 무인화는 빠른 순환과 효율성을 확장하는 수단으로, 여기서 느리고 이질적인 '비정상'의 몸은 배제된다. 자동화, 무인화의 이상에서 장애와 노령층은 제외되고 있다는 의미이며, '정상' 신체라 하더라도 빠른 흐름과 새로운 기술에 언제든 도태될 수 있다는 의미기도 하다. 이들은 뒤에 길게 늘어선 대기 줄에 당황하고 이 때문에 더욱더 빠른 기계 조작에 실패한다. 무인결제 키오스크는 연령과 무관하게 그 이용에서 심리적 불편감을 일으키는 것으로 나타났는데, 특히 '눈치'라는 심리 상태를 촉발하여 사회적 배제 경험을 야기하는 것으로 나타난다(이수빈·정혜욱 2023). 길게 늘어선 대기 줄, 사람들의 차가운 시선과 독촉하는 듯한 한숨, 노골적인 재촉 등은 빠른 도시공간의 흐름에 편입하지 못한 이질적이고 열등한 주체를 생산해 낸다.

    한편으로 필수가 된 기계와의 소통은 도시공간에서 일시적 연대를 야기하기도 한다. 키오스크 조작이 어려워 고전하고 있는 어르신의 기계 조작을 도와주거나 주변에 도움을 요청하는 등으로 낯선 기계의 등장은 그간 해당 매장의 직원이나 주인이 담당해 왔던 노동을 소비자에게 전가하면서 이를 따뜻한 도시민 간의 연대로 해결하도록 한다. 이와 같이 무인매장과 키오스크의 등장은 '스마트' 시민 유형에서 장애를 가진 경우와 노령층 등을 제외하고 있으며 이렇게 배제된 인구를 직시하도록 독촉한다. 그러나 기계와의 소통에서 제외된 인구를 향한 연민이나 일시적인 도움을 통해 무인매장 중심의 '스마트' 체제가 가속화되고 있다. '안전'은 상품과 매장의 안전이라는 관점으로 축소되고, 자영업자의 고충과 위기 담론은 도시민의 생활 양식으로 내면화된다.

6. 도시 괴담 : 절도와 손해, 폐업이라는 자영업자 '위기' 담론

자영업자 568만 명 시대(2023년 기준)에 무인매장은 인건비와 임대료 부담에서 벗어나서 24시간 7일 운영을 통해 수익률을 극대화할 수 있는 신종 사업 아이템으로 2021년 당시 거리두기 일상화와 최저임금 상승 등의 이슈와 함께 '인건비가 치솟는' 상황에서 전국에 '무인화 바람'을 일으켰다(공웅조 2021). 또 '사장 겸 직원', '1인 자영업'의 시대를 확장해 왔다(김수연 2021). 〈아프니까 사장이다〉라는 이름의 네이버 카페는 171만 명의 회원을 보유한 자영업자 카페로 자영업의 고충과 '개념 없는' 고객의 사례가 유통되는 장이다. 이 카페는 많은 회원 수를 보유한 만큼 다양한 사례가 유통되고, 언론이 조회 수 높은 글을 다시금 보도하면서 무인매장에서의 행위 규범 등 한국 도시공간의 훈육 체제를 구성한다. 여기서 무인매장의 '비정상적' 패턴이 고발되어 뉴스로 유통되거나, 주인의 제보로 뉴스가 구성된다. 무인매장은 CCTV의 24시간 운영을 통해 경찰, 카메라, 그리고 다른 고객의 눈을 포함한 다중감시체계가 구축된 공간이다. 그러나 주인과 직원이 없는 '무인'의 공간이자 식별에 지연이 예상되는 일시적인 '익

명성'의 공간으로 비정상적인 행위를 유발하는 원인으로 지목되기도 한다.

비대면 거래가 활성화되고 있는 요즘 세태에 각광받고 있는 무인카페를 운영하는 점주들이 눈을 피해 진상을 피우는 손님들로 인한 고충을 토로했다. 최근 네이버 카페 '아프니까 사장이다'에 따르면 한 점주는 새벽에 강아지를 데리고 무인카페를 방문한 일행 때문에 짜증 나는 상황과 마주했다. '무인카페에강아지를'이라는 제목의 글에서 점주 A 씨는 "무인카페에 새벽에 3명이 와서 2시간 정도 머무르며 강아지를 데려와 돌아다니게 했다"며 "소변을 바닥에 싸니 카페 티슈, 물티슈 다 꺼내 닦고 카페 쓰레기통에 냄새가 날 텐데 버렸다"고 상황을 설명했다. 이어 "카페 앞에서 담배를 피우고 강아지는 혼자 매장을 돌아다니게 방치했다. 이게 상식 있는 행동이냐"고 토로했다. (김학진 2024)

대다수 방송 뉴스는 무인매장 점주들이 제보한 CCTV 영상을 보도하면서 무인매장에서의 행위 규범과 '스마트' 시민의 조건을 구성하는 주요한 시각 장치로 기능한다. 무인매장을 운영하는 상점 주인의 새로운 임무는 이제 매장을 직접 지키는 것이 아니라 특정한 이상 행위나 녹화 영상의 주기적인 모니터링을 통한 '비정상성'의 식별에 있다. 매장 주인의 입장에서 무인매장에서 발생하는 '비정상성'은 대표적으로 절도, 결제 오류 등과 관련된다. 이는 매장과 자영업자의 손해와 폐업이라는 공포 담론으로 순환된다. 촉법소년의 절도 범죄와 현금털이 범죄가 빈번하게 발생하는, "깨고 부수고 '무인점포' 수난시대"(박대기 2025)의 상황에서 무인매장을 운영하는 자영업자들은 다양한 곤경과 어려움에 처한 소시민으로서 무인매장의 윤리를 구성하기를 시민들에게 호소한다. 그 근거는 매장 내 CCTV에 남아 있는 '실제 상황'이다. 실제 10대의 절도 범죄는 무인매장 절도 범죄의 90% 이상으로 나타난다(이준엽 2022). 무인매장을 부수고 현금을 훔치거나, 매장에 변을 보는 행위, 강아지들을 풀어놓거나 무전취식하는 행위 등은 CCTV를 통해 '증거 영상'으로 기록되고 유통된다. 이러한 행위는 '퇴직 후 첫 장사' 혹은 'n잡러'인 무인매장 점주의 재산상 손해를 미치는 비윤리적인 행위이자 적극적으로 대응할 필요가 있는 '위기' 상황으로 경찰력을 포함한 처벌 및 감시 체제를 강화시킨다.

절도 등의 문제 사례가 빈번한 무인매장은 다양한 방식의 경고문(손해배상 청구, 신상 및 얼굴 공개 위협, 경찰

신고 조치 등)이나 CCTV가 24시간 감시하고 있다는 문구, 양심거울 설치, 사람 모양의 '등신대' 설치 등으로 누군가가 '보고 있음'을 암시하는 효과를 구성한다. 이는 무인화가 절도 유발의 원인이라고 인식하고 있음을 보여준다. 또 더 많은 CCTV의 설치와 키오스크에도 고객 얼굴을 보이게 하는 등으로 '보는 눈'을 늘리기도 한다.

상시 근무하는 사람이 없는 '무인' 상황은 절도와 같은 범죄 행위의 원인으로 지목되는 한편 물건 결제 관련한 오류 및 오해, CCTV를 통한 판단의 과정 등을 유발한다. 물건을 결제하는 척하면서 그냥 갖고 나오거나 물건 수량을 잘못 체크해 결제하는 등 의도적인 절도 외에도 기계 오류, 단순 실수 혹은 CCTV 영상의 잘못된 식별 등이 나타난다. 실제로 CCTV를 통한 주인 측의 고객 패턴 식별뿐 아니라 소비자 측에서도 무인매장 관련 불만이 커지고 있다. 한국소비자원에는 무인매장에서의 밀키트 등 식재료의 위생상태 문제, 환불의 어려움, 결제 오류에 대한 제대로 된 조치의 어려움 등이 접수되었다. 또 기계 결제 오류나 단순 실수에도 고객을 도둑으로 몰거나 거스름돈을 제대로 준비하지 않은 경우, 허술한 출입 보안에 대한 불만 등의 사례도 빈번하다(최가영 2024). 또 신상을 공개하여 학부모 배상을 요구하거나 업주가 엉뚱한 사람을 절도범으로 오해해 얼굴 사진을 붙였다가 명예훼손 등의 혐의로 고소되기도 했다(MBC 2023).

절도로 대표되는 무인매장의 병리적 이용 사례 증가는 감시카메라의 개수를 증가시킬 뿐 아니라 '지능형' 감시카메라와 같은 더 높은 수준의 기술을 무인매장에 배치하도록 한다. 절도 건이 증가하고 있는 무인매장은 "자영업자와 경찰 모두 고충"을 늘리고 점주들은 작은 크기의 가게에 CCTV를 "필요 이상으로 구매"할 수밖에 없다고 호소한다. 경찰관은 결국 점주들이 인건비를 써서 직원을 고용할 필요가 있다고 보기도 한다. 경찰과 자영업자의 협력, 자영업자의 매장 내 보안장비 강화, 경찰의 순찰 강화가 문제의 해결책으로 제시된다.

서울에서 근무하는 한 일선 경찰관은 "무인점포에서 도난 신고가 들어오면 가게 안에 들어온 손님 한 명 한 명을 CCTV로 분석해야 한다. 이런 신고가 매일 한두 건 이상 들어오니 일 부담도 커진다"며 "점주들이 인건비를 더 써서 아르바이트생을 고용하면 이런 신고도 줄어들 수 있다고 본다"고 말했다. 전문가들은 무인점포 내 절도 사건에 대해 경찰과 자영업자의 협력이 매우 중요하다고 봤다. 자영업자들이 매장 내 보안 장비를 강화하는 한편, 경찰

도 무인점포가 있는 일대에 대한 순찰 빈도를 늘려 절도 위험을 줄일 수 있다는 것이다. (김영철 2023)

점차 '실시간'으로 의심 가는 행위를 포착하는 기술 또한 확장하고 있다. 매장 주인에게 의심 가는 행위를 '실시간'으로 알리거나 생체정보 및 얼굴인증 방식 등으로 매장 내 출입 인원을 실시간 감시하는 기술이 대표적이다(김태윤 2022). 이는 결국 얼굴 정보 등 생체정보의 수집과 실시간 매칭 등을 포함해 다양한 행동 잉여를 포집하여 절도와 구매 행위를 포착하고 판단하는 방식의 기술 도입과 연계된다. 업주는 알람을 받은 경우 이를 적절히 판단해 경비업체 및 경찰에 알리거나 매장에 설치된 스피커로 경고 안내 방송을 할 수 있으며, 매장 출입문을 폐쇄하고 경찰에 신고하여 그 자리에서 범인을 잡을 수 있다. 이러한 과정은 무인매장의 추가적인 기술 배치를 통해 도시민의 구매 행위와 관련한 다양한 행위 규범을 구성하는 동시에, 무인화를 달성하는 조건으로 인공지능 등의 기술을 통한 보안산업의 확장 및 연합과 궤를 같이한다.

이처럼 절도라는 자영업자의 '위기'는 더 많은 기술의 배치와 CCTV-경찰-자영업자의 협력을 구성한다. 인건비 부담과 관련한 담론은 대다수 시민들이 최저임금제 등의 이슈에 자영업자 혹은 경영진의 입장에서 공감하게 하고 이러한 부담을 해소하기 위한 자동화, 무인화를 찬성하는 담론을 구성한다. 이러한 과정에서 '스마트' 시민은 절도로 오인받는 행위를 삼가고 자영업자의 '위기'에 공감하며 매장의 손해를 최소화하는 데 기여하는 시민으로 구성된다.

7. 도시 미담 : 새로운 훈육 체제와 '스마트' 시민의 구성

무인매장 주인들의 CCTV 모니터링 과정에서 발견한 '비정상적' 행위에는 새로운 형태의 미담도 포함된다. 초등학생 등 어린 세대가 많이 이용하는 아이스크림, 문구점 등의 점주들은 CCTV를 통해 초등생들의 일탈 행위를 적발하고 공개하며 그들의 부모까지 소환하는 한편, 자신들이 미처 예상하지 못했던 초등생들의 무인매장 이용 사례들을 적극적으로 담론화하며 도시 미담을 유통시킨다. 이는 역으로 기계와 새로운 관계를 맺는 새로운 '스마트' 시민의 사례를 보여준다. '스마트' 시민은 CCTV가 자신을 항시 보고 있다는 점을 인식하고 기계와의 대화를 시도한다. 매장 주인의 CCTV '해독'은 도시 미담으로 유통되며 새로운 훈육 체제를 구성한다.

'스마트' 시민의 기계와의 대화는 첫째, CCTV를 통해 적극적으로 자신의 실수를 해명하고 선의를 표명하는 것이다. 무인사진관에서 실수로 머리띠를 부순 초등학생은 CCTV에 대고 고개를 숙여 인사를 한 후 자신이 쓴 사과 쪽지와 현금 2,000원을 점주가 볼 수 있게 숨겨 둔다. 업주는 무인사진관을 운영하며 "생각만큼 장사도 잘 안되고 카메라 부수고, 침 뱉고 가고 이런 일만 있어서 그만해야지 싶었는데 이 아이들로 인해 가슴이 따뜻해지는 하루"라며 사연을 공유했다(KNN NEWS 2024). 무인카페에서 실수로 얼음을 쏟은 초등생은 다시 돌아와 얼음을 치우고 사과의 뜻으로 "무인카페에 처음 와서 모르고 얼음을 쏟았다. 다음부터는 그러지 않겠다"며 사과의 편지와 천 원짜리 한 장을 두고 갔다(JTBC News 2024). 카드 결제밖에 되지 않는 매장에서 한 초등생은 현금을 CCTV에 보여주면서 동전을 둘 곳이 없어 '옆에다 두고 간다'는 쪽지를 남긴다(MBN News 2023).

이 같은 사례들은 문구점이나 라면 및 음료를 파는 무인매장에서 소비자로서의 초등학생들과 업주, CCTV 간의 새롭게 구성되는 관계 방식을 보여준다. 처음 무인매장을 이용하면서 무인매장의 규칙을 잘 이해하지 못해 저지른 실수를 편지와 돈으로 사과하거나, 구매 대금을 신용

카드로만 받는 경우 현금을 둔 곳을 쪽지와 CCTV로 전달하는 방식, CCTV를 통해 꾸벅 절을 하여 인사를 하는 포즈를 취하는 방식은 CCTV의 감시를 내면화하고 CCTV를 통해 범죄로 식별되거나 오해받지 않도록 분명한 행동 패턴을 드러내 보인다. 매장 주인이 더 적절히 대비했어야 할 다양한 결제 수단의 마련, 매장 이용 규칙에 대한 더 상세한 안내가 필요하다는 담론보다 알아서 양심 있게, 현명하게 행동한 스마트 시민의 사례이자 예의가 있는 어린 학생이 주인에게 감동을 준 미담으로 유통된다.

둘째, 얼핏 '비정상적'인 행위로 식별되었던 행위가 사실은 선의로 드러나 감동 서사로 유통되기도 한다. 여러 명의 남성 무리가 무인매장에 들어와서 매장 한편에 정리되지 않고 쌓여 있던 음료들을 정리하는 장면을 본 점주는 이들에게 '감사를 전하고 싶다'는 글과 CCTV 장면을 공유했다(YTN 2024. 3. 5.). 또, 무인 아이스크림 매장에 들어선 초등학생 아이는 물건을 고르다가 열려 있는 냉동고 문을 꼭 닫고, 바닥에 떨어진 쓰레기를 주워 쓰레기통에 버리고, 쓰레기통 주변과 매대 주변까지 깨끗하게 정리한다(YTN 2024. 4. 23.). "천사 같은 마음씨"와 이 행동에 "감동한 점주" 사연은 무인매장 시대 도시 미담의 새로운 레퍼토리로 유통되고 있다. 스터디 카페를 이용한 여고생들은 밤새 내린 폭우에 피해가 없도록 카페 휴게실 창문을 모두 닫고 귀가하는 '선행'으로 미담의 주인공이 되었다(정혜정 2024). 이와 같이 '스마트' 시민은 사람이 없는 무인매장에서 다른 사람이 어지럽히거나 주인이 관리하지 못한 매장의 상태를 돌보는 식으로 주인의 곤경을 해결한다.

셋째, 매장 주인의 실수를 '양심 있게' 바로잡아 제대로 된 결제를 알아서 하기도 한다. 키오스크에 미등록된 상품을 다른 비슷한 상품의 바코드로 결제하거나 수량을 조절하여 양심 있게 결제한 사례가 이슈가 되기도 했다. 한 여자 대학생이 키오스크에서 수량을 조절해 현명하고 양심 있게 대처한 이 사례가 한 차례 뉴스에서 화제가 되자(연합뉴스TV 2023) 이를 보고 배운 한 초등학생이 키오스크에 미등록된 카드 한 박스를 사기 위해 다른 낱개 카드의 바코드를 찍어 수량을 조절하여 '양심 있게' 결제한 사례가 화제기 되었다(MBC충북뉴스 2023). 주인의 바코드 미등록이라는 실수는 양심 있고 현명한 젊고 어린 고객들의 대처로 주인이 감동한 사연이자 도시 미담으로 구성된다. 매장 주인들은 이러한 사례를 '감동 서사'로 제보하고 유통하고자 하는 동시에 이러한 '스마트' 시민에게 적극적으로 감사를 표하기 위해 이들을 '찾는다'. 신상이 공개된 '스마트' 시민은 뉴스 인터뷰를 통해 '모범 어린이', '가정 교육을 잘 받은 학생', '좋은 인성'을 가진 시민으로 구성되며 무인매장의 윤리가 형성된다.

이와 같은 방식으로 한국 도시공간의 무인매장을 둘러싼 행동 윤리가 구성되고 있다. 누가 없어도 항상 주위를 의식해 알아서 결제하는 양심 있는 시민, 이를 뒤늦게 모니터링하면서 상황을 파악하고 감동받는 주인, 명확한 증거로 작동하는 CCTV, '비정상적' 패턴이지만 알고 보니 훈훈한 행위를 한 고객, 그들 사이에서 매개된, 지연된 소통 방식이 자리 잡고 있다.

8. 솔루션주의와 플랫폼 도시성 강화

자영업자의 위기는 다양한 방면에서 논의되지만 임대료 및 인건비 부담이 가장 큰 요인으로 제시된다. 무인화와 자동화를 실현한 무인매장을 이에 대한 해결책으로 제시된다. 이제 무인매장의 '재앙'은 이들 자영업자들의 재산에 손해를 끼치는 것이다. 무인매장 증가에 따라 절도 범죄도 급증하는데, 경찰청 통계에 의하면 무인점포 절도 건수는 2021년 3,514건에서 2022년 6,018건으로 약 1.7배 증가했고, 2023년에는 1만 847건으로 전년 대비 1.8배 늘어난 것으로 나타난다. 2년 사이 무인점포 절도 범죄가 3

배 이상 급증한 셈이다(변종국 2023).

절도라는 새로운 도시 문제의 해결을 위해 기술과 플랫폼이 나선다. 네이버와 같은 대형 플랫폼의 QR 코드 인증 시스템을 통한 출입통제, 도난이나 은닉, 난동, 파손, 화재, 정전 피해 방지를 위해 동선 추적 및 행위 인식 카메라가 배치되며 기계 오작동 및 정보 유출에 대비한 센서 작동, 장바구니 조작 및 결제 오류 방지를 위한 결제 장치 강화 등이 제시된다(네이버 2023). 이러한 문제에 대한 해결로 아마존고가 적용했던 다양한 기술적 솔루션이 제기된다. 물건을 들고 나오면 자동결제 되는 방식, 수많은 카메라가 상점 천장을 빼곡이 채우고 이동하는 고객의 동선과 행위, 얼굴을 무차별적으로 포착하는 등의 기술적 실험은 아마존고가 직접 매장 운영을 축소했다 하더라도 다양한 방식으로 변주되어 소규모 무인매장의 기술적 솔루션으로 확장된다.[3] 실제로 한국에서도 매장 자동화가 진행 중에 있

---

3. 예를 들어 현대백화점에서 팝업스토어 형식으로 운영한 '언커먼스토어'의 경우 큐알코드로 입장해 물건을 들고 나오면 카카오톡으로 결제 결과가 통보되는 방식으로 아마존고와 유사하게 수많은 카메라가 상품을 비추고 있다. 영상에서는 다양한 방식으로 카메라가 구매 행위를 제대로 식별하고 결제하는지 실험하는데, 물건을 갖고 나온 후 결제까지 시차가 있기도 하고, 물건을 쥐고 있다가 다른 사람에게 건넬 경우 결제가 잘못 이루어지기도 한다. 사람들은 물건을 그냥 들고 나가는 행위를 할 때 '훔쳐 나가는 기분'이 든다고 토로하기도 한다. (CodeState 2021)

으며 대기업 편의점 등에 비접촉 방식의 무인매장 기술이 도입되는 등 AI 기술을 도입한 무인매장이 속속 생겨나고 있다.

이 매장들은 AI가 관리하는 것이 특징이다. 천장에 설치된 카메라가 사람이 집어 든 물건을 파악해 출입문을 나설 때 결제가 이뤄진다. 따라서 굳이 물품의 바코드 입력과 신용카드를 꺼내지 않아도 된다. 대신 매장에 들어가기 전 이 업체의 스마트폰용 소프트웨어(앱)에 사전 접속해야 한다. 이후 앱에 사전 등록한 신용카드를 이용해 AI가 결제하는 방식이다. 업체 관계자는 "미국 무인매장의 대표인 아마존고는 수백만 원대 비싼 카메라를 사용했는데 이번 무인매장은 수만 원대 카메라를 이용한다"며 "평당 2, 3대 카메라를 설치해 AI가 사전 학습을 충분히 진행했다"고 말했다. (최연진 2024)

무인매장의 범죄 피해를 예방하기 위해 얼굴인식 시스템을 도입하고, '비명소리'나 '살려주세요'와 같은 소리가 감지되면 자동으로 경찰이나 보안업체에 신고가 되는 기술이 도입되기도 한다. 또, 관련한 보험 상품도 판매되는 등 무인매장은 직원의 배치 대신 자동화와 기술화를 확장하는 방식으로 진전되고 있다(이승엽 2022). 이처럼 도시의 기술 도입과 플랫폼화는 스마트 도시 프로젝트의 경험과 연장선상에서 기업의 기술 개발과 도시 실험으로 확장되며, 기술 변화에 민첩하게 대처하는 시민을 상정하고 이를 자영업자의 '재앙' 및 '위기' 담론의 해결책으로 제시한다.

도시 플랫폼화의 대표적 사례로서 무인매장은 매끈하고 마찰 없는 추상적 도시공간으로 기술-자본 체제에 의해 상상되고 배치되는 한편, 24시간 지키지 않아도 되는 도시 자영업자의 '부업'으로도 인식된다. 무인매장은 자영업자의 소자본 창업 아이템으로 24시간 상주하지 않아도 이윤을 창출할 수 있고 절도 위험에도 불구하고 인건비 비용을 넘어서는 이윤을 남길 것으로 예상된다. 그러나 무인매장은 완전히 '무인화', '자동화'될 수 없다. 주인이 24시간 상주하지 않는다고 하더라도 고객은 시간을 불문하고 결제 오류 등에 대해 전화나 문자를 하고, 무인매장이어도 '서비스업'으로서 '매대를 수시로 채우고 매장 청결을 유지하는 등의 노력'이 있어야만 절도 등에 대비가 가능하기 때문이다. 주인이 상주하지는 않는다 하더라도 '사람 냄새'를 더하고 사람이 관리한다는 '티'가 나는 매장이 절도의 건수도 적고 고객들과의 '소통'도 이루어지는 매장이 된다(채제우 2022). 자동화는 사람 없이 가능한 것이 아니라 상점 주인의 끊임없는 노력에 의해 실현된다. 무인매장은 기계와 고객 간의 소통을 중재하고 공간의 '온기'를 만들기 위해 노력하는 과정을 통해 구성되는 '미디어'가 된다.

무인매장에서의 문제를 해결하기 위해 추가적으로 도입되는 기술과 미디어는 다시 도시민을 '스마트' 시민으로 적응하게 한다. 기계가 오해할 만한 문법을 미리 익히고 선제적으로 대비하는 '스마트' 시민은 무인매장에서의 새로운 행동 양식을 습득하여 자신이 '비정상적' 이용자가 아님을 증명한다. 기술은 무인매장의 기술화로 발생한 문제 해결을 위해 추가적으로 배치된다. 매장의 무인화, 자동화로 초래된 문제들은 추가적인 기술의 배치를 저항 없이 수락하도록 한다. 자동화와 무인화는 결코 완벽하게 달성될 수 없는 기술 유토피아의 추상적이고 이상적인 목표로, CCTV가 있어도 절도 사건은 빈번히 발생하고 결제 오류는 일상적으로 발생한다. 이러한 '위기'는 인간의 개입과 더 많은 기술 개입을 유도하고 정당화한다. 또 CCTV에 포착된 '비정상적' 행위 패턴에서 벗어난 행위에 점주가 더 많은 시간을 투자하게 하여 양심과 비양심, 선의와 악의를 구분하도록 하고 있다. 이는 무인화 시대 새로운 행위 규범과 훈육의 방식들을 구성하고 있다.

9. 나가며

이 글은 오늘날 한국 도시의 골목 상권을 채우고 있는 무인매장의 사례를 통해 한국 도시의 미디어화, 플랫폼화와 스마트 시민성의 구성 방식을 탐색하고자 했다. 로자의 '사회적 가속화' 논의가 더 빠른 순환과 유통, 기술의 적용, 도시공간의 흐름과 도시민의 가속화 사회 적응을 요구하는 스마트 도시의 논의에 적절하다고 보면서, 무인매장이 키오스크로 대표되는 '셀프서비스' 문화를 확장하고 새로운 미디어 기기와 소통해야 하는 개인의 '스마트함의 의무'를 유도하고 있다고 보았다. 이 과정에서 적응이 어려운 느린 신체로서 노인과 장애인은 기술-자본 체제가 구축해 가는 플랫폼 도시성과 빠른 도시 흐름에서 배제되기 쉽다. 또 일시적으로 적응을 했다고 해도 또다시 새롭게 등장하는 기술과 소비 습관의 변화는 지속적으로 노시민을 긴장하게 한다. 자동화와 무인화는 자본과 상품 순환의 효율성과 흐름 속도를 가속화하는 한편 인간 노동력을 보안 영역으로 재배치하거나 상점의 보안을 기계 및 공권력과 결합하도록 한다.

무인매장은 새로운 '스마트' 시민의 행동 양식을 익히게 하는 뉴 미디어인 동시에 인간과 기계, 공간, 로지스틱스, 소비 등이 결합한 도시공간의 기술 배치체로 이해된다. 도시민의 대인관계와 소통, 공간 매개 상호작용을 변화시키고, 도시공간을 결제와 소비 위주의 공간으로 도구화·기능화하는 대표적인 사례로서 무인매장은 도시의 24/7 체제와 실시간성을 구성하고 있다. 또한 CCTV를 통한 모니터링과 정상성-이상행동의 감지 및 식별이 새로운 훈육 장치로 작동한다. 절도 및 결제 오류 등의 문제 해결을 위한 추가적인 기계를 배치하는 과정은 지속적인 감시 시스템, 기계-인간-경찰력의 연결과 온-오프라인의 연결, 매장 주인과 시민, 그리고 시민 간 감시 체제를 구축한다. 전체 인구와 모빌리티의 데이터화, 트래킹 강화가 이어지고, 자영업자와 플랫폼, 정부 사이의 협업이 다방면으로 강화되며 기술개발과 표준화, 정부의 소상공업자 지원 사업으로서의 '스마트 상점'화 추진 등이 도시공간의 무인화를 구성해 간다.

특히 이 글은 CCTV 영상 중심의 뉴스 보도를 중심으로 무인매장이 동시대 도시 문제의 핵심 공간으로 부상하고 있으며 해당 공간에서의 행동 윤리를 규범화하는 '스마트' 시민 훈육 체제로 구성되어 가고 있다는 점을 확인하였다. 이 체제는 자영업자의 사후적 CCTV 확인을 통해 고객의 선의와 악의를 확인하는 과정을 통해 구성된다. '증거 영상'으로서 CCTV 영상은 다른 시민을 교육하는 역할을 함으로써 '스마트' 시민의 지속적 생산을 의도한다. '스마트' 시민이란 자영업자가 힘들게 꾸린 무인매장의 손해를 최소화하는 데 함께 기여하고 무인매장에서 상품 결제와 관련된 것이 아닌 불필요한 행동을 소거하는 사람이다. 만약 오해받을 만한 행위를 했을 경우 CCTV에 90도 인사를 하며 자신의 선의를 입증하고 손 편지 등을 통해 망가뜨린 물건이나 실수에 대해 사과한다. 무인 상태가 야기하는 돌발 상황이나 앞 손님이 저지른 실수를 해결하고 쓰레기를 치우거나 냉장고 및 창문을 닫는 등으로 뒷정리를 하여 주인의 일손을 덜기도 한다. 주인의 실수로 바코드가 없어 결제할 수 없는 물건의 경우 비슷한 물건을 찾아 알아서 결제하는 등 양심적인 행동을 한다. 뉴스 형식으로 보도되는 무인매장 CCTV 영상은 도시민을 '스마트' 시민으로 훈육할 뿐만 아니라 시민 상호 간에 영향을 미치는 '스마트' 체제로 구성한다. 무인매장의 점주는 이러한 '스마트' 체제를 구축하는 데 적극적인 역할을 수행하면서 절도를 포함해 무인매장에서 벌어지는 다양한 비양심적 행위들을 제보하여 운영의 고충을 담론화하고 비정상성과 정상성을 새롭게 규정하며 무인매장의 행동 윤리를 규범화하고자 한다.

자동화와 무인화가 실현되었다고 홍보되는 무인매장은 아마존고의 사례에서 확인할 수 있듯이 사실상 수많은 노동자들의 실제 노동을 수반하거나, 현금 생활자를 배제하는 식으로 다양한 불평등을 양산한다. 미국 일부 주에서 아마존고의 현금 없는 매장이 불법으로 결정된 것처럼 기술은 특정 인구 집단을 배제하고 있으며, 캐셔 인력 대신 보안 인력의 증가, 보안 산업과의 연합 등으로 인력과 산업의 재배치를 야기하고 있다. 아마존고의 기술은 소상공인 등 제삼자에게 판매되어 결국 각 로컬을 떠받치는 플랫폼으로 기능하게 된다. 사실상 한국의 무인매장 시스템 또한 다양한 최첨단 기술이 실험되고 배치되는 테스트 베드로 기능한다.

더군다나 자영업자 비율이 높은 한국 상황에서 무인매장은 도시 곳곳의 '골목상권'에 침투하면서 기술과 자영업자, 소비자를 새롭게 구성하는 기술 배치체로 작동하고 있다. 사회 안전망이 부족하고 자영업자 비중이 높은 한국 사회에서 최저임금의 인상과 임대료 상승은 자영업자 위기를 심화시키는 요인이다. 거대 로지스틱스 플랫폼으로서의 아마존과 달리 한국의 무인매장은 소규모의 자영업 공간을 중심으로 일상적 소비 행위를 구성하면서 자영업자 위기, 폐업의 공포를 중심으로 자영업자 시민성을 구축한다. 또 자영업자 커뮤니티를 중심으로 유통되는 CCTV 제보 영상을 통해 새로운 공간에서의 '스마트' 시민성이 구성되고 있다. 무인매장은 시각화된 감시 체제의 일상적인 작동과 뉴스 보도를 통해 시민 윤리를 구축하고, 절도의 상시적 감시와 '현명한' 셀프 서비스 정신을 함양하게 하는 플랫폼으로 작동한다. 무인매장은 상품 판매와 구매라는 로지스틱스 체제의 틀 안에서 상업적 기능과 일상 문화의 미시적인 투쟁이 벌어지는 모순적인 공간으로 작동하고 있다.

:: 참고문헌

CodeState. 2021년 5월 31일. 「더현대서울에 숨겨진 AI 기술 — 무인매장 언커먼스토어 리뷰」. YouTube. https://www.youtube.com/watch?v=yuItriST21g.

JTBC News. 2024년 1월 26일. 「얼음 쏟고 CCTV에 '편지 꼭 읽어주세요' … 무인카페 초등생 감동스토리 더 있었다!, 이상엽의 몽글터뷰」. YouTube. https://www.youtube.com/watch?v=DHatUF9ikgM.

Kitchin, Rob. 2018. "The Realtimeness of Smart Cities." *Tecnoscienza : Italian Journal of Science & Technology Studies* 8(2) : 19~42.

KNN NEWS. 2024년 5월 17일. 「무인매장 CCTV 향해 고개 숙여 인사 … '머리띠 부숴서 죄송합니다'」. YouTube. https://www.youtube.com/watch?v=fpsx9AALebk.

Lin-Fisher, Betty. April 4, 2024. "Does Amazon's Cashless Just Walk Out Technology Rely on 1,000 Workers in India?" *USA Today*. https://www.usatoday.com/story/money/shopping/2024/04/04/amazon-just-walk-out-indian-workers/73204975007/.

MBC. 2023년 5월 9일. 「"아이스크림 훔친 X학년 X반" 초등생 신상 공개에 '시끌'」. YouTube. https://youtu.be/etAqOZioMUc?si=i3afV8se56tEd7Da

MBC충북뉴스. 2023년 5월 10일. 「"주인 없어도" 무인점포 양심 지킨 어린이」. YouTube. https://www.youtube.com/watch?v=BYUcbZVbgjk.

MBN News. 2023년 6월 7일. 「김명준의 뉴스파이터-CCTV에 보여준 900원 … 무인점포 점주 울린 꼬마 손님」. YouTube. https://www.youtube.com/watch?v=1OBkegc_QY4.

YTN. 2024년 3월 5일. 「[자막뉴스] 무인점포서 음식 안 고르고 … 점주 놀라게 한 CCTV」. YouTube. https://www.youtube.com/watch?v=k7JrHO9oNNU.

_____. 2024년 4월 23일.「[제보영상] 무인매장에 들어온 꼬마손님 … CCTV 본 점주는 눈물이 '핑'」. YouTube. https://www.youtube.com/watch?v=ApoJFMYoVPc.

공웅조. 2021년 8월 30일.「거리두기 일상화에 인건비도 치솟아 무인화 바람」. KBS. https://news.kbs.co.kr/news/view.do?ncd=5267426&ref=DA.

곽재민. 2024년 9월 6일.「AI 쓴다더니 몰래 사람이 … 아마존도 딱 걸린 '가짜 AI'」.『중앙일보』. https://www.joongang.co.kr/article/25275940.

김민지. 2022.「키오스크를 포함한 노인의 디지털 활용 능력이 도구적 일상생활활동에 미치는 영향 — 노인 디지털 케어 산업 기초 연구 강동구 지역을 중심으로」.『대한고령친화산업학회지』14(1) : 73~79.

김수연. 2021년 9월 6일.「"사장 겸 직원입니다" 늘어나는 1인 자영업」. KBS. https://news.kbs.co.kr/news/view.do?ncd=5273482&ref=DA

김수철. 2021.「팬데믹과 비판적 로지스틱스 연구에 대한 탐색적 연구」.『공간과 사회』78 : 92~121.

김영정. 1987.「한국 도시변동의 성격에 관한 시론적 고찰 — 70년대 이후 도시집적의 가속화와 도시정책의 관계에 대한 분석」.『한국사회학』21 : 57~76.

김영철. 2023년 5월 14일.「"10평 가게에 CCTV만 9대" … 무인점포 절도에 자영업자들 '한숨'」.『헤럴드경제』. https://biz.heraldcorp.com/article/3125419.

김용찬. 2020.「도시의 디지털화 — 인공지능 기반 '디지털 도시'의 커뮤니케이션 이슈들」.『언론정보연구』57(4) : 95~149.

김은주. 2022.「디지털 폴리스의 정의와 커먼즈를 다시 사유하기」.『도시인문학연구』14(1) : 93~112.

김태윤. 2022년 8월 3일.「'무인' 점포 범죄 'AI' 기술 도입」.『MBC』. https://imnews.imbc.com/replay/2022/nwtoday/article/6394717_35752.html.

김학선. 2020.「가속화 사회의 시간 테크놀로지 — 1980년대를 중심으로」.『사회와 역사』128 : 167~202.

김학진. 2024년 9월 17일.「무인 매장 CCTV 아래서 커플 성행위, 두 눈 의심 … 점주 '분통'」.『뉴스1』. https://www.news1.kr/society/general-society/5543376.

김한상. 2015. 「'테크노피아' — 1980년대 자동화 담론과 새로운 이동체계」. 『역사비평』 113 : 234~259.

네이버. 2023년 10월 27일. 「네이버앱, 무인매장 출입부터 결제까지 한 번에 … 안전하고 편리한 디지털 지갑으로 역할 톡톡」. 〈네이버〉. https://www.navercorp.com/media/pressReleasesDetail?seq=2282.

문병호. 2008. 「가속화 과정으로서의 근대화」. 『담론 201』 11(3) : 35~59.

박대기. 2025년 1월 21일. 「깨고 부수고 '무인점포' 수난시대」. 『KBS』. https://news.kbs.co.kr/news/view.do?ncd=8157454&ref=DA.

박막례 할머니 Korea_Grandma. 2019년 1월 4일. 「(Eng)막례는 가고 싶어도 못 가는 식당 [박막례 할머니]」. YouTube. https://youtu.be/1BzqctRGgaU?si=qwRsu3lnr3BMRpGe.

박영진·김태진·김주희·강주영. 2024. 「노인의 자아 통제감과 인식된 제약이 셀프서비스 키오스크 사용 의도에 미치는 영향 — 긍정적 및 부정적 심리·성격 요인을 중심으로」. 『서비스경영학회지』 25(4) : 149~180.

변종국. 2023년 9월 26일. 「무인매장 절도 주말-심야에 집중 … 2명 중 1명은 10대」. 『동아일보』. https://www.donga.com/news/Economy/article/all/20230925/121370177/1.

연합뉴스TV. 2023년 4월 5일. 「[다다를 인터뷰] 무인 점포 '양심 손님' 대학생, 가정교육만 잘 받은 줄 알았더니 … 」. 『연합뉴스TV』. https://www.youtube.com/watch?v=eXOQdxhwAy8.

오효정. 2024년 3월 31일. 「무인매장 전성시대 '대세' 바뀐다 … 아이스크림 지고 뜨는 이것」. 『중앙일보』. https://www.joongang.co.kr/article/25239170.

유덕기. 2025년 1월 24일. 「키오스크 설치한 사장님들 "그러면 굳이 … " 뒷목 잡는 이유」. YouTube. https://www.youtube.com/watch?v=IYC-kDG8flU&t=24s.

이다원. 2021년 11월 1일. 「'무인 아이스크림 가게' 4년 동안 5배 늘었다 … 인건비 줄이고 신기술 도입」. 『이투데이』. https://www.etoday.co.kr/news/view/2073784.

이수빈·정혜욱. 2023. 「사회적 배제 경험이 키오스크 이용 의도에 미치는 영향」. Asia-Pacific Journal of Business & Commerce 15(3) : 3~27.

이승엽. 2022년 5월 2일. 「비명소리 들리면 자동신고…에스원, 무인매장 범죄피해 '제로화' 나선다」. 『한국일보』. https://www.hankookilbo.com/News/Read/A2022042517100001422.

이준엽. 2022년 7월 7일. 「무인점포털이, 피의자는 '10대' 취약시간 '주말 오전'」. 『YTN』. https://www.ytn.co.kr/_ln/0103_202207071607321803.

이지영. 2025년 1월 8일. 「편의점 빅4, 무인화 사업 공략 … 리테일테크 전략 '제각각'」. 『서울파이낸스』. http://www.seoulfn.com/news/articleView.html?idxno=544507.

임홍열. 2022년 4월 16일. 「주문 어쩌나 키오스크 상시 교육 호응」. 『KBS』. https://news.kbs.co.kr/news/view.do?ncd=5441900&ref=DA.

임효진. 2021년 3월 12일. 「키오스크 못 다뤄서 20분 헤맨 엄마, 결국 우셨어요」. 『서울신문』. https://www.seoul.co.kr/news/society/2021/03/12/20210312500102.

정혜정. 2024년 7월 20일. 「폭우 쏟아진 그날 나타난 '천사 여고생들'…스타디카페서 생긴 일」. 『중앙일보』. https://www.joongang.co.kr/article/25264820.

채제우. 2022년 11월 17일. 「무인매장에 '사람 냄새' 더했더니 한달에 500만원 [사장의맛]」. 『조선일보』. https://www.chosun.com/economy/money/2022/11/17/P46NWMITI5CA5MGJFWNJC3H6XI/.

최가영. 2024년 2월 28일. 「무인매장 불만 "도둑으로 몰고 거스름돈 환급 안 되고…"」. 『SBS』. https://news.sbs.co.kr/news/endPage.do?news_id=N1007553672&plink=ORI&cooper=ETC.

최연진. 2024년 8월 6일. 「한국판 '아마존고' 노리는 파인더스AI, 바코드 입력 필요 없는 AI 무인매장 개설」. 『한국일보』. https://www.hankookilbo.com/News/Read/A2024080617140000074.

Amazon. December 5, 2016. "Introducing Amazon Go and the World's Most Advanced Shopping Technology." YouTube. https://www.youtube.com/watch?v=NrmMk1Myrxc.

_____. April 17, 2024. "An Update on Amazon's Plans for Just Walk Out and Checkout-Free Technology." Amazon News. https://www.aboutamazon.com/news/retail/amazon-just-walk-out-dash-cart-grocery-shopping-checkout-stores.

Ashton, Philip, Rachel Weber, and Matthew Zook. 2017. "The Cloud, the Crowd, and the City: How New Data Practices Reconfigure Urban Governance?" *Big Data & Society* 4(1): 2053951717706718.

Barns, Sarah. 2018. "Smart Cities and Urban Data Platforms: Designing Interfaces for Smart Governance." *City, Culture and Society* 12: 5~12.

Deleuze, Gilles and Félix Guattari. 1980. *Mille Plateaux: Capitalisme et Schizophrénie*. Paris: Les Éditions de Minuit. [『천개의 고원』. 김재인 역. 새물결, 2001.]

Golden, Hallie. February 21, 2020. "'Just Walk Out': Amazon Debuts Its First Supermarket with No Checkout Lines." The Guardian. https://www.theguardian.com/us-news/2020/feb/25/amazon-go-grocery-supermarket-seattle-technology.

Graham, Mark. 2020. "Regulate, replicate, and resist—the conjunctural geographies of platform urbanism." *Urban Geography*, 41(3): 453~457.

Halpern, Orit and Gökçe Günel. 2017. "FCJ-215 Demoing unto Death: Smart Cities, Environment, and Preemptive Hope." *The Fibreculture Journal* 29: *Computing the City*.

Halpern, Orit, and Robert Mitchell. 2023. *The Smartness Mandate*. MIT Press.

Huberman, Jenny. 2021. "Amazon Go, Surveillance Capitalism, and the Ideology of Convenience." *Economic Anthropology* 8(2): 337~349.

Ioannou, Fillipa. March 21, 2019. "SF Supervisor Wants to Ban Amazon Go, Other Cashless Stores." *SFGATE*. https://www.sfgate.com/business/article/san-francisco-cashless-stores-amazon-go-ban-13706544.php.

Polacco, Alex and Kayla Backes. 2018. "The Amazon Go Concept: Implications, Applications, and Sustainability." *Journal of Business and Management* 24(1): 79~92.

Qadri, Rida and Catherine D'Ignazio. 2022. "Seeing Like a Driver: How Workers Repair, Resist, and Reinforce the Platform's Algorithmic Visions." *Big Data & Society* 9(2): 20539517221133780.

Rosa, Hartmut. 2003. "Social Acceleration: Ethical and Political Consequences of a Desynchronized High-Speed Society." *Constellations: An Interna-

tional Journal of Critical & Democratic Theory 10(1) : 3~33.

Sadowski, Jathan. 2020. "Cyberspace and Cityscapes : On the Emergence of Platform Urbanism." *Urban Geography* 41(3) : 448~452.

Tolbert, Lisa C. 2023. *Beyond Piggly Wiggly : Inventing the American Self-Service Store*. Athens : University of Georgia Press.

Townsend, Anthony M. 2013. *Smart Cities : Big Data, Civic Hackers, and the Quest for a New Utopia*. New York : W. W. Norton & Company.

Zukin, Sharon. 2020. "Seeing Like a City : How Tech Became Urban." *Theory and Society* 49(5) : 941~964.

:: 수록 글 출처

1장 인지 모드, 그리고 대규모 언어 모델과 인지 모드의 관계 — 챗GPT와 대화하기 (N. 캐서린 헤일스 | 송은주 옮김)

이 글은 2024년 서울시립대 인문학연구소 국제학술대회에서의 헤일스의 발표 원고 "Cognitive Modes and Their Relation to Large Language Models (LLMs) : Conversing with ChatGPT"를 번역한 것이다.

2장 『길 위 1번지』, AI 제임스의 소설? — 「소설의 기술」과 인공신경망 알고리즘의 글쓰기 (윤미선)

이 글은 챗지피티를 통해 대형언어모델이 대중화되기 이전인 2021년 5월, 『안과밖 : 영미문학연구』 50호에 포커스 논문으로 실린 글을 2025년 상황을 반영해 약간 수정한 것이다.

3장 비의식적 인지로서의 기술적 인지와 인지적 배치 — 인공지능의 윤리와 블랙박스의 번역 (김은주)

이 글은 『사회와 철학』 49호(2025)에 실린 동명의 논문을 일부 수정한 것이다.

4장 지능의 금융화 — 기계와 시장의 통합에 관하여 (오릿 핼펀 | 김지훈 옮김 · 해제)

이 글은 *e-flux Architecture*에 실린 핼펀의 논문 "Financializing Intelligence : On the Integration of Machines and Markets"(https://www.e-flux.com/architecture/on-models/519993/financializing-intelligence-on-theintegration-of-machines-and-markets)를 번역한 것이다.

5장 지능형 도시와 그 불만 — 스마트시티와 도시정동의 딜레마 (문규민)

이 글은 『공간과 사회』 77호(2021)에 실린 동명의 논문을 일부 수정한 것이다.

6장 도시의 무인매장과 '스마트' 인구 (홍남희)

이 글은 『한국언론정보학보』 130호(2025)에 실린 「무인화 시대 '스마트' 인구 : 플랫폼 도시의 기술-자본 체제와 도시 미디어로서 무인매장」이라는 제목의 논문을 일부 수정한 것이다.

: : 엮은이 · 글쓴이 · 옮긴이 소개

엮은이

정희원 Heewon Chung
서울시립대학교 인문학연구소 교수. 서울대학교 영문과를 졸업하고 동 대학원에서 18세기 영국소설 연구로 박사학위를 받았다. 문학에서 출발하여 도시인문학 등 학제간 인문학을 연구해 왔고, 최근에는 디지털성과 인간성의 관계에도 관심을 갖고 있다.
대표 논문 : "Photography, Poetry, and Polyphony : Postmemory of the Gwangju Massacre in Han Kang's Human Acts"(2023), 「인공 행위자의 감정 능력과 젠더 이슈 : 『미래의 이브』와 여성 안드로이드」(2020)
공저 : Kon Kim and Heewon Chung, eds. *Gated Communities and the Digital Polis : Rethinking Subjectivity, Reality, Exclusion, and Cooperation in an Urban Future*(Springer, 2023), 『포스트휴머니즘의 쟁점들』(갈무리, 2021)

이혜정 Lee Hye-Jeong
서울시립대학교 인문학연구소 연구교수. 서울대학교 대학원에서 1970년대 도시소설의 서울 재현 양상에 관한 연구로 박사학위를 받았다. 주요 논문으로 「최인호 소설에 나타나는 작가의식 연구 —『지구인』의 개작과정을 중심으로」, 「비인간 존재에 대한 탈인지적 사유 — 김초엽의 『파견자들』을 중심으로」가 있다.

글쓴이

N. 캐서린 헤일스 N. Katherine Hayles
학부에서 화학을 공부하고 석사를 받은 뒤 영문학 연구를 시작해서 현재 과학과 문학, 포스트휴머니즘, 인공지능과 문학 연구 분야의 석학이다. 국내에 번역된 저서로는 『우리는 어떻게 포스트휴먼이 되었는가』와 『나의 어머니는 컴퓨터였다』가 있다. 현재 UCLA 영문과 석좌교수로 재직 중이다.

윤미선 Misun Yun
인하대학교 영미유럽인문융합학부 부교수. 헨리 제임스(Henry James)와 정기간행물 연구로 박사학위를 받은 후 출판 매체, 매체로서의 인공지능, 디지털인문학을 연구해 왔다. 8인의 공동연구자와 함께 소설 쓰는 AI 모델을 개발하는 〈인간과 협업하는 딥러닝 기반 AI 소설 생성 융합 연구〉(한국연구재단)를 수행했으며(2022. 7~2025. 6), 대전에서 개최되는 〈세계디지털인문학협의회〉(ADHO)의 〈DH2026〉 프로그램 위원회 공동의장이다.
대표 논문 : "Henry James and Beethoven : Critique of Bildung and Pure Sound in *The Portrait of a Lady*"(2024), 「인문 "스몰데이터" 연구방법론과 사례 연구 : 19세기 말 영국 정기간행물 비평 담론 ― 주간지 『런던』을 중심으로」(2023)
공저 : 『인공지능의 편향과 챗봇의 일탈』(2022)

김은주 Kim Eun-Joo
철학연구자. 서울시립대학교 인문학연구소에 연구교수로 있다.
저서 : 『디지털 폴리스』(2024, 공저), 『에코테크네 도시』(2022, 공저), 『페미니즘 철학 입문』(2021), 『디지털 포스트휴먼의 조건』(2021, 공

저),『21세기 사상의 최전선』(2020, 공저),『여성-되기 — 들뢰즈의 행동학과 페미니즘』(2019),『생각하는 여자는 괴물과 함께 잠을 잔다』(2017),『공간에 대한 사회인문학적 이해』(2017) 등.
역서 :『죽음정치』(2025 출간 예정, 공역),『변신 — 되기의 유물론을 향해』(2020),『페미니즘을 퀴어링! — 지금 우리에게 필요한 페미니즘 이론, 실천, 행동』(2018, 공역),『트랜스포지션 — 유목적 윤리학』(2011, 공역) 등.

오릿 핼펀 Orit Halpern
드레스덴 공대 디지털문화학과 학과장이자 교수. 사이버네틱스와 인공지능의 역사 등을 연구해 왔다. 로버트 미첼(Robert Mitchell)과 함께 *The Smartness Mandate*를 썼고, 드레스덴 공대 디지털문화 연구 그룹과 함께 연구집단 〈재앙에 맞서〉(Against Catastrophe)를 운영하고 있다.

문규민 Moon Kyumin
대학에서 철학을 공부했고 대학원에서 인도불교학과 분석철학을 전공했다. 의식의 과학과 형이상학, 현대 존재론과 인류학의 새로운 흐름들, 4E 인지 이론 등을 연구하고 있다. 고려대, 서울시립대, 중앙대 등에서 가르치고 연구했다. 주요 논문으로는 "Making Sense of Consciousness as Integrated Information", "Exclusion and Underdetermined Qualia",「자율주행의 책임 문제」,「라투르와 일반화된 행위성」이 있다.
저서 :『신유물론 입문』,『제인 베넷 — 물질의 삶』
역서 : 대니얼 데닛,『의식이라는 꿈』

홍남희 Namhee Hong
연세대학교 매체와 예술연구소 학술연구교수. 서울시립대학교 인문학

연구소에서 연구교수로 재직했다. 연세대학교 커뮤니케이션대학원에서 박사학위를 받았으며, 디지털 미디어와 기술문화 연구를 수행하고 있다.

저서 : 『디지털 폴리스』(2024, 공저), 『편향된 기술문화는 어떻게 작동해 왔는가』(2023), 『디지털 문해력 이해와 실천』(2023, 공저), 『디지털 미디어 소비와 젠더』(2022, 공저), 『디지털 포스트휴먼의 조건』(2021, 공저), 『AI와 더불어 살기』(2020, 공저), 『SNS 검열』(2019)

옮긴이

송은주 Song Eunju
이화여자대학교 영문과를 졸업하고 동 대학원에서 박사학위를 받았다. 이화인문과학원 객원연구원이며 을지대, 성균관대에서 강의하고 있다. 주요 관심사는 인류세 담론, 생태비평, 포스트휴머니즘, SF문학 연구이다.

저서 : 『당신은 왜 인간입니까 — AI 시대의 섬뜩한 질문』, 『인류세 시나리오』, 『인공지능 시대의 철학자들』(공저), 『포스트휴먼으로 살아가기』(공저) 외

역서 : 『포스트휴먼 지식』, 『나의 어머니는 컴퓨터였다』, 『바디 멀티플』 외.

김지훈 Kim Jihoon
중앙대학교 영화미디어학센터(CAU Center for Cinema and Media Studies/CAU-CCMS)의 디렉터로 *Activism and Post-activism : Korean Documentary Cinema, 1981-2022* (Oxford University Press, 2024), *Documentary's Expanded Fields : New Media and the Twenty-First-Century Documentary* (Oxford University Press, 2022)를 비롯한 세 권의 연구서

를 출간했으며, 2025년 9월 첫 한국어 저서 『위기미디어 — 위태로운 21세기 사회와 미디어의 확장』을 출간할 예정이고 현재 *Mathemagical Media : Generative AI and Its Images*를 다음 저서로 준비 중이다.